2017

 宁夏法治蓝皮书
BLUE BOOK OF NINGXIA'S RULE OF LAW

宁夏社会科学院蓝皮书系列
丛书主编　张　廉

2017
宁夏法治蓝皮书
BLUE BOOK OF NINGXIA'S RULE OF LAW

主　编

张　廉　李保平

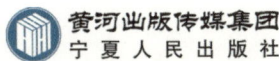

黄河出版传媒集团
宁夏人民出版社

图书在版编目(CIP)数据

2017宁夏法治蓝皮书/张廉,李保平主编.—银川:宁夏人民出版社,2016.12

(宁夏社会科学院蓝皮书系列/张廉主编)

ISBN 978-7-227-06587-6

Ⅰ.①2…Ⅱ.①张…②李… Ⅲ.①社会主义法制—研究报告—宁夏—2017 Ⅳ.①D927.43

中国版本图书馆CIP数据核字(2016)第326435号

宁夏社会科学院蓝皮书系列　　　　　　　　　　张　廉　主编
2017宁夏法治蓝皮书　　　　　　　　　张　廉　李保平　主编

责任编辑　陈　浪
封面设计　张　宁
责任印制　肖　艳

 黄河出版传媒集团　宁夏人民出版社　出版发行

出 版 人　王杨宝
地　　址　宁夏银川市北京东路139号出版大厦(750001)
网　　址　http://www.nxpph.com　　　　http://www.yrpubm.com
网上书店　http://shop126547358.taobao.com　http://www.hh-book.com
电子信箱　nxrmcbs@126.com　　　　renminshe@yrpubm.com
邮购电话　0951-5019391　5052104
经　　销　全国新华书店
印刷装订　宁夏精捷彩色印务有限公司
印刷委托书号　(宁)0003908

开本　720 mm×980 mm　1/16
印张　17.75　字数　263千字
版次　2016年12月第1版
印次　2016年12月第1次印刷
书号　ISBN 978-7-227-06587-6
定价　40.00元

目　录

总报告

领域篇

专题篇

总报告

ZONGBAOGAO

2016年法治宁夏建设状况与2017年发展趋势

张　廉　李保平

法治国家建设是党的十八大以来确定的治国理政的基本方略，是实现中华民族伟大复兴的力量源泉和制度保证。党的十八届四中全会通过的《中共中央关于全面推进依法治国若干重大问题的决定》（以下简称《决定》），为法治国家建设提供了宏伟蓝图，提出了以建设中国特色社会主义法治体系，建设社会主义法治国家为总目标，以坚持依法治国、依法执政、依法行政共同推进、法治国家、法治政府、法治社会一体建设为总抓手，以科学立法、严格执法、公正司法、全民守法，促进国家治理体系和治理能力现代化为总要求的顶层设计。宁夏回族自治区党委高度重视法治宁夏建设，2014年11月，自治区党委及时出台《宁夏回族自治区关于贯彻十八届四中全会精神，全面推进依法治区的实施意见》，对法治宁夏建设进行全面部署。2016年是"十三五"规划的开局之间，也是法治宁夏建设的攻坚之年。一年来，在自治区党委、政府的领导下，宁夏在科学立法、民主立法、法治政府建设、司法改革、法治社会建设等方面取得了明显的进步。

作者简介　张廉，宁夏社会科学院院长，教授，法学博士；李保平，宁夏社会科学院法学社会学研究所所长，研究员。

一、2016 年宁夏法治建设状况

（一）科学立法、民主立法取得实效，为法治宁夏提供坚强法治保障

地方立法是有中国特色社会主义立法体系的主要组成部分，承担着地方治理法治化的重要职责。党的十八届四中全会通过的《决定》对完善立法体制做出了明确的要求：加强党对立法工作的领导，完善党对立法工作中重大问题决策的程序；健全有立法权的人大主导立法工作的体制机制，发挥人大及其常委会在立法工作中的主导作用；依法赋予设区的市地方立法权；实现立法和改革决策相衔接，做到重大改革于法有据、立法主动适应改革和经济社会发展需要。2016 年，宁夏回族自治区人大在自治区党委的领导下，按照十八届四中全会要求，围绕宁夏经济社会发展，突出重点领域立法和民生领域立法，以慎立多修、立改废并重为基本原则，稳步推进宁夏立法工作，取得了较大的成绩。

1. 立法工作主动适应宁夏经济社会发展需要，为宁夏经济社会发展提供法治保障。截至 2016 年 11 月份，自治区人大审议通过新制定法规 5 件，修订或修正法规 10 件，废止法规 3 件，做出关于法规性决定 1 件，审查批准银川市人大提请审议的地方性法规 4 件，批准废止银川市地方法规 1 件，批准石嘴山市地方性法规 3 件。2016 年是"十三五"开局之年，为贯彻落实十八届五中全会精神，宁夏在全境内开展了精准扶贫工作，为配合此项工作，自治区十一届人大常委会第二十三次会议审议通过了《宁夏回族自治区农村扶贫开发条例》，首次将中央提出的"精准扶贫，精准脱贫"纳入法规，使宁夏的精准扶贫工作做到有法可依，保证精准扶贫工作的有序进行。"两孩"政策是十八届五中全会做出的重要决定，也是宁夏社会各界广为关注的民生话题。对此，自治区人大积极做出回应，及时通过了《关于修改〈宁夏回族自治区人口与计划生育条例〉的决定》，及时回应社会关切的问题。为配合行政审批制度改革，在自治区层面最大限度减少、下放行政审批事项，自治区人大先后修订了 7 件地方性法规，废止了 3 件地方性法规，为推进行政审批制度改革提供了法律支撑。

2. 完善相关体制机制，突出人大在立法中的主导作用。人大是立法机关，承担着立法、修法的重要职责。随着法律在国家治理中的作用日益加强，立法的科学性、公正性、规范化日益受到社会的关注。长期以来，我国的立法工作奉行的是行政主导模式，行政机关提出立法建议，并负责起草法律，人大负责审议和通过。行政主导立法最大的弊端是部门利益法律化，法律的公正性容易受到影响。十八届四中全会《决定》提出要发挥人大及其常委会在立法中的主导作用，这种主导是从法规草案立项、起草、审议等各个环节的全程主导，而非某一个环节的主导。自治区人大通过编制年度立法计划，统筹立法进程。2016 年有 22 件法规项目列入年度立法计划，通过签订责任书，明确立法进程、工作时限和组织责任。在起草环节、审议环节，通过一系列制度建设，夯实人大对立法工作的主导，保证了立法质量的稳步提升。

3. 扎实推进设区市立法权实施工作。赋予设区市的地方立法权，是十八届四中全会《决定》的重要内容。2015 年 3 月，十二届人大三次会议对《立法法》进行了修改，规定设区市的人民代表大会及其常委会根据本市的具体情况和实际需要，在不同宪法、法律、行政法规和本省、自治区的地方性法规相抵触的前提下，可以对城乡建设与管理、环境保护、历史文化保护等方面的事项制定地方性法规。宁夏总共有设区市 5 个，除银川市作为自治区首府城市早已有立法权外，尚有石嘴山市、吴忠市、固原市、中卫市四市以前没有地方立法权。《立法法》修订后，按照《立法法》第七十二条第三款的规定，自治区人大常委会分别与 2015 年 11 月 26 日、2016 年 3 月 24 日确定石嘴山市和吴忠市、固原市、中卫市可以开始制定地方性法规。至此，宁夏设区市均实现了制定地方性法规的历史跨越，实现了立法权的全覆盖。石嘴山 2016 年列入立法计划的地方法规 4 件，已审查批准 3 件，吴忠、固原、中卫三市的立法计划和法规起草正在稳步实施。机构设置与人员编制是设区市行驶立法权的前提和条件。法制委员会是《立法法》规定的统一审议机构，法制工作委员会是常委会工作机构，两者互相配合，缺一不可。所以，从《立法法》的规定看，设立法制委员会和法制工作委员会是人大行使立法权的前提条件。在自治区人大的积极协调下，自治区编办下发了《关于给部分市人大常委会增加工作委员会机构限额的通知》同意给四市人大常委会各增加一个工作委员会机构，解决了制约设区市立法权实施的一道难题。

（二）以行政审批制度改革为突破口，规范权力运行，着力打造法治政府

法治政府建设是法治国家建设的重要内容，依法全面履行政府职能、健全依法决策机制、深化行政执法体制改革、坚持严格规范公正文明执法、强化对行政权力的制约和监督、全面推进政务公开是十八届四中全会《决定》对法治政府建设的具体要求。2016 年，在自治区党委、政府的领导下，宁夏法治政府建设取得了明显的成效，有些方面已经走在全国的前列。

1. 以行政审批制度改革为突破口，推进政府依法全面履行职能。行政审批制度改革是本届政府大力推进的一项行政改革举措，其要义在于通过明晰政府与市场之间的边界，减少政府对市场的不当干预，最大限度释放市场活力。据统计，截至 2016 年 11 月，宁夏行政审批事项由 494 项减少到 304 项，非许可类行政审批事项全部取消。全面实施权利清单和责任清单制度，做到职权法定，有权必有责，用权受监督。截至目前，全区各市县（区）政府均完成本级政府部门责任清单的编制工作，并通过网站、报刊对外公布。中共中央、国务院《法治政府建设实施纲要（2015—2020）印发后，自治区党委政府印发了《宁夏回族自治区法治政府建设实施方案（2016—2020)》，将《纲要》设定的 40 项具体措施细化为 78 项，增加了 41 项效果指标，确定了每项具体措施的牵头部门、责任单位和完成时限，全面部署了今后五年的法治政府建设工作。

2. 健全依法决策程序，规范权力运行，把权力关进制度的笼子。按照十八届四中全会《决定》的要求，公众参与、专家论证、风险评估、合法性审查、集体讨论决定是行政决策的法定程序，通过政府法律顾问制度和重大决策终身责任追究制度及责任倒查机制保证行政决策的规范性和合法性。为规范宁夏各级政府依法决策，自治区政府出台了《宁夏回族自治区行政程序规定》《宁夏回族自治区重大行政决策规则》《规范性文件制定和备案规定》等规章和规范性文件，建立健全合法性审查制度、集体讨论决策制度、重大行政决策后评估制度、重大决策终身责任追究制度及责任倒查机制、规范性文件备案监督机制等制度，进一步明确了决策主体、决策范围、决策程序、法律责任，规范了决策流程，保证了重大决策的科学性、合法性。

3. 改革行政执法体制，坚持严格规范公正文明执法。行政执法是与人民群众生产生活关系最为密切的行政行为，多头执法、重复执法（交叉执法）一直以来为群众所诟病。为解决执法难题，宁夏结合自身实际，在集中城市管理处罚权的同时，对于人民群众关系密切的行政执法事项集中交由市辖区综合行政执法机构行使，强化属地管理，推进跨行业、跨领域综合执法。行政执法不规范，也是群众反映比较突出的问题，为保证行政执法的合法性，宁夏在规范行政执法程序上制定了《宁夏回族自治区行政程序规定》《宁夏回族自治区重大行政执法决定法制审核办法》《宁夏回族自治区行政处罚案卷文书评查标准及细则》等制度规范，对执法调查取证、告知、罚没收入管理、听证、集体讨论、重大行政执法决定审核以及卷宗规范化管理等方面进行明确规定，有效防止了权力任性，极大压缩了权力滥用和寻租的空间。在加强制度建设的同时，宁夏还非常重视行政执法人员资格管理，出台《宁夏回族自治区证件管理办法》，对行政执法人员资格进行规范化管理，坚决杜绝不具有执法资质的人员执法。

（三）司法改革稳步推进，司法的公信力得到进一步提升

公正是法治的生命线。司法公正对社会公正具有重要的引领作用，司法不公对社会公正具有致命破坏作用。司法也是社会公正的最后一道防线，如果司法不公，社会正义的大厦就会倾斜甚至倒塌。推进司法改革，努力让人民群众在每一个司法案件中感受到公平正义是十八届四中全会《决定》的重要内容。2014年底，中央将宁夏列为第二批司法体制改革试点单位。2015年3月，宁夏司法体制改革方案获中央批准。2015年7月，自治区党委政法委召开司法改革试点动员大会，确定3家试点法院开始司法改革试点工作。2016年7月，自治区司法改革领导小组召开第六次会议，传达全国司法体制改革推进会精神，研究部署在全区全面推进司法体制改革各项工作。至此，宁夏司法体制改革全面启动。在自治区党委的坚强领导下，在最高人民法院、最高人民检察院的指导下，宁夏的司法改革稳步推进，取得了阶段性的成果。

1. 司法人员分类改革初见成效。司法人员分类改革是实行法官、检察官员额制的基础。也是司法改革中牵涉面广、利益关系复杂的一项工作。长期以来，我们一直把司法人员和普通公务人员同等对待，对司法工作的特殊性注意不够，这不利于建设职业化的司法队伍。司法人员分类管理，就是把法院、检察院工作人员分为法官、检察官、司法辅助人员、司法行政人员等几种类型，对法官、检察官实行有别于普通公务员的管理制度。从 2015 年初开始，宁夏法院、检察院在试点的三个法院、检察院开展法官员、检察官员额制试点改革，把法院、检察院工作人员分成法官（检察官）、司法辅助人员、司法行政人员三大类，三类人员分别占中央政法专项编制数的 39%、46% 和 15%，首批入额法官比例不超过 30%，为法官、检察官队伍发展预留空间。经过资格审查、业绩考核、入额考试、组织考察等环节，确定 3 家试点法院中 91 名法官为拟入额法官候选人，经宁夏回族自治区法官检察官遴选委员会差额审议，最后确定 85 名法官、60 名检察官首批入额。2016 年，司法人员分类改革在全区推开，各级司法机关按照司法改革要求，制订了详细的方案和操作流程，全区法院系统按照员额数与提请审议人数 1:1.1 的比例提出首批入额法官建议人选 931 人，差额 89 名。2016 年 9 月 9 日，自治区法官检察官遴选委员会第五次全体会议审议通过全区法院 842 名首批入额制法官。2016 年 8 月 6 日，宁夏三级检察机关全面启动检察官员额制改革工作。2016 年 10 月 18 日，全区 31 个检察院员额制检察官遴选工作顺利完成，三级检察院共遴选 705 名员额制管理检察官（含首批试点入额 60 名），为司法改革打下良好的基础。

2. 司法责任制稳步推进。让审理者裁判，让裁判者负责。完善主审法官、主任检察官、主办侦查员办案负责制，落实谁办案谁负责是十八届四中全会《决定》对司法改革提出的明确要求。落实法官、检察官办案责任制，关键是要理清权力边界和改革行政化的管理模式，在这方面，宁夏司法机关做出了积极的探索。宁夏高院制定完善合议庭、审委会、院庭长审判管理职责，制定了一系列配套制度，明确院长、庭长的权力界限，保证了司法责任制的充分落实。为保证案件质量，防范风险，宁夏法院还建立了专业法官会议制度，在压缩审判委员会讨论案件范围的同时，保证了重大、疑难案件的审判质量。自治区检察院制定了《宁夏检察机关检察官办案责任制暂行办法（试行）》和《宁夏检查机关检察官权力清单》，通过完善司法监督机制、加大司法公开力度和制定错案追究制度，明确责任范围、认定标准和处罚依据，做到主任检察官权责相统一。

3. 司法人员职业保障改革取得进展。十八届四中全会《决定》指出，建立健全司法人员履行法定职责保护机制。非法定事由，非法定程序，不得将法官、检察官调离、辞退或者做出免职、降级等处分。为司法人员独立行使审判权创造了良好的外部环境。为防止对司法活动的不当干预，《决定》还明确要求建立领导干部干预司法活动、查收具体案件处理的记录、通报和责任追究制度。依照《领导干部干预司法活动、插手具体案件处理记录、通报、责任追究规定》《司法机关内部人员过问案件的记录和责任追究规定》，针对宁夏实际，自治区高院出台了对非因履行职务需要，干预、过问、插手案件审理的行为进行处理的具体办法，有效保障了司法机关独立行使职权。

4. 积极落实省以下法院、检察院人财物统一管理体制，确保司法机关独立行使职权。该项改革主要解决的是司法机关和地方政府之间的关系问题。我国是单一制国家，司法权属中央事权。我国司法机构的设立和行政区划基本重叠。长期以来，司法机关人财物实行分级管理，地方法院、检察院人财物由同级地方党委、政府管理，事实上成为地方党委、政府的所属部门，导致司法实践中地方保护主义盛行，极大地损害了司法权威，影响了司法公正。党的十八届三中全会《决定》提出，改革司法管理体制，推动省以下地方法院、检察院人财物统一管理。这样一种制度设计，就是要建立司法机关与地方政府相分离的管理体制，从资源层面切断地方保护主义之手。如何推进该项改革，中央全面深化改革领导小组第三次会议审议通过了《关于司法体制改革试点若干问题的框架意见》，明确提出改革的路径：对人的统一管理，主要是建立法官、检察官统一由省提名、管理并按照法定程序任免的机制。对财物的统一管理，主要是建立省以下地方法院、检察院经费由省级政府财政部门统一管理的制度。2016年初，宁夏3家试点法院、检察院已完成人财物统一上划管理工作，目前正在开展全区司法机关人财物清查摸底工作，为全面推行人财物统一管理打好基础。

（四）公安改革取得实效，社会持续保持稳定，为"四个宁夏"建设提供了稳定的社会环境

公安部门承担着维护社会稳定的重要职责，其自身建设也体现着法治政府建设的成果。宁夏社会长期保持稳定，为经济社会建设创造了良好的发展环境。

1. 公安改革取得阶段性成果，为下一步改革奠定坚实基础。2015年，《关于全面深化公安改革若干重大问题的框架意见》及相关改革方案经中央审议通过，公安改革在全国全面铺开。公安改革的总体目标是：完善与推进国家治理体系和治理能力现代化、建设与中国特色社会主义法治体系相适应的现代警务运行机制和执法权力运行机制，建立符合公安机关性质任务的公安机关管理体制，建立体现人民警察职业特点、有别于其他公务员的人民警察管理制度。到2020年，基本形成系统完备、科学规范、运行有效的公安工作和公安队伍管理制度体系，实现基础信息化、警务实战化、执法规范化、队伍正规化，进一步提升人民群众的安全感、满意度和公安机关的执法公信力。2016年是宁夏全面深化公安改革的重要一年，根据中央1+3改革方案，自治区党委、政府把公安改革纳入自治区全面深化改革总体规划，明确到2017年基本完成公安改革所确定的目标。为完成目标任务，宁夏确立了从三个层面入手、分类实施的具体工作方案：对涉及中央事权的改革，积极主动沟通衔接，坚决按照统一的政策、要求和时间节点落实到位；对涉及地方事权的改革，推动自治区党委、政府出台《全面深化宁夏公安改革实施方案》；对涉及公安机关内部的改革，按照时效性、紧急性和社会关注度，列出推进的路线图、时间表，抓紧落实。一年来，在社会治理机制创新、公安行政管理体制机制改革、执法权力运行机制、公安机关自身管理制度改革、人民警察职业保障制度改革取得了较为突出的成绩，有些改革举措和落实情况走在了全国的前列，为下一步完成公安改革目标奠定了坚实的基础。

2. 宁夏社会长期保持稳定，民族团结，宗教和顺，成为宁夏经济社会发展的一张靓丽的名片。稳定的社会秩序是经济社会发展的基本条件，没有和谐稳定的社会秩序，一切都无从谈起。2016 年，宁夏公安机关严格履行职责，在平安宁夏建设中发挥了重要的作用。据不完全统计，2016 年发生的杀人、抢劫等严重暴力犯罪和非正常上访分别下降 30.4% 和 62.4%。全年未发生 500 人以上较大规模的群体性事件，民族宗教领域也未发生影响社会稳定的事端，公民对社会稳定的满意度长期保持在 90% 以上。需要说明的是，在复杂的国内外形势下，宁夏公安机关为"环青海湖"国际自行车赛提供安保，配合完成 G20 杭州峰会安保工作，体现了宁夏公安干警的良好素质和形象。

（五）司法行政工作成绩显著，为和谐宁夏建设夯实基础

司法行政工作涉及监狱管理、法律服务、法治宣传教育、社区矫正等方面的工作，是法治宁夏建设的重点工作领域。2016 年宁夏司法行政工作扎实推进，多点突破，取得了显著的成绩。

1. 监所管理科学化、规范化水平稳步提升，监所持续保持安全稳定。2016 年，监狱戒毒场所管理机制进一步完善，监管安全责任不断夯实，罪犯、戒毒人员教育矫治效果明显。

2. 法律服务成效显著。律师法律服务向公益事业、涉法涉诉信访及扶贫开发领域拓展，律师执业权利保障机制不断完善。截至 10 月份，全区律师代理各类诉讼案件近 2 万件，咨询和代写法律文书 3 万余件；公证机构共办理各类公证 7 万余件，司法鉴定机构接受委托鉴定案件 0.7 万件。

3. 民生计划任务超额完成。截至 10 月份，全区各级法律援助机构共办理法律援助为民办实事诉讼案件 7118 件，完成全年 4000 件目标任务的 178%；各级人民调解组织共化解疑难复杂矛盾纠纷 6550 件，完成全年 5000 件目标任务的 131%。

4. 法治宣传教育不断深化。"六五"普法规划全面完成，"七五"普法高效启动；"法律八进"活动将法律知识普及到各行各业、田间地头，法治文艺创作和展演蓬勃发展；推行"法治城市、法治县（市、区）、依法治理示范单位"以及全国"民主法治示范村（社区）"创建工作社会满意度测评，成为依法治理工作的一大亮点。

5. 基层综合治理创新取得积极进展。社区矫正规范化水平全面提升，实现零脱管、零漏管目标，刑释人员衔接率达到100%、重点人员接送率达到100%、帮教率达到96.5%，重新违法犯罪率控制在3%以下；人民调解"四张网络"建设初显成效，85%的司法所通过星级创建考评，对规范基层司法行政工作发挥了突出作用。

（六）法治社会建设取得积极成效，法律的权威得到进一步强化

法律的权威源自人民的内心拥护和真诚信仰。十八届四中全会《决定》提出法治国家、法治政府、法治社会一体建设，就是看到了法治社会建设是法治国家、法治政府建设的社会基础，在一个缺少法治传统的国家尤其如此。

1. 法治意识和法治观念进一步加强。2016年，宁夏坚持把全民普法和守法作为依法治区的长期基础性工作，深入开展法治宣传教育，特别是抓住领导干部这个关键少数，通过制度规范，确保学习成效。在自治区党委、人大、政府的领导下，先后出台了《关于深入开展第七个五年法治宣传教育的决定》《关于完善国家工作人员学法用法制度的实施意见》《宁夏回族自治区关于全面落实普法责任制的实施意见》，保障了法治宣传教育的有效性。

2. 社会征信体系建设取得阶段性成果。诚信是法治的基础。一个法治社会，必然是一个诚信社会。2016年，宁夏的社会征信建设取得了一定的成绩，在原有的银行个人信贷征信、司法机关的征信、相关管理机关的征信基础上，宁夏利用现代信息技术和大数据的优势，推进建立综合性的征信平台，将个人、企业、政府的征信纳入统一的管理平台，将商务诚信、政务诚信、个人诚信作为重要的考核内容，通过征信体系和征信平台建设，推进宁夏社会诚信迈上新台阶。

3. 建立多元纠纷解决机制，引导和支持人们理性表达诉求，依法维护权益。将信访纳入法治化轨道，探索建立信访司法终结制度，解决缠访、闹访问题。2016年，宁夏基本实现了乡镇（街道）、村居（社区）基层人民调解组织全覆盖，共建立了3296个基层调解组织，人民调解员17234名。积极探索人民调解与司法诉讼的衔接机制，确保人民调解的权威性。

二、宁夏法治建设面临的挑战与存在的问题

法治建设是一项系统性工程，也是一项长期性的工作，不可能一蹴而就。2016年宁夏法治建设虽然成果丰硕，但由于历史的原因和现实的因素，法治宁夏建设也存在一些亟待解决的问题。

（一）地方立法相对滞后，立法不能完全满足改革发展的需要，存在改革发展与法律规定不协调的问题

十八届三中全会、四中全会均提出改革要有法律依据，实现立法和改革决策相衔接，做到重大改革于法有据、立法主动适应改革和经济社会发展需要。但从实践层面看，虽然自治区人大加大地方性法规立改废的工作，但涉及行政审批事项的许多规定多由法律和行政法规设定，属中央事权，导致地方改革先行、立法滞后的现象仍然比较突出。改革缺少法律依据，不仅使得改革面临合法性的质疑，也不利于人们树立法律至上的理念，其结果是进一步消解了法律的权威。设区市立法权的实施是2016年宁夏在立法工作领域的一项重点工作，但从实施情况看，各地发展不平衡，有的市立法人才和经验缺乏，立法质量有待于进一步提高。

（二）信息公开程度不足，政府公信力有待提高，影响法治政府建设质量

公开公正是法治政府建设的重要考核指标，公开是公正的前提，没有公开，公正就失去程序保障。中共中央、国务院印发的《法治政府建设实施纲要（2015—2020)》明确提出政府信息以公开为常态、不公开为例外，推进决策公开、执行公开、管理公开、服务公开、结果公开，完善政府信息公开制度。近年来，自治区加大推进政务公开力度，取得了一定的成绩，但与全国其他省市相比，宁夏的政务公开还存在明显的距离。据中国社科院《法治蓝皮书：中国法治发展报告2016》对31个省级政府和49个较大市2015年政府透明度总体测评，宁夏位列省级政府倒数第二（倒数第一为西藏），银川市位列较大市倒数第一，差距非常明显。在打造诚信社会方面，政务诚信还没有纳入实际的考核指标体系之中。由于中国特殊的国情，政府应该在守信践诺中起带头作用，以政务诚信推进社会诚信建设，但现

实生活中，新官不理旧账问题还不同程度存在，极大地影响了政府的公信力。行政审批制度改革虽然取得一定的成效，但一些关键审批事项还游离于集中审批之外，存在应进未进的情况，为官不为、吃拿卡要现象也时有发生，市场主体和人民群众的获得感还不是很强，有待于进一步深化改革。2016 年 9 月，国家信息中心"一带一路"大数据中心对 31 个省、自治区、直辖市参与度进行测评，其中的二级指标政策环境项下，西北的甘肃位列第一，陕西位列第九，新疆位列第十一，宁夏的排名虽然没有公布，但应该在新疆之后，说明我们的政策环境还有待改进，社会软环境建设还有许多短板，法治政府建设还有许多路要走。

（三）司法改革进入攻坚期，改革的成效与人民群众的期望还存在一定距离

从十八届四中全会《决定》对司法改革的要求看，司法改革既是管理体制机制和司法运行机制的改革，也是利益调整的过程。司法体制改革牵涉部门利益和个人利益，特别是一些既得利益者。在触动利益比触动灵魂还难的今天，改革的难度可想而知。值得欣喜的是，我们有党中央和自治区党委的坚强领导，宁夏的司法体制改革顺利推进，取得了阶段性的成果。但我们也要清醒地看到，司法体制改革要取得成效，关键不在于司法机关做了什么，完成了什么样的改革任务，而是要增强人民群众的获得感和满意度，人民群众从司法改革中得到什么样的实惠。从这个角度看，司法体制改革的任务才刚刚开始。现实生活中，执行难、司法腐败虽然有所改观和收敛，但办案过程中的隐形腐败仍然存在，手法更为隐秘，打官司就是打关系的社会风气还没有从根本上得到消除，个别司法工作人员同律师、当事人存在不正当交往。宁夏的司法透明度还不高，距离公开公正还有一定的距离。据《法治蓝皮书：中国法治发展报告 2016》中国司法透明度指数报告，在抽查的全国 81 家法院中，透明度指数平均分为 56.52 分，宁夏高院和银川中院得分分别为 50.45 和 42.82，低于平均分，位列 59 位和 75 位。《法治蓝皮书：中国法治发展报告 2016》中国检务透明度指数报告显示，在抽检的全国 81 家检察院中，自治区检察院和银川市检察院得分分别为 35.86 和 31.4，位列第 50 位和 59 位。需要指出的是，同处西北的甘肃在司法透明度和检务透明度在全国排位分别为第 28 名和 24 名，说明我们的工作还有很大的差距和改进空间。这些都影响了司法改革的绩效，也消解了司法改革带给人们的获得感，值得引起我们高度重视。

（四）法治社会建设存在许多短板，法治观念的确立还需假以时日

我国是一个缺乏法治传统的国家，长期的人治传统和注重人情关系的风气，使得法治社会建设难度更大。在改革开放的背景下，法律的稳定性与社会的变革存在较大的张力，使得法律的权威性难以确立，人们的法治理念与法治思维的形成受法律的权威性减损的影响而无法深入人心，社会的法治文化难以形成。法治文化一般被认为是法治社会的根基，没有法治文化，就无法建成法治社会和法治国家。法治文化是一个包含了勤勉、遵法、诚信、友爱、权利意识与义务观念等多种价值的集合体，它不但构成社会治理的社会资本，也是经济社会发展的基础条件。在法治文化中，诚信意识的缺失是我们当前面临的最为严重的社会问题。社会缺乏诚信，不但加剧了社会治理的难度，加大了社会治理的成本，也使得经济发展中的管理成本、交易成本、风险成本急剧上升，拖累了经济发展的速度与质量。勤劳是中华民族的传统美德，但近年来，一些人滋生了等靠要思想，少数人利用政府求稳怕变的心理，推卸自身责任，向政府提出各种要求，并通过上访、非法聚集等形式给政府施压，给社会稳定带来隐患。

（五）面对复杂国内外形势，社会不稳定因素有所增加，社会稳定面临一定压力

随着宁夏对外开放的日益深入，国内外形势发展对社会稳定的影响越来越大，宁夏社会稳定面临一系列的挑战。社会治安虽然总体稳定，但各种违法犯罪仍呈上升趋势。2016 年 1—9 月，全区共立刑事案件 31600 件，同比上升 0.8%，抓获犯罪嫌疑人 3690 人，同比上升 13.8%。通信诈骗案件大幅提升，2016 年 1—9 月，通信类诈骗案件立案 3923 起，同比上升 13.4%，占全部刑事案件的 16.9%，占全部诈骗案件的 73.4%，成为除盗窃案件以外立案数最多的一类刑事案件。涉及非法集资等经济犯罪案件给社会稳定带来一定的压力，2016 年 1—9 月，全区共立经济犯罪案件 438 起，同比下降 3.3%，但由于牵涉人数多，参与人员成分复杂，对社会稳定的影响不容忽视。各级官员腐败案件多发易发，特别是基层的微腐败，严重侵害群众利益，也是影响社会稳定的重要因素。在公共安全领域，境外敌对势力的渗透一直没有停息，宁夏反恐形势日趋复杂、严峻，民族宗教领域矛盾时有发生，群体性事件在连续三年下降后，又呈逐步上升势态，主要集中在拖欠农民工工资、房产物业纠纷、拆迁安置等领域。交通、安全生产、消防安全领域也是容易引发社会不稳定因素的重点场域，在这方面，还存在一些管理薄弱环节和管理死角。

（六）法学研究力量薄弱，影响了法治宁夏建设的水平与质量

法学研究是推动法治建设的重要力量，一个国家、一个地区法学研究的水平与法治化程度呈正相关关系。改革开放以来，宁夏法学研究和法学学科建设走上了从无到有的发展历程，但总体来看，宁夏法学研究水平不高，法律高端人才匮乏的局面仍然没有大的改观。宁夏社科院、宁夏大学、北方民族大学、自治区党校虽然都有专业的法学研究机构，但同发达地区相比，我们的研究人员、研究实力明显不足。造成这种情况的原因是多方面的，有底子薄的问题，也有重视程度不够的问题。在宁夏的学科建设规划中，法学学科建设和人才队伍培养还没有被纳入议事日程，导致法学研究在低水平重复且研究内容碎片化现象严重，无法形成特色和优势。

三、对法治宁夏建设的思考及对 2017 年法治宁夏建设的展望

（一）加快立法体制机制改革，充分发挥民族自治地方立法优势，推进立法进程，使立法与改革相互促进，确保改革在法治的轨道上前进

解决法律与改革的张力是我们面临的重要任务，解决该项任务不能简单地以法律否定改革，也不能以改革为名否定法律，正确的做法是立法先行，加快法律立改废的进程，最大限度缓解改革压力，实现重大改革于法有据。习近平总书记在主持中央全面深化改革领导小组第六次会议时针对法治与改革的关系，提出了同步立法、先行先试授权、加快法律立改废、加强法律解释等方法和路径，对我们有重要的启发意义。宁夏是民族自治地方，民族区域自治法赋予民族区域自治地方在立法方面的变通权、停止执行权是我们最大的优势，借鉴上海自贸区的做法，积极探索使用变通权、

停止执行权的有效路径，充分发挥国家法律赋予民族自治地方立法权力，不但是贯彻民族区域自治制度的内在需要，也是建设内陆开放型经济试验区和解决改革"合法性"困惑的有效途径。

（二）打破利益藩篱，全面推进十八届四中全会做出的各项改革举措，将司法改革进行到底

目前，司法改革进入深水区，在改革的过程中，各种利益关系纠结在一起，改革阻力变大，导致有些改革难以原汁原味地落实。只有以破釜沉舟的勇气，勇于打破各种利益藩篱，才能将司法改革落到实处。在当前的司法改革进程中，人们主要关注的是员额制、司法权力运行机制、司法人员权利保障、人财物统一管理等与司法人员自身利益密切关联的领域，而对与人民群众利益密切关联的领域如规范司法人员行为、预防司法腐败、提高司法效率和透明度、破解执行难等方面改革力度和举措不是很多。司法改革不是司法精英的"独舞"，司法改革的成效最终要由人民群众去评判。只有全面落实中央关于司法改革内容，增强人民群众对司法公正的满意度和司法机关的公信力，司法改革才会有持久的生命力。

（三）重视法治社会建设，树立全民法治意识

十八届五中全会确立了"五位一体"发展战略，在社会建设中，法治社会建设具有重要的地位和作用。长期以来，人们提及社会建设，一般都将其等同于社会保障、教育、医疗卫生等与民生密切相关的领域，而忽视了社会建设的精神导向和法治意蕴。要以全面从严治党推进法治社会建设。中国的问题关键在党，治国必先治党，治党务必从严。党纪严于国法，从而确保党在宪法和法律的规定下活动，以从严治党推动整个国家的法治进程；要以政府诚信推进社会诚信。社会诚信度不高，原因是多方面的，政府在其中扮演了非常重要的角色。2016年11月4日出台的《中共中央、国务院关于完善产权保护制度依法保护产权的意见》明确要求要大力推进法治政府和政务诚信建设，完善守信践诺机制，将政务诚信纳入政府绩效评价体系，加大对政务失信的惩戒力度。说明中央已经看到政府失信对社会诚信建设的影响；以司法公正推动社会公正。社会公平正义是社会建设的目标，司法在推进社会公平正义中具有重要作用。人们常说，司法是社会公平正义的最后一道防线，如果最后一道防线失守，社会的公平正义就无从谈起，推进司法体制改革，以司法公正推进社会公平正义，是法治社会建设的重要一环；以领导干部这个关键少数的法治理念引领全民法治意识。法治理念与法治思维是法治社会建设的重要内容，其中领导干部这个关键少数的法治理念与法治思维不仅对推动法治政府建设意义重大，而且对社会法治意识的确立具有重要的引领作用。要实现普法工作从知法向用法转变，利用制度+科技，创新普法工作的新形式。要把法治教育尽快纳入国民教育体系和精神文明创建内容，加强青少年法治教育，坚持法治教育从娃娃抓起。

（四）加快推进宁夏民族宗教问题治理法治化能力和水平

民族宗教问题事关宁夏和谐稳定，《宁夏回族自治区关于贯彻十八届四中全会精神，全面推进依法治区的实施意见》明确要求，要提高宁夏民族宗教问题法治化治理水平。习近平总书记在全国宗教工作会议上指出，要提高宗教工作法治化水平，用法律规范政府管理宗教事务的行为，用法律调节涉及宗教的各种社会关系。要保护广大信教群众合法权益，深入开展法治宣传教育，教育引导广大信教群众正确认识和处理国法和教规的关系，提高法治观念。经过多年的努力，宁夏已基本形成了较为宗整的民族宗教事务管理规范和制度体系，保证了民族宗教工作在法制的轨道上运行，有效维护了社会稳定。要进一步落实民族宗教管理规定，解决不敢管、不愿管、不会管的问题；要研究对外开放和城市化背景下，民族宗教工作面临的新形势和新任务，提前做好预防堵漏工作；要研究信息化条件下民族宗教工作的复杂性和实时性，研究解决问题的路径。

（五）着力提升宁夏法学研究水平，重视法治人才队伍建设和创新型法治人才培养

学科建设与人才队伍培养，是提高宁夏法学研究水平的重要抓手。针对宁夏法学学科水平低，法学研究人才匮乏的现状，要进一步加大法学研究投入的力度，重点建设扶持一批有发展后劲和发展潜力，与宁夏经济社会发展关系密切的法学学科，在人才队伍建设方面给予政策倾斜。以宁夏现有的研究机构为依托，打造自治区级法学智库，通过智库平台和体制机制创新，为法学人才脱颖而出创造条件。积极推进法治教育纳入国民教育体系，从青少年抓起，为宁夏法治队伍建设提供持续的人力资源保障。

（六）2017法治宁夏建设展望

2016年10月27日，党的十八届六中全会通过了《关于新形势下党内政治生活的若干准则》和《中国共产党党内监督条例》，这意味着全面从严治党进入新的阶段。2017年，宁夏依法治区将以十八届六中全会精神为指导，全面推进法治宁夏各项改革建设任务，以优异的成绩迎接党的十九大胜利召开。

2017年，法治宁夏建设总体上将保持稳中有进的势头，立法工作会在原有工作基础上，更加注重立法质量，更加注重主动回应社会关切。通过工作创新，最大可能减少法治与改革之间的张力，为改革发展创造较好的法治环境。设区市立法将会有一个大的突破，立法质量、立法技术和立法队伍建设水平都会有所提高，地区立法不平衡问题有所缓解，人大代表、政协委员、人民群众参与立法的渠道更加畅通，民主立法进一步落到实处。法治政府建设扎实推进，在政务公开和打造诚信政府方面将会有新的举措。司法体制改革加速推进，人财物省级统一管理基本完成，司法改革中人民群众的获得感会进一步增强。"七五"普法在总结"六五"普法经验基础上，从形式到内容都会有较大突破，基层治理取得实效，法治社会建设取得成效。宁夏社会保持持续稳定，民族团结，宗教和顺，人民群众对社会治安满意度进一步提升。随着法治宣传教育的推进，人们的权利意识、义务观念会进一步增强，特别是随着反腐力度的加大，各种违法行为受到惩处，人民群众获得感增强，参与法治建设的积极性提升，特别是随着社会征信体系的建设，法治宁夏建设的社会环境会有一个较大幅度好转，将为经济社会发展提供坚强的保障和持续的动力。

领域篇
LINGYUPIAN

2016年宁夏立法工作报告

刘彦宁 朱赟 朱婷

2016年，是"十三五"规划的开局之年，也是中国全面建成小康社会决胜阶段的攻坚之年。一年来，宁夏立法工作紧紧围绕"五位一体"总体布局和"四个全面"战略布局，贯彻创新、协调、绿色、开放、共享的发展理念，充分发挥立法的引领和推动作用，完善地方立法机制、推进科学立法民主立法，为"四个宁夏"建设提供了法治保障。

一、宁夏立法工作的探索与实践

地方立法工作，是宪法和法律赋予有立法权的地方人大及其常委会的重要职权。2016年，宁夏立法工作紧紧围绕国家和自治区"十三五"规划和"五大发展理念"，贯彻落实修改后的《立法法》，积极适应改革发展需要，突出重点领域立法，注重民生领域立法，慎立多修，立、改、废并重，立法工作按计划稳步推进。截至11月，审议通过新制定法规5件，分别是《农村扶贫开发条例》《宪法宣誓办法》《水资源管理条例》《养老服务促进条例》《公共卫生服务促进条例》，修订了《人口与计划生育条例》《规

作者简介　刘彦宁，宁夏回族自治区人大常委会法制工作委员会主任；朱赟，宁夏回族自治区人大常委会法制工作委员会副主任；朱婷，宁夏回族自治区人大常委会法制工作委员会备案审查处副主任科员。

范性文件备案审查条例》《乡镇人民代表大会工作条例》等3件法规，分两次打包修正《气象条例》《环境保护条例》等7件法规，废止《农业环境保护条例》《乡镇企业管理条例》《农民负担监督管理条例》等3件法规，做出关于法规性决定1件，审查批准银川市地方性法规4件、批准废止法规1件，批准石嘴山市地方性法规3件。

（一）贯彻落实中央精神，增强党对立法工作领导的政治自觉

宁夏立法始终坚持党的领导，贯彻落实党中央关于加强党领导立法工作的意见，不断完善和健全体制机制，将党的领导贯穿到立法工作全过程。

1. 党委加强对立法工作的领导，关心和支持立法工作。自治区党委研究制定了推进依法治区的实施意见和进一步加强人大政协工作的通知，明确工作程序，定期研究地方立法规划和年度立法计划、重要法规草案、立法涉及重大体制和重大政策调整等问题。对新赋予立法权的设区的市及时协调各方解决机构设置和人员编制等方面的困难，关心和支持立法队伍建设。

2. 人大常委会健全请示报告制度。自治区人大积极探索完善党领导立法工作的制度规范，对于法规修改中的重大问题及时提请自治区党委研究决定。本届自治区人大常委会党组自成立以来，先后13次向自治区党委请示报告相关工作，其中请示立法工作的重大问题7次，通过健全完善请示报告制度，不断增强坚持党的领导立法的思想自觉和行动自觉，切实保障重大决策部署的贯彻实施。

3. 人大常委会健全党组工作制度。自治区人大常委会党组充分发挥凝聚各方智慧、协调各方力量的作用，在立法工作中坚持求大同存小异，妥善化解意见分歧，确定立法工作思路，统筹制订立法计划，高质量地完成党委确定的农村扶贫开发条例、养老服务促进条例等重点立法项目，在立法工作中把好方向、管好大局、保证落实。

（二）遵循把握立法规律，着力实现以良法促发展

多年的立法实践经验证明，改革是法律进行立改废释的动力源泉，立法的目的正是为了适应改革发展的需要，通过立法引领改革方向、推动改革进程、保障改革成果。

1.适应改革发展,加强重点领域立法。2016年,宁夏立法工作积极适应改革发展的需要,加强重点领域的立法,突出地方特色。消除贫困,体现公平,实现共同富裕是社会主义的本质要求,为了实现到2018年全区58万贫困人口全部脱贫,9个贫困县全部摘帽,打好扶贫攻坚战,自治区十一届人大常委会第二十三次会议审议通过了《宁夏回族自治区农村扶贫开发条例》,这是中央扶贫工作会议后全国出台的首部地方性扶贫开发法规,首次将中央提出的"精准扶贫,精准脱贫"纳入规范,明确了扶贫对象的确定程序与方法,确保扶贫开发措施和扶贫开发资金落到实处,把中央的扶贫政策、自治区成熟的做法和经验上升为法律规范,突出了宁夏特色。

2.遵循立法规律,注重慎立多修。当改革决策与现行法规规定不一致时,尽快修改地方性法规,确保改革于法有据。为了贯彻实施党的十八届五中全会关于全面实施两孩政策的重大战略决策,自治区十一届人大常委会第二十二次会议通过了《关于修改〈宁夏回族自治区人口与计划生育条例〉的决定》,对原条例的27个条款内容做了修正,明确了一对夫妇可以生育两个孩子。为了促进政府简政放权、放管结合、优化服务,提高政府管理水平,进一步激发市场的活力和创造力,自治区人大常委会分两次打包修正了《宁夏回族自治区煤炭资源勘查开发与保护条例》《宁夏回族自治区公路路政管理条例案》等7件地方性法规,围绕取消许可、下放审批权限、简化审批程序、减轻企业负担等方面进行修正,为进一步深化行政审批制度改革提供法律依据和支持。

3.坚持法制统一,突出改废并举。近年来,结合简政放权、转变政府职能、全面深化改革的总体要求及国家法律的修改,宁夏采取集中清理和专项清理等方式,及时对制定的法规进行逐一"体检"。先后5次对79件决定、313件次法规进行清理,废止法规及法规性决定17部。2016年,对与上位法的相关内容不符,大部分条款已与我区经济社会发展形势不相适应的《宁夏回族自治区农业环境保护条例》《宁夏回族自治区乡镇企业条例》《宁夏回族自治区农民负担监督管理条例》3件法规予以废止。

（三）注重把握重点环节，充分发挥人大主导作用发挥人大及其常委会在立法工作中的主导作用，将宪法法律赋予的职权行使好发挥好，注意把握好法规草案立项、起草、审议等几个环节

1. 把握立项环节的主导。在编制立法规划和立法工作计划时，紧紧围绕自治区改革发展大局，着力通过立法推动落实自治区的重大决策部署，加强涉及经济社会民生等重点领域立法，在广泛征求意见的基础上，对各方面提出的法规项目进行通盘考虑，总体设计，全面论证，编制年度立法计划，统筹立法进度。2016年，自治区的年度立法计划，共征求社会各界意见建议45条，经过反复论证筛选、充分协商，将22件法规项目列入年度立法计划，由常委会党组报请自治区党委同意确定。配套制订立法工作计划责任书，明确立法进程、工作时限和组织责任，在保证法规草案质量的前提下，确保如期提请审议。

2. 把握起草环节的主导。人大对法规起草环节的主导，主要解决立法进度、指导思想、主要内容的总体把握。2016年，自治区人大常委会有关工作机构对相关部门起草的法规草案进行深入的前期调研，特别是养老服务促进条例、水资源管理条例、公共卫生服务促进条例等，在把握起草的进展和动态的前提下，积极主动介入，深入企业、基层广泛听取各方面的意见建议，确保法规按计划提请审议。

3. 把握审议环节的主导。完善法规案审议机制，实行立法论证、分组审议等行之有效的制度，健全审议意见的吸收采纳机制，邀请由相关工作经历和专业知识的人大代表列席常委会，在广泛听取意见的基础上，对法规草案的关键条款深入进行审议，及时做出决策，避免久议不决。

（四）关注保障民意民生，探索创新立法工作机制

科学立法、民主立法是加强立法工作、提高立法质量的基本要求和重要保证。宁夏立法工作始终把科学立法、民主立法的要求贯穿于地方立法工作的各个环节，探索地方立法的新模式，在突出地方特色上下功夫，在提高立法质量上作文章，在创新机制上求突破。

1. 坚持科学立法，立法为民理念。一是建立立法专家智库新平台。2016年9月，自治区人大常委会法工委与中国社科院法学研究所、国际法研究所签订战略合作框架协议。利用战略合作平台，开展重大立法项目课题研究和立法咨询、评估等方面合作，充分发挥专业研究人员"外脑"作用，为宁夏的立法工作提供智库保障。二是建立健全基层立法联系点制度，立法联系点是广泛收集并反映基层群众、组织对地方性法规草案和有关立法工作的建议和要求的重要阵地。2016年4月，自治区人大常委会法工委首批聘请基层人大、司法机关、高等院校、基层组织和律师事务所等10家单位为立法联系点，方便基层群众有序参与地方立法，让立法活动更接地气。三是建立完善立法工作协商机制。建立健全与民主党派、社会团体、组织等参与立法协商的工作制度。2016年，农村扶贫开发条例和养老服务促进条例采取了通过自治区党委办公厅向自治区政协办公厅转交法规草案征求意见的工作办法，确保了法规草案意见征求的全面性和针对性，为立法协商工作积累了宝贵经验。四是完善审议机制。为保障法规草案审议中争议较大的难点、焦点问题得到妥善解决，本届人大常委会进一步完善了法规草案隔次审议和二审三通过的审议机制，针对焦点问题采用不同形式的审议机制，对法规案进行充分调研论证，达成共识后再提交常委会付诸表决，提高了法规的质量。四是创新法规草案起草机制。采取委托第三方起草和多方联合起草的方式，如空间发展战略规划条例由法工委、政府相关部门和专家联合起草，今年还将大气污染防治条例草案委托北京大成（银川）律师事务所起草，从一定程度上避免利益集团和部门利益对立法干扰。

2. 创新工作机制，贴近民意。一是注重发挥人大代表在立法工作中的主体作用，在法规修改过程中广泛征求人大代表的意见，法规调研时邀请相关领域人大代表参加座谈会，充分尊重代表的主体地位，多渠道听取人大代表对法规草案的修改意见，保证制定的法规更加符合民意。二是深入基层实地考察调研。对涉及公民切身权益的法规草案，通过采取"蹲点式""体验式"的工作方法，广泛听取社会各界特别是基层群众的不同意见，集思广益，凝聚社会共识。三是通过立法座谈会、立法论证会等形式解决立法中的热点、难点问题。对自治区水资源管理条例、养老服务促进条例等地方法规草案中的专业性、技术性问题，组织有关方面的专家学者和具体管理人员进行全面论证，确保法规质量。四是建立重要法规草案公开征求意见制度。对自治区农村扶贫开发条例、公共卫生服务促进条例等数十部法规草案通过新闻媒体和自治区人大网站向社会公布，广泛征求人民群众的意见。

（五）积极稳妥推进，扎实做好设区的市地方立法工作

为了贯彻落实中央和自治区党委关于推进设区的市行使地方立法权重大决策部署，自治区人大常委会将推进设区的市行使地方立法权作为地方立法工作的重点，高度重视、精心组织、统筹协调、分步推进。截至2016年3月底，宁夏石嘴山、吴忠、固原、中卫四市制定地方性法规的时间均已确定，为推进全区民主法治建设奠定了基础。

1. 立法工作稳步开展。2016年，银川市列入常委会立法计划的法规项目有6件，已审查批准4件。其他四市制定地方性法规的时间确定后，设区的市的地方立法工作逐步开展。石嘴山市2016年列入立法计划的地方性法规4件，已审查批准3件。吴忠、固原、中卫的立法程序规定也在起草审议过程中。

2. 机构设置逐步完备。石嘴山、吴忠、固原、中卫四市人民代表大会已设立了法规的统一审议机构——法制委员会，组成人员7~9人。为了协调解决设区的市人大常委会立法机构设置和人员编制问题，自治区人大常委会分管领导亲自组织协调，自治区人大常委会法工委多次与自治区编办以及设区的市市委、政府等部门沟通，2016年4月，自治区编办下发了《关于给部分市人大常委会增加工作委员会机构限额的通知》，同意给四市人大常委会各增加一个工作委员会机构，用于完善立法和监督工作机构的设置。截至目前，各市均调整了法制工作委员的工作职责，配备了相应的工作人员。

3. 立法培训广泛开展。为了提高设区的市立法人员的业务水平和工作能力，2013年至今，自治区人大常委会法工委通过各种形式举办立法培训班7次，培训市、县人大法制委、法工委和政府法制机构等工作人员350余人次；先后4次组织各设区的市人大立法干部参加全国人大举办的立法培训班；2016年8月底，委托全国人大北戴河培训基地举办培训班，组织市、县人大法制委、法工委、政府法制机构和立法联系点的工作人员，进行有针对性的立法业务培训。此外，自治区人大常委会法工委还建立了跟班学习制度，协调各设区的市人大常委会派员到自治区人大法工委进行为期三个月的跟班学习，帮助设区的市培养立法人才。

4. 加强设区的市立法业务指导。为了帮助各市统筹立法资源，把握立法边界，把控立法节奏，自治区人大常委会将指导和监督设区的市行使立法权工作，作为一项重点工作。针对新赋权的市立法能力不足、经验缺乏的实际，自治区人大常委会法工委及时与设区的市人大常委会联系，指导设区的市制订立法计划、确定立法项目，并提前介入地方性法规的起草修改工作，帮助设区的市解决立法技术、操作程序等方面的问题；2016 年初，自治区人大常委会法工委进一步完善了地方性法规报批和规范性文件备案的相关制度，对各市地方性法规报批工作和备案审查工作开展评估，通过完善制度和建立评估机制，督促和规范立法工作和备案审查工作，推进设区的市依法行使地方立法权。

（六）建立完善长效机制，推动备案审查工作规范化、制度化

"加强备案审查制度和能力建设，把所有规范性文件纳入备案审查范围，依法撤销和纠正违宪违法的规范性文件。"是党的十八届四中全会对备案审查工作提出的具体要求，是保障宪法和法律实施的宪法制度，是人大及其常委会的一项重要职权。

1. 建章立制，推动备案审查工作规范化。2015 年立法法修改后，自治区人大常委会及时修订通过了《宁夏回族自治区各级人民代表大会常务委员会规范性文件备案审查条例》，扩大了调整范围，明确了报备主体、程序和时限等。同时条例规定相关专委会和工作委员会根据职责分工进行主动审查，法制工作委员会对公民提出的审查要求进行被动审查。为了进一步解决自治区人大各专门委员会和工作委员会在具体工作中的协调配合，法工委起草了《规范性文件备案审查工作办法》，并经常委会主任会议研究同意，明确法制工作委员会负责规范性文件备案审查的综合协调服务工作，有关专门委员会、工作委员会根据职责分工，对有关规范性文件进行审查，并提出审查意见、研究意见。此外，办法对规范性文件审查意见的转送、制定机关未依照法定时限及程序修改或者废止的处理、撤销议案的提出、议案的审议等相关工作内容作了具体规范。同时，法工委还起草了《规范性文件备案审查工作评估办法》，通过年度的评估考核，对各报备主体的报备工作进行梳理和评估，督促报备工作及时、准确开展，确保将"有件必备"的要求全面落实到工作当中。

2. 系统建档，促进备案审查工作标准化。随着设区的市地方立法工作的全面开展，规范性文件报备主体由原来的3家增加至11家，审查主体由法工委一家改为各专委会、工作委员会对口审查，审查方式由被动审查为主转为主动审查和被动审查相结合，对所有报送备案的规范性文件建立了电子文档，对报备文件的报送单位、时间、名称、存档情况等进行登记，杜绝迟报漏报，做到应报尽报。

3. 平台建设，实现备案审查工作信息化。2016年以来，全国人大常委会对备案审查信息化工作提出了更高要求。法工委借鉴了江苏省、浙江省、广东省人大常委会法工委平台建设、平台运行中好的经验和做法，结合备案审查工作实际，正在筹建规范性文件备案审查系统。

（七）注重提升素质能力，大力加强立法队伍建设

1. 不断提升思想境界。立法工作是政治性、专业性、理论性、实践性都很强的工作，立法工作人员要深刻认识立法工作的重要性，增强使命感和责任感，不断提升思想境界和理论素养。组织立法工作人员参加中央党校、宁夏党校、宁夏干部教育培训网络学院的学习培训76人次。按照"两学一做"教育实践要求，定期召开党支部组织生活会，开展严肃认真的批评与自我批评，不断增强党性修养，着力打造一支政治坚定、勇于担当、无私奉献的立法队伍。

2. 加强学习交流。组织并参加全国人大第二十二次地方立法研讨会和全国人大法工委举办的立法法培训班。组织人员赴区外开展交流，重点学习兄弟省区的立法经验和实践，探讨交流立法工作中遇到的问题和解决途径。自治区人大常委会多次举办"法律大讲堂"，邀请各领域的专家学者进行授课，着力提高人大代表和常委会组成人员的审议能力。

3. 注重专业理论研究和业务能力建设。要求立法工作人员以业务带动研究，以研究促进工作，结合承办法规项目撰写理论研究文章，积极参加各类法学理论专业研究论坛及征文活动，提高立法理论研究的能力。定期召开法规研讨会议，相互交流修改心得，不断提高工作能力和水平。

二、宁夏立法工作存在的主要问题

（一）立法质量有待进一步提高

1. 立法选项机制不够完善。一是立法选项的来源比较单一。政府作为行政管理的主体，工作涉及范围广，汇集信息多，而且有较高的立法需求和积极性，从历次立法项目的报送数量来看，多数还是来源于政府，因此从一定程度上造成立法选项的来源单一的状况。二是立法选项受干预的因素较多。为了平衡协调各方关系，立法选项往往会受到来自人大专门委员会、政府法制综合部门等方面的制约，一定程度上弱化了立法选项源头把关的功能。三是立法选项没有具体的审定标准，比较抽象，可操作性不强，这些问题都制约了立法选项的质量的提高，也影响了地方立法的质量。

2. 地方特色不够突出。一是有的法规与区情和实际情况结合不够紧密，相关制度设计和规定缺乏地方特色，操作性不强。二是有关部门起草法规草案，片面追求体例结构完整，盲目照抄照搬上位法和兄弟省区相关法规条款，特色不明显；内容上贪大求全，管用的条款不多，有的条款仅做原则性规定或模糊规定，弹性较大，使实施效果大打折扣。

3. 民众参与地方立法的广度和深度不够。一是在现行立法体制下，按照《立法法》的规定，提出议案的主体范围过于狭窄，公民、社会团体组织缺乏参与立法的积极性和热情。二是采取座谈会、论证会、听证会等多种形式听取有关部门、组织和公民的意见，但由于公众参与的程序和相关制度不够完善，实践中效果并不理想。三是在立法公开方面尚未形成完善规范的制度设计。立法信息公开程度不够，公开渠道有限，制约了公众参与立法的积极性。通过报纸、网络公布法规草案全文的形式，缺乏征求意见的针对性，不利于社会大众了解法规草案争议焦点和难点问题，导致反馈意见少，效果不尽如人意。

4. 立法精细化、系统化有待进一步加强。随着经济社会的不断发展，客观形势发生了重大变化，尤其是上位法的出台、修改，法律所调整的社会关系的变化，造成地方性法规的部分规定与上位法规定不尽一致；有的法规的原则性、指导性条款过多，操作性不强，需要进一步修改完善。

（二）立法能力有待进一步加强

1. 立法工作机构设置不健全，人员力量不足。随着设区的市制定地方性法规数量的逐渐增多和备案审查工作任务压力加大，自治区人大常委会面临工作任务重、工作人员少的问题日趋加重，制约了立法服务工作的进一步开展。

2. 立法人才缺口大。人大代表和常委会组成人员中法律专业人员和具有法治实践经验的人员比例偏低，势必影响到地方性法规的审议质量，不利于立法职权的有效行使。

3. 智库作用难发挥。受地域等因素限制，宁夏的专家智库的选配范围有限，由于缺乏立法经验和社会行政管理实践，提供立法咨询服务难以满足立法需要，委托起草的法规案质量不高，智库作用难以发挥。

（三）设区的市地方立法工作有待进一步加强

1. 工作进度不均衡。一是各市制定地方性法规的数量不平衡。今年银川市列入年度立法计划的项目就有7件，占设区的市立法项目的一半以上；石嘴山市有4件，其他三市列入2016年立法计划的各有1件。二是工作推进力度不平衡。新赋权的四市中，石嘴山市在人员不足的情况下，审议地方性法规4件，势必影响地方立法的质量；而其他三市都由于受市县人大换届工作的影响，立法工作进展缓慢。

2. 机构人员配置不够完备。虽然在赋权之前，自治区人大常委会和设区的市党委、人大、政府等部门都做了大量工作，但立法工作机构不健全、人手紧张的问题依然是当前设区的市行使立法权的最大难题。因2016年市县人大换届，各市都不同程度的存在人大法制工作机构设置、人员配置不能及时到位；法制工作委员会没有内设机构，工作人员由常委会其他部门的人员兼任或者只配备1人；市政府法制机构缩减、人员短缺不足；部分市的城市建设管理、环境保护和历史文化保护等职能部门缺乏从事法制工作的人员。机构设置不合理，人员配备难保证，从根本上制约了立法工作的开展，无法适应立法工作的需要。

(四) 备案审查工作需要进一步强化

一是思想认识还不到位。有的地方还没有认识到人大备案审查制度的重要意义，有的地方对备案审查工作存在畏难情绪，没有真正把这项工作摆上日程、落实到位。

二是工作开展积极性还不够。大多数备案审查工作仅仅停留在登记、存档的层面，有些地方特别是个别市县，报备工作不落实，存在漏报甚至不报情况，个别地方几年以来报备文件数量为零。

三是宣传贯彻落实不力，社会各界及公民对备案审查法规缺乏了解，意识淡薄，对这项工作认识不清，被动审查工作无从开展，备案审查工作流于形式的现象仍然存在。

四是对备案审查的标准、审查依据、审查程序的规定模糊，如何把握合法性、不适当性缺乏法律依据，难以启动实质性审查工作。

三、加强宁夏立法工作的对策建议

为了深入贯彻落实党的十八大、十八届三中全会精神和自治区关于深化改革推动经济社会发展若干问题的决定，进一步做好地方立法工作，推进科学立法，提高立法质量，努力将地方立法工作提高到一个新水平。

(一) 加强人大主导，进一步完善立法体制机制

要不断完善党委领导、人大主导、政府配合、各方协调，立法工作者、实际工作者和专家学者相结合，人民群众有序参与的立法工作格局和体制机制。一是要把握客观规律，正确处理立法数量与质量的关系，慎立多修，综合运用立、改、释、废等方式，维护法制统一，提高立法的系统性，更好地适应深化改革和经济社会发展的需要。二是探索法规草案在常委会会议表决通过前的立法评估工作，邀请立法工作机构以外的专家学者、管理相对人等有关方面，对法规条文的科学性、制度设计的合理性、立法的社会影响等进行评估，避免出现立法决策失误和瑕疵。继续开展立法后评估，加强立法监督，总结经验，改进工作，提高立法质量。三是积极探索"蹲点调研"和"体验调研"等立法调研新方式。四是切实调动发挥好市、县（市、区）人大常委会参与立法工作的积极性，形成合力，共同做好立法工作。

（二）加强公众参与，不断拓宽民主立法的渠道

立法必须充分集中民智、反映民情、体现民意。一是拓宽立法入口渠道，保障公民、社会团体和其他组织的立法建议权，从立法入口上保证他们的立法意愿。二是进一步深化完善公民参与立法的制度措施，保障公民参与立法的实效。完善公民旁听人大常委会会议制度，人大常委会会议审议法规时，主动邀请公民旁听、提出书面意见。探索实行立法听证的简易程序，进一步明确立法听证范围，提高立法听证实效。鼓励公众通过信函、电话、电子邮件等形式对法规草案提出意见和建议。三是加大立法信息公开力度，拓展信息沟通渠道。在通过报刊、人大网公开征求法规草案意见建议的基础上，充分发挥现代通讯方式的便利，建立地方立法工作微博、微信平台，随时公布地方立法资讯，方便公民获取地方立法信息，发表意见，也便于立法工作机构及时、广泛收集社会各方面的意见建议，实现立法机关与社会公众的良性互动。

（三）转变立法观念，树立正确的立法价值取向

立法价值取向，是立法者基于公众的价值观在规范行为、协调矛盾、平衡利益关系时所持的基本价值立场。一是要树立"以人为本"的价值取向。立法理念应当由以政府权力、公民义务为本位，向以公民权利、政府责任为本位转变；由注重方便政府管理、约束管理相对人的"管理型立法"，向注重保护管理相对人合法权益、规范和约束政府行为的"维权型立法"转变。二是要树立"公平正义"的价值取向。在立法过程中，要通过制度设计，找准最大多数人的共同利益与不同阶层、不同群体实际利益的结合点，通过法规来界定利益范围、指导利益分配、协调利益关系，从而化解社会矛盾，最大限度的实现社会公平正义。三是要树立"推动引领"的价值取向。推动引领改革实践，要着力提高立法的针对性，紧紧围绕经济社会发展中迫切需要解决的现实问题开展立法工作；要着力提高立法的及时性，针对改革发展稳定的突出问题以及人民群众的重大关切，及时启动立法程序，出台相关法规；要着力探索作出适度的前瞻性、预期性制度安排，通过立法积极引领社会关系发展，进而推动改革实践。

（四）提升素质能力，不断加强立法干部队伍建设

立法工作是一个系统工程，涉及政治、经济、文化和社会管理等各个领域，立法工作人员的素质，决定着立法质量的高低。要适当选配一部分法律专业人才和具有法治实践经验的人员，充实到人大代表及其常委会组成人员中，提高专业人才在人大和常委会的占比，优化人员结构，增强依法履职能力。要加强对立法工作机构的建设，增加人员力量配备，按照工作需求，及时调整机构设置，配强配齐立法人员力量。通过培训、举办法制讲座、立法工作经验交流等各种形式，加强法学理论、专业知识和法律法规的学习。注重科学思维能力、逻辑判断能力、文字表达能力的培养，不断提高立法工作队伍的综合素质。特别是加大对设区的市立法工作人员的培训力度，在着力提高思想境界、培养奉献精神、培养严谨认真的态度和提高业务能力水平上下功夫，努力打造一支政治坚定、业务精通、务实高效、勤政廉洁的立法干部队伍。

2016年宁夏法治政府建设报告

焦　臻　万　伟　刘　佳　秦建伟

一、宁夏法治政府建设成效

宁夏法治政府建设工作在自治区党委、政府的正确领导下，以贯彻党的十八大和十八届三中、四中、五中全会精神为主线，以落实中共中央 国务院《法治政府建设实施纲要（2015—2020 年）》（以下简称《纲要》）为契机，紧紧围绕自治区党委、政府的中心工作，探索创新、锐意进取，不断把各项工作推向前进，法治政府建设成绩显著。

（一）细化法治举措，推进政府职能依法全面履行

一是全面部署法治政府建设工作。根据中共中央、国务院印发的《法治政府建设实施纲要（2015—2020 年）》，自治区党委、政府印发了《宁夏回族自治区法治政府建设实施方案（2016—2020 年）》（以下简称《实施方案》），将《纲要》设定的 40 项具体措施细化为 78 项，增加了 41 项效果指标，确定了每项具体措施的牵头部门、责任单位和完成时限，全面部署了今后五年的法治政府建设工作。同时，明确要求各市、县（区）人民政府

作者简介　焦臻，宁夏回族自治区人民政府法制办公室综合处处长；万玮，宁夏回族自治区人民政府法制办公室法律顾问室副主任；刘佳，宁夏回族自治区人民政府法制办公室经济法规处处长；秦建伟，宁夏回族自治区人民政府法制办公室综合处主任科员。

和自治区政府各部门结合实际，制订相应的实施方案，切实保障《纲要》和《实施方案》所部署的各项法治政府建设任务落到实处。二是大力推进行政审批制度改革。在项目投资核准、生产经营审批、资质资格许可、社会事业准入等重点领域加大简政放权力度，行政审批事项由 494 项减到 304 项，非许可类行政审批事项全部取消。全面推行行政审批一个窗口办理、并联办理、限时办理、规范办理、透明办理、网上办理，行政审批效率不断提高。积极开展相对集中行政许可权工作，成立了银川市行政审批服务局，将发改、环保、交通、住建、教育、卫生等 26 个部门办理的 153 项行政审批权全部划转到行政审批服务局直接实施，由行政审批服务局统一进行"一站式审批，一条龙服务"，"多部门审批、多环节流转、多头跑路"的现象明显改观，得到了李克强总理的高度肯定。自治区在总结银川市行政审批服务局经验的基础上，决定在石嘴山、吴忠、固原、中卫 4 个地级市和永宁、贺兰、灵武、西吉、中宁 5 个县（市、区）开始相对集中行政许可权改革试点，全力推进审批流程简捷化，实现"推开一扇门，办成一揽子事"。三是全面实施权力清单和责任清单制度。对 43 个部门的 6264 项自治区本级政府部门行政职权事项进行审查，逐项提出处理意见，确认行政职权事项 1941 项。针对保留行政职权，对应梳理责任事项 1.4 万余条、追责情形和担责方式 3 万余条，建立起权界清晰、权责一致的部门职责体系。印发了宁夏《权力清单和责任清单动态管理办法》，对权力清单和责任清单实行动态管理。自治区政府法制办联合自治区编办指导市、县（区）开展权力清单、责任清单编制工作，对全区 27 个市、县（区）建立权力清单和责任清单制度情况进行督促检查，及时通报了工作中存在的问题，提出了改进要求。截至目前，全区各市、县（区）政府均完成了本级政府部门责任清单的编制工作，并通过政府门户网站或报刊等方式向社会公布。

（二）加强政府立法，依法行政制度体系日臻完善

一是立法工作机制不断完善。自治区政府办公厅印发了《关于加强和改进政府立法工作的意见》，提出加强和改进政府立法工作的具体措施和要求，建立健全政府立法工作机制。改进政府立法立项机制，在广泛征求社会各界意见的基础上，以规范政府自身行为、促进科学发展、保障和改善民生、社会治理创新、生态文明建设为重点，科学制定年度政府立法计划。搭建政府立法协商平台，建立行政机关、社会团体、专家学者等参与的立法论证咨询机制。明确政府立法权力边界，严把行政许可、行政处罚、行政强制和行政收费等措施的设定关。充分发挥政府法制机构在政府立法中的主导和协调作用，重要的地方性法规、政府规章由政府法制机构牵头起草，有效防止部门利益和地方保护主义法制化。二是立法公众参与度不断提升。坚持立法工作者、实际工作者和专家学者三结合的立法机制，深入基层一线开展立法调研，不断拓宽社会公众参与政府立法的渠道，加大推进科学民主立法的力度，对重大或者关系人民群众切身利益的政府立法草案，在宁夏政府法制网、《宁夏日报》等媒体全文刊登，并通过召开座谈会、听证会、论证会等方式，广泛征求社会各界的意见。在立法调研过程中，主动邀请基层人大代表和政协委员参加立法座谈会，听取人大代表和政协委员对政府立法的意见建议，充分发挥人大代表、政协委员参与立法的作用，使所立之法能够汇集民智、体现民意。创新公众参与方式，如在审查修改《宁夏回族自治区消费者权益保护条例（草案）》过程中，利用"12315"消费者权益保护信息发布平台，向全区200万不特定手机用户发送公开征求意见短信，取得了良好效果。三是优化改革发展的法制环境。坚持立、改、废、释并举，紧紧围绕改革发展大局，重点推动市场监管、社会保障、安全生产等领域立法项目，及时修改、废止不适应经济社会发展的地方性法规、政府规章。自2015年以来，自治区政府共提请人大常委会审议、修改、废止地方性法规草案36部，制定、修改、废止政府规章34部，确保重大改革措施于法有据。

（三）完善决策机制，行政决策法治化全面推进

一是健全依法决策机制。结合宁夏实际，在深入调研、反复论证的基础上，出台了《宁夏回族自治区重大行政决策规则》，明确了决策主体、事项范围、法定程序、法律责任，规范了决策流程，强化了决策法定程序的刚性约束，从制度上为政府自身权力划"红线"、立"规矩"。二是严格落实重大行政决策法定程序。认真贯彻落实《宁夏回族自治区行政程序规定》，建立健全合法性审查制度，把规范性文件纳入法制审核范围，重大行政决策由政府常务会议或部门领导班子会议集体讨论做出决定，将民主决策、依法决策贯穿于重大决策的全过程。根据行政决策执行情况和实施效果，不断完善重大行政决策后评估制度，建立重大决策终身责任追究及责任倒查制度。三是切实提升政府法律顾问服务水平。建立重大行政决策专家咨询论证制度，在专业性和技术性较强事项的决策过程中，组织召开专家论证会进行论证，积极发挥政府法律咨询委员会的作用。2015 年，在落实重大决策社会稳定风险评估机制方面，首次对宁夏实行乡镇工作补贴的决策事项组织有关专家开展社会稳定风险评估，形成风险评估报告上报自治区政府，受到政府领导肯定，使行政决策科学化水平不断提高。出台了《宁夏回族自治区政府法律顾问工作规则》《政府购买法律服务暂行办法》等重要文件，着力建立健全政府法律顾问制度，为自治区政府重大战略决策提供法律服务保障。如自治区政府与阿曼、迪拜和世界贸促会等国家和机构的战略合作、与央企的合作协议、黄河金岸的投资协议等重大事项提供法律意见书 40 余件，排除了自治区政府参与经济社会事务的法律风险。为 2015 中阿博览会提供专项法律服务，审查各类协议 40 余件，圆满完成了中阿博览会各项法律服务保障工作。

（四）改革执法体制，行政执法行为不断规范

一是积极探索行政执法体制改革。在认真总结宁夏城市管理执法、街道综合执法、委托乡镇开展执法试点经验的基础上，结合宁夏行政区划少、规模小的实际，以市辖区综合执法改革为突破口，坚持与行业综合执法改革相统筹，与简政放权、放管结合、优化服务工作相衔接，推进自治区和市、县（区）、乡镇（街道）四级联动。拟在集中城市管理处罚权的同时，按照"能划则划，应划尽划"的原则，最大限度地将基层发生频率高、与人民群众生产生活密切相关、多头重复交叉执法问题突出、专业技术要求适宜的行政执法事项集中交由市辖区综合行政执法机构行使，进一步强化属地执法责任，推进跨行业、跨领域综合执法。二是着力规范行政执法程序。制定了《宁夏回族自治区行政程序规定》，健全行政执法调查取证、告知、罚没收入管理等制度，明确听证、集体讨论决定的适用条件，从制度上、源头上克服和防止行政机关及其工作人员失职、越权和滥用职权。结合宁夏实际，出台了《宁夏回族自治区重大行政执法决定法制审核办法》，规定了法制审核的内容、原则和范围，严格执行重大行政执法决定法制审核制度，未经法制审核或者审核未通过的，不得做出决定，从程序上确保重大行政执法公正、公平、合法、适当。建立健全执法案卷评查制度，印发《宁夏回族自治区行政处罚案卷文书评查标准及细则》，对全区40个行政执法部门的执法情况进行专项监督检查，对随机抽取自治区部门的400卷行政许可案卷、300卷行政处罚案卷进行集中评查，切实加强行政执法案卷评查工作，行政执法水平显著提升。三是严格行政执法人员资格管理制度。认真落实《宁夏回族自治区证件管理办法》，明确申领行政执法证件的人员应当由同级编制部门审核，严禁合同工、临时工执法。2015年以来，共举办培训班39期，培训行政执法人员5333名。核发行政执法证件6953件、执法监督证43件、罚没确认证55件，对全区行政执法证件管理系统的27320名行政执法人员证件信息进行全面清理，确保行政执法人员证件信息的准确性、有效性。

（五）健全监督机制，规范权力运行取得实效

一是建立健全行政权力监督制度。出台《行政执法监督条例》《行政听证程序规定》等地方性法规、政府规章和规范性文件，建立健全行政系统内部的层级监督制度，有效规范各类行政行为，强化法制监督和责任追究。二是强化规范性文件监督管理。出台《规范性文件制定和备案规定》等规章和规范性文件，印发《关于加强规范性文件备案审查工作的通知》，在全国率先建立"四级政府，三级监督"的规范性文件备案监督机制，着力加强备案审查工作。建立备案审查工作网络，做到备案审查工作机构、人员、职责"三确定"，实现对五市、自治区政府各部门规范性文件备案监督全覆盖；五市政府和22个县（市、区）政府都出台有关规范性文件备案审查监督的管理规定；银川、吴忠、中卫市政府已基本实现了对政府所属部门、县（区）政府规范性文件的备案监督。对报送自治区政府备案的268件规范性文件进行了备案审查，对存在合法性问题的规范性文件，及时印发《行政执法监督通知书》予以纠正。及时向国务院、自治区人大常

委会报送备案政府规章 15 件，报备率、规范率、及时率均保持 100%。对全区现行有效的 170 余件地方性法规、171 件政府规章及 6310 件"红头文件"进行清理"瘦身"，重点对不符合全面深化改革的决策部署，加大简政放权力度，创新政府管理和服务，推进政府职能转变要求的相关规定进行清理，提出清理审查意见，切实维护法制统一。三是高度重视人大、政协监督、社会监督和舆论监督。认真研究处理人大及其常委会组成人员对政府有关工作提出的有关审议意见，积极参加自治区人大常委会专题询问会，宁夏的政府立法、规范性文件制定、备案及清理工作得到了委员们的一致好评。建立对行政机关违法行政行为投诉举报登记制度，畅通监督渠道。如银川市强化乡镇执法试点工作，针对《电视问政》反映出的乡镇街道综合执法中存在执法不规范的问题，进行全覆盖、拉网式检查，及时下发行政执法监督通知书，积极纠正处理，取得了良好的社会效果。

（六）提升复议能力，依法化解矛盾纠纷成效显著

一是稳步推进行政复议体制改革。认真开展行政复议委员会试点工作，银川市和中卫市将所属部门行政复议职权全部由行政复议委员会行使，统一受理、统一审理、统一决定。石嘴山市将市政府所属 14 个部门行政复议职权集中由行政复议委员会行使，形成"1+14"行政复议格局。认真贯彻落实自治区人民政府《关于进一步加强行政复议工作规范化建设的实施意见》，健全预防和化解行政争议联席机制，完善复议案件审理机制，积极推行灵活的受理、办理方式，加大公开审理力度，注重调解，依法办案，化解矛盾纠纷，实现"办结一案，教育一片，稳定一方"的良好社会效果。2015 年，全区各级行政复议机关共受理行政复议案件 642 件，纠正了一大批违法和不当的行政行为，有效保护了当事人的合法权益。二是积极开展行政应诉工作。出台《宁夏回族自治区行政机关负责人行政诉讼出庭应诉工作规定》，明确规定行政机关负责人应当出庭应诉的案件范围，规范行政机关负责人行政诉讼出庭应诉行为。为贯彻落实《国务院办公厅关于加强和改进行政应诉工作的意见》，自治区政府办公厅印发《关于加强和改进行政应诉工作的实施意见》，进一步规范行政行为，不断提升行政应诉能力和水平。2015 年，全区各级行政机关办理行政应诉案件 1453 件，行政复议、

行政应诉工作能力和水平得到明显提升。三是加强行政调解、行政裁决和仲裁联系工作。强化行政调解制度建设，将行政调解作为加强社会管理创新的重要内容，纳入"三大调解"体系，加强与行政机关、司法机关的沟通联系，充分发挥行政复议、行政调解、行政裁决在化解行政争议、维护社会稳定中的主渠道作用。认真做好联系银川、石嘴山、吴忠三个仲裁委的有关工作，指导中卫市筹建中卫仲裁委。

二、宁夏法治政府建设存在的主要问题

一是政府工作人员特别是领导干部的法治意识有待进一步增强。有的政府工作人员想问题、做决策、办事情还习惯于按"老经验""老办法"办事，存在违法用权、以权压法的情形。一些地方及部门，无利不作为、有利乱作为问题仍然存在。部分地方、部门的领导干部对法治政府建设重视程度不够，运用法治思维和法治方式深化改革、推动发展、化解矛盾、维护稳定的能力有待进一步提高。各地、各部门推进法治政府建设工作的组织领导机制还需进一步健全，对法治政府建设监督考核力度小，致使有的地区、部门把法治政府建设看作是一项软任务，影响了法治政府建设的推进力度。

二是政府立法机制不够完善，立法质量有待进一步提高。有的立法项目前期准备工作不够扎实，必要性、可行性的论证不够充分，立法精准度有待进一步提高；有的立法草案质量不高，缺少地方特色的制度措施；有的不按照规定征求意见或进行协商，对有分歧意见的，没有认真进行研究协调，在送审时没有按照要求做出说明；有的部门对立法调研、征求意见等工作不够重视、不够广泛、不够深入；听取社会公众意见的机制还有待进一步完善，立法工作的透明度和公众参与度需要进一步提高；法制工作机构力量仍然比较薄弱，尤其是立法专业人员缺乏的问题仍较为突出；立法宣传重视不够，有的部门在法规规章通过后没有认真及时开展宣传工作，社会知晓度较低，影响到法规规章的有效实施。

三是行政执法水平有待进一步提高。行政执法体制机制还不完善，城市管理等领域的执法体制还未完全理顺。有的行政执法权在纵向上垂直管

理，在横向上过于分散，导致行政执法条块分割，部门之间沟通不畅、协调不力、配合不够。行政执法责任制落实的还不够到位，执法自由裁量权比较大，行政执法重实体、轻程序，重处罚、轻指导，重权力、轻责任等问题还比较突出。有的行政执法部门及其执法人员不依法履职或不正确履行职责的现象仍然存在，有法不依、执法不严、违法不究的问题时有发生。行政执法队伍力量不均衡，特别是基层市场监管、城市管理等重点领域的执法力量还比较薄弱。对执法人员的法律业务培训不够重视，法律培训学习制度落实不到位，法律专业人才少且流动性大，行政执法的能力和水平有待进一步提高。

四是对行政权力的制约和监督还不到位。针对行政权力运行的制约和监督制度之间缺乏协调配合，没有形成监督合力。重于事后监督，事前、事中的监督作用没有得到真正发挥。有的地区和部门在法制监督和审核方面选择性或者有意规避法制审核。在行政执法监督方面，监督机构履行职责不到位，发现问题未能及时依法纠正，集中开展行政监督检查数量偏少、范围偏小，行政监督存在着缺位现象。备案监督方面，个别地方对规范性文件备案审查工作认识不到位，重视不够，对规范性文件涵义把握不准，难以做到有件必备，有的审查工作还只停留在登记阶段。行政责任追究方面，行政问责力度有待进一步加强。

五是行政争议解决机制还不完善。行政调解、人民调解、行政复议等制度在化解行政争议、维护社会稳定中的重要作用没有得到充分发挥。调解、仲裁、行政复议与行政诉讼、信访等制度还不能有效形成合力。基层政府对行政复议、行政诉讼等制度的学习宣传不够深入，许多人对依法化解矛盾纠纷的救济渠道认识模糊。有的市、县（区）行政复议机构不健全、行政复议人员短缺，保障措施不到位，不积极受理或者不受理行政复议案件。

六是全区各级政府法制机构，尤其是市、县（区）政府法制机构建设偏弱，人员不落实、不专职、工作条件差的问题突出。全区政府法制机构规格低、人员少，与十八届四中全会决定和《法治政府建设实施纲要（2015—2020）》要求有差距。特别是基层政府法制机构和队伍建设十分薄弱，人、财、事权都不独立，混编混岗、人员相互挪用，从事法制工作的人员、时间和投入的精力很难保证，"调不进人，留不住人，用不了人"，基层政府法制机构处境尴尬，与所承担的职责任务不相适应，影响了全面推进依法行政、建设法治政府工作。

三、推进宁夏法治政府建设的对策建议

2016—2020 年是贯彻落实党的十八届三中、四中、五中全会精神和"十三五"规划，全面推进依法行政、建设法治政府的重要阶段。面对新形势、新常态、新任务，要树立"创新、协调、绿色、开放、共享"的发展理念，认真贯彻落实《纲要》和《实施方案》，把握机遇、顺势而为，努力开创宁夏法治政府建设新局面。为此，要切实抓好以下几方面的工作。

（一）提高法治意识，加强考核管理，着力抓好法治政府建设组织推进工作

严格按照《实施方案》的要求，制定时间表、路线图，着力抓好法治政府建设的牵头与督办落实工作。一是加强党对法治政府建设工作的领导，建立向自治区党委、人大报告法治政府建设情况制度。二是严格落实党政主要负责人推进法治政府建设第一责任人职责，把法治政府建设成效纳入政绩考核指标体系和效能目标管理考核体系，使推进依法行政、建设法治政府工作真正成为一项硬标准、硬要求和硬约束。三是着力健全学法、尊法、守法、用法的各项机制。将法治政府建设相关内容纳入各级党校、行政学院、讲师团教学和宣教范围，精心组织开展学习和宣教活动。抓住领导干部这个全面依法治国的"关键少数"，引导领导干部系统学习中国特色社会主义法治理论，学好宪法以及与自己所承担工作密切相关的法律法规。四是树立重视法治素养和法治能力的用人导向。更多地提拔使用法治意识强，善于运用法治思维和法治方式解决问题、推进改革发展的优秀干部。五是开展法治政府建设示范试点工作。六是指导全区各地、各部门认真落实权力清单和责任清单制度。建立动态监管机制，加强事中事后监管，每年对清单实施情况进行评估检查一次，确保清单制度落到实处。

（二）完善决策机制，落实制度规范，推进行政决策科学化、民主化、法治化

一是严格落实《宁夏回族自治区重大行政决策规则》，坚持把公众参与、专家咨询、风险评估、合法性审查和集体讨论作为决策的必经程序，坚决杜绝行政决策中的擅权、专权和滥用权力现象。二是全面推行政府法律顾问制度，建立以政府法制工作人员为主体的法律顾问队伍和法律专家库，充分发挥政府法律顾问在重大涉法事项、重大行政争议处置等方面的积极作用，确保行政决策科学、民主、合法。三是建立重大行政决策综合评估制度，落实行政决策责任追究制度及责任倒查机制，真正做到决策权与决策责任相统一。

（三）加强制度引领，健全立法机制，切实提高政府立法质量

一是要紧扣法治政府建设主题，重点围绕加快转变经济发展方式、促进自主创新、保障和改善民生、保护环境和生态建设等方面，选准选好政府立法项目，研究建立政府立法项目库，自治区各部门要结合工作实际，认真研究提出立法项目，确定入库的立法项目符合经济社会发展规律和推动改革的需要，并具有及时性、系统性、针对性、有效性。自治区政府法制办要积极与人大和政府各部门沟通协调，要与自治区人大五年立法规划相衔接，科学论证、认真筛选，确定入库立法项目，今后每年的立法计划原则上在立法项目库中确定。二是加强和改进政府立法工作，健全立法工作机制。进一步完善立项论证、征求意见与意见采纳反馈、立法审查、立法后评估等制度。积极探索扩大公众参与政府立法的渠道和途径，完善公众参与政府立法的制度建设。三是切实发挥政府法制机构在政府立法中的主导和协调作用，加强五市立法工作力量，设立政府立法科室，配备政府立法专业人员。对事关全区重大经济社会发展尤其是涉及多个部门利益的立法项目草案，由法制机构统筹安排、调研起草。四是要开展立法成本效益分析的研究和试点工作，积极探索立法成本效益分析的内容、方法和程序。同时，选择一些经济社会发展影响较大、事关人民群众切身利益的地方性法规、规章，对其实施情况进行跟踪问效，开展立法后评估，切实提高政府立法质量。

(四) 深化体制改革，强化监督问责，确保行政权力规范运行

一是继续深化综合行政执法体制改革，推进执法重心向市县政府下移，研究出台市辖区开展综合执法工作的意见。二是严格落实《宁夏回族自治区行政程序规定》《重大行政执法决定法制审核办法》。落实重大行政执法决定必须由本部门的法制机构进行法制审核，未经法制审核的，不得提交会议研究，不得做出决定，切实杜绝选择性或者规避法制审核问题。完善行政裁量权动态管理制度，着力规范行政许可、行政处罚等行政执法行为。三是做好行政执法人员资格管理工作。改革行政执法人员培训考试方式，开展行政执法人员网上培训、考试试点工作。四是严格落实行政执法责任制。落实行政执法评议考核制，政府法制工作部门要切实加强对行政执法部门及其执法人员的评议考核，促进严格规范公正文明执法。五是强化对行政权力的监督。加强党内监督、人大监督、司法监督、政府内部层级监督以及审计监督和行政监察，形成监督合力，促进行政权力规范运行。畅通社会舆论监督渠道，完善群众意见建议的回应机制。着力发挥政府法制监督职能。完善行政执法和刑事司法衔接机制。六是加强对规范性文件的监督管理，严禁规范性文件违法创设行政许可、行政处罚、行政强制、行政征收等行政权力事项，违法增设公民、法人或者其他组织的义务，确保规范性文件合法有效。建立规章、规范性文件清理工作长效机制，使政府规章和规范性文件与国家法律、法规相一致，适应经济社会发展需要。

(五) 加强能力建设，认真履行职责，有效化解社会矛盾纠纷

一是进一步加强和改进行政复议工作。整合优化行政复议资源，注重运用和解、调解手段，依法公正审理行政复议案件，切实提高行政复议水平和公信力。积极加强与市县政府及部门的沟通，认真贯彻落实自治区政府加强行政复议工作规范化建设的要求，切实加强行政复议能力建设，确保市、县行政复议机构人员、场所、车辆、经费"四落实"。根据《行政复议法》修改情况，及时修改宁夏《行政复议条例》。二是加强行政应诉工作。以贯彻落实《宁夏回族自治区行政机关负责人行政诉讼出庭应诉工作规定》为抓手，认真开展行政应诉工作，加强对行政应诉工作的督促指导。将行政诉讼出庭应诉情况纳入法治政府建设目标考核体系。三是认真履行

行政调解工作牵头职责，完善由各级政府负总责、法制机构牵头，各职能部门为主体的行政调解工作机制，加强行政调解与人民调解和司法调解的衔接工作，有效化解社会矛盾纠纷。

（六）强化组织领导，加强队伍建设，切实推动工作落实

到 2020 年我国基本建成法治政府，面对新任务和新要求，要认真落实中共中央《关于加强法治政府建设的决定》和《法治政府建设实施纲要（2015—2020 年）》，全面加强宁夏政府法制机构与队伍建设。一是加强党对法治政府建设的领导，加强法制机构和队伍建设，自治区出台刚性要求和硬性规定，将政府法制机构与队伍建设标准予以量化，使政府法制机构建设与所承担和职能职责相匹配、相适应。二是统一自治区政府工作部门和直属事业单位的法制机构的规格、编制，明确市、县（区）政府法制机构的人员编制。使政府法制机构及队伍建设与所承担的推进依法行政、建设法治政府的任务相适应。三是强化继续教育与培训力度，建立制度化长效培训机制，着力提升政府法制工作队伍的整体法律素养和业务能力，加大对政府法制干部的培养和提拔使用力度，充分调动政府法制干部的积极性、主动性和创造性，为推进依法行政、加快建设法治政府进程提供强有力的人才支持，切实推动工作落实。

2016 年宁夏审判工作报告

吴培渊

2016 年，宁夏法院深入贯彻落实中央、最高人民法院、自治区党委重大决策部署，紧紧围绕"11359"工作思路和"创新突破年"工作主题，认真履行维护社会大局稳定、促进社会公平正义、保障人民安居乐业的职责使命，为宁夏经济社会发展稳定提供了有力司法保障。

一、宁夏审判工作基本情况

2016 年，宁夏法院以司法为民公正司法为主线，紧紧围绕"让人民群众在每一个司法案件中感受到公平正义"总目标，努力践行智慧司法理念，全力抓好执法办案第一要务。截至 9 月底，宁夏法院共受理各类案件 149507 件，同比上升 23.34%；审（执）结 108385 件，同比上升 34.43%；未结 41122 件，同比上升 1.3%；结案率 72.49%，上升 5.98 百分点。总体呈现受案数、结案数、未结数、结案率"四升"态势。其中，宁夏高级人民法院共受理各类案件 2155 件，同比增长 63.01%，审执结 1734 件，同比增长 96.15%，结案率 80.46%，上升 13.59 个百分点。银川市两级法院共受理各类案件 62635 件，同比增长 26.17%，审执结 43887 件，同比增长 35.48%，结案率 70.07%，上升 4.82 个百分点。石嘴山市两级法院共受理各

作者简介 吴培渊，宁夏回族自治区高级人民法院研究室副主任，正处级审判员。

类案件 21577 件，同比增长 12.71%，审执结 17006 件，同比上升 26.46%，结案率 78.82%，上升 8.57 个百分点。吴忠市两级法院共受理各类案件 27775 件，同比增长 25.06%，审执结 19438 件，同比增长 37.09%，结案率 69.98%，上升 6.14 个百分点。固原市两级法院共受理各类案件 20636 件，同比增长 25.65%，审执结 15765 件，同比增长 34.15%，结案率 76.4%，上升 4.85 个百分点。中卫市两级法院共受理各类案件 14729 件，同比增长 18.06%，审执结 10555 件，同比增长 32.48%，结案率 71.66%，上升 7.8 个百分点。宁夏法院在受理案件数量不断上升，案件疑难复杂程度不断加大，办案力量相对有限的情况下，宁夏法院依法审理执行了一大批案件，取得了良好的法律效果和社会效果。

（一）加强刑事审判，全力维护社会稳定

宁夏法院认真贯彻宽严相济的刑事政策，严厉打击危害公共安全、人民群众生命财产安全和危害社会主义市场经济秩序的犯罪，深入推进打黑除恶专项斗争，妥善审理了马永平 "1·5" 公交车纵火案、程文涛等 10 人制造矿难故意杀人诈骗案、吉新奎等 20 人 "涉黑" 案等一批在全国、宁夏有重大影响的刑事案件。始终保持对职务犯罪的高压惩治态势，积极推进职务犯罪案件量刑规范化工作，依法审理了社会关注度较高的贾奋强、夏夕云、仇旭辉等人职务犯罪案件。积极参与社会治安综合治理专项活动，保持对毒品犯罪严打高压态势，有力维护了社会和谐稳定。

2016 年 1—9 月，宁夏法院共受理各类刑事案件 6448 件，同比增长 19.65%，审结 5241 件，同比增长 24.67%，结案率 81.28%，同比上升 3.27 百分点。其中，银川市两级法院共受理各类刑事案件 2785 件，同比增长 21.94%，审结 2222 件，同比增长 19.59%，结案率 79.78%，下降 1.57 个百分点。石嘴山市两级法院共受理各类刑事案件 804 件，同比下降 7.8%，审结 694 件，同比下降 6.34%，结案率 86.32%，上升 1.34 个百分点。吴忠市两级法院共受理各类刑事案件 1324 件，同比下降 1.93%，审结 1075 件，同比下降 0.66%，结案率 81.19%，同比上升 2.08 个百分点。固原市两级法院共受理各类刑事案件 765 件，同比下降 0.26%，审结 613 件，同比增长 2.85%，结案率 80.13%，同比上升 2.42 个百分点。中卫市两级法院共受理各类刑事案件 647 件，同比增长 2.7%，审结 545 件，同比上升 6.65%，结案率 84.23%，同比上升 3.12 百分点。银川市两级法院案件增幅较大，增幅达到了 21.94%，尽管结案数同比都在增长，但由于司法资源（一线法官人数、服务保障等）有限，总结案率依然呈下降趋势，结案率下降了 1.57 个百分点，案多人少矛盾比较突出。

在新收案件中，以破坏社会主义市场经济秩序罪、侵犯财产罪和危害公共安全罪增幅最快，同比增幅分别为 44.55%、26.36% 和 21.36%，这反映出一些犯罪分子为追求个人利益而铤而走险，触犯法律；同时也反映出随着经济社会的不断发展，社会矛盾纠纷呈现出日益复杂的态势，矛盾的敏感性、对抗性增强，少数人不能客观对待个人利益得失，对社会产生仇视心理，甚至报复社会，这给社会治理提出了新的挑战。其中，马永平公交纵火案就是典型代表。此外，从统计数据看，贪污贿赂犯罪和渎职罪下降幅度较大，同比分别减少 46.11% 和 33.33%，这反映出宁夏反腐倡廉工作取得了积极成效，公职人员遵纪守法意识增强。

（二）加强民商事审判，着力服务经济社会发展

以"创新、协调、绿色、开放、共享"五大发展理念统领法院民商事审判工作，全力维护正常经济秩序；下发《宁夏高级法院关于服务保障脱贫攻坚的若干意见》《关于进一步推进案件繁简分流优化审判资源配置的意见》等司法保障意见，指导宁夏法院充分发挥审判职能，积极为"四个全面"和"四个宁夏"战略布局提供司法保障。

2016 年 1—9 月，宁夏法院共受理各类民商事案件 85955 件，同比增长 18.66%，审结 64419 件，同比增长 24.17%，结案率 74.95%，同比增长 3.34 个百分点。其中，银川市两级法院共受理各类民商事案件 36404 件，同比增长 17.41%，审结 25901 件，同比增长 22.08%，结案率 71.15%，同比上升 2.72 个百分点。石嘴山市两级法院共受理各类民商事案件 11228 件，同比增长 10.33%，审结 9353 件，同比增长 15.36%，结案率 83.3%，同比上升 3.63 个百分点。吴忠市两级法院共受理各类民商事案件 15959 件，同比增长 27.35%，审结 11649 件，同比增长 32.71%，结案率 72.99%，同比上升 2.95 个百分点。固原市两级法院共受理各类民商事案件 12998

件，同比增长 22.2%，审结 10361 件，同比增长 27.82%，结案率 79.71%，同比上升 3.5 个百分点。中卫市两级法院共受理各类民商事案件 8856 件，同比增长 15.07%，审结 6825 件，同比增长 25.34%，结案率 77.07%，同比上升 6.32 个百分点。

从以上数据可以看出，五市法院民商事案件的案件受理数、结案数、结案率呈现"三增长"，特别是案件受理数增长幅度很大，除石嘴山市外，同比增长幅度均超过 15% 以上，其中吴忠市法院案件增长超过 27.35%。由于近年来宁夏法院编制变化不大，但是案件却逐年增长超过 18%，法院人案矛盾进一步凸显。

在民商事新收案件中，以合同类纠纷、侵权权属纠纷、婚姻家庭纠纷增幅较大，上述三类案件收案分别为 50692 件、11713 件、11599 件，同比分别增长 23.46%、7.46%、5.49%。在合同类纠纷中，以借款合同、劳务合同和建设工程合同纠纷为多，主要是受经济下行影响，小微企业、个体户融资难，企业资金链断裂，企业、个人偿贷能力不足，贷（借）款风险控制能力差，建设工程招投标领域监管混乱，建设工程多层分包等多重因素叠加导致；在侵权权属纠纷中，以道路交通事故人身损害赔偿纠纷案件占比较大，这与当前人民群众汽车拥有量巨增、驾驶员不按交通法规行驶、保险意识不强有直接关系；婚姻家庭纠纷中又以离婚纠纷居多，反映出婚姻家庭观念多元复杂，对社会治理提出了新考验。

（三）加强行政审判，为依法行政提供司法保障

认真贯彻落实新修订的行政诉讼法及司法解释，支持政府依法行政；注重加强与政府负责同志的沟通协调，进一步探索诉前调解、和解方式化解行政争议。连续八年发布行政审判白皮书，就涉诉、出庭及生效裁判文书执行情况向党政机关进行反馈，促进法治政府建设。

2016 年 1—9 月，宁夏法院共受理各类行政案件 1897 件，同比增长 21.52%，审结 1343 件，同比增长 67.67%，结案率 70.8%，同比增长 19.49 个百分点。银川市两级法院共受理各类行政案件 733 件，同比增长 8.27%，审结 474 件，同比增长 22.48%，结案率 64.67%，同比上升 7.51 个百分点。石嘴山市两级法院共受理各类行政案件 241 件，同比下降 9.74%，审结 186

件，同比上升 113.79%，结案率 77.18%，同比上升 44.6 个百分点。吴忠市两级法院共受理各类行政案件 149 件，同比下降 38.93%，审结 107 件，同比增长 1.9%，结案率 71.81%，同比上升 28.78 个百分点。固原市两级法院共受理各类行政案件 256 件，同比上升 8.94%，审结 135 件，同比下降 4.25%，结案率 52.73%，同比下降 7.27 个百分点。中卫市两级法院共受理各类行政案件 133 件，同比增长 29.13%，审结 92 件，同比增长 43.75%，结案率 69.17%，同比上升 7.03 个百分点。

从以上数据可以看出，宁夏法院行政案件整体增幅明显，达到 21.52%（注：2015 年增幅达 205.89%，居全国第一），银川、固原、中卫三市行政案件增幅较大，分别为 8.27%、8.94%、29.13%，而石嘴山市、吴忠市的行政案件则呈下降趋势，分别下降了 9.74% 和 38.93%。这一方面反映出立案登记制度的实施为行政行为相对人畅通了诉讼维权的渠道，也从另一层面也反映了法治政府建设的成效。从具体案件结果来看，行政机关败诉率较高。

（四）强化执行措施，努力破解"执行难"

认真落实最高法院关于"用两到三年时间基本解决执行难问题"的决策部署，研究制定《宁夏高院关于基本解决执行难问题的工作方案》，明确在三年内基本解决执行难问题。创新举措，升级完善覆盖宁夏法院一体运行的远程指挥系统，坚持执行行为规范化、执行过程智能化、执行惩戒协同化、执行机制科学化、执行队伍职业化"五化"原则，深入开展"清理执行积案"专项活动，安排部署和指导监督宁夏法院的执行工作，维护胜诉当事人的合法权益和生效裁判的法律权威。

2016 年 1—9 月，宁夏法院共受理各类执行案件 50545 件，同比增长 35.4%，执结 32958 件，同比增长 69.4%，结案率 65.21%，同比增长 13.09 个百分点，共执结标的 108.58 亿元。其中，银川市两级法院共受理各类执行案件 21297，同比增长 45.97%，执行结案 13944 件，同比增长 77.07%，结案率 65.47%，上升 11.49 个百分点，执结标的 62.16 亿元。石嘴山市两级法院共受理各类执行案件 8382 件，同比增长 22.06%，执行结案 5869 件，同比增长 64.58%，结案率 70.02%，上升 18.83 个百分点，执结标的

22.08 亿元。吴忠市两级法院共受理各类执行案件 9728 件，同比增长 31.51%，执行结案 5995 件，同比增长 69.11%，结案率 61.63%，上升 13.71 个百分点，执结标的 13.06 亿元。固原市两级法院共受理各类执行案件 6125 件，同比增长 39.2%，执行结案 4172 件，同比增长 64.9%，结案率 68.11%，上升 10.61 个百分点，执结标的 3.54 亿元。中卫市两级法院共受理各类执行案件 4895 件，同比增长 22.77%，执行结案 2912 件，同比增长 53.42%，结案率 59.49%，上升 11.89 个百分点，执结标的 7.63 亿元。

（五）强化服务意识，方便群众诉讼

深入推进法院诉讼服务中心建设。以人民群众多元化司法需求为导向，以为人民群众提供更加优质、高效、便利的诉讼服务为目标，加快推进以诉讼服务大厅、诉讼服务网、12368 诉讼服务热线"三位一体"诉讼服务中心建设，不断提升司法服务群众的技能和水平。宁夏法院均设立了诉讼服务中心，构建了立案、审判、执行相互协调、相互衔接的"大窗口"服务工作机制，实行"开放式、一站式、柜台式"办公，畅通便民诉讼通道。在宁夏法院开展最差窗口筛查挂牌、服务型窗口单位建设评比活动，加强督促指导，采取有力措施，不断规范诉讼服务工作。宁夏法院 12368 诉讼服务热线的开通运行，实现了为当事人提供案件查询、诉讼咨询、投诉建议、违纪举报、联络法官、催办案件等功能，为群众提供全面法律服务。深入推进涉诉信访工作改革。落实中央、最高人民法院要求，制定下发涉法涉诉信访事项依法终结、信件办理、司法救助等 4 项规定，做好节假日和敏感时段的矛盾纠纷排查及信访维稳工作，发挥巡回督导合议庭作用，采取远程视频接访、网上信访办理、加大信访案件复查评查力度、推动律师参与化解和代理涉法涉诉信访案件、强化信访救助等措施成功化解一批信访积案；逐月通报信访情况，督促落实化解责任，受到最高人民法院通报表扬。创新服务模式，主动送法到家。积极筹集资金，在全国率先为辖区所有基层法庭统一配备集巡回审判、诉调对接、矛盾化解、法律宣传、执法保障等多种功能于一体的数字化"便民服务流动法庭"工作车，使群众足不出村，就能享受到更加高效、便捷的司法服务，切实解决基层群众"司法服务最后一公里"的困难和问题。

（六）提高服务能力，公正廉洁司法

着力抓好思想政治建设。宁夏法院始终把思想政治建设作为法院工作的首要任务抓紧抓实。组织宁夏法院干警深入学习贯彻党的十八大，十八届三中、四中、五中全会精神和习近平总书记系列重要讲话精神；按照中央、最高人民法院、自治区党委安排部署，在宁夏法院积极开展"两学一做"学习教育。宁夏法院以"崇法厚德，致公为民，凝心聚力，务实卓越"的宁夏法院精神为指引，坚持问题导向，在总结巩固"党的群众路线"教育实践活动、"三严三实"专题教育基础上，进一步聚焦对党忠诚、个人干净、敢于担当，通过丰富"法官讲坛"、"4·23"赠书、召开专题民主生活会、建设服务型党组织等形式，争做"合格党员""合格法官"和"让党放心、让人民满意、让法律增辉"好法官，进一步增强干警的政治意识、大局意识、核心意识和看齐意识，坚定建设中国特色社会主义事业的理想信念。着力提升司法能力水平。在宁夏法院深入开展以抓基层、夯基础、强技能为主要内容的"司法能力提升工程"建设，着眼于从基层做起，从基础抓起，从技能练起，通过举办学习培训班、综合运用案例教学、现场教学、视频教学、庭审观摩等方式，不断提升干警执法办案、舆情引导、做群众工作等能力水平，着力构建基层坚实、基础强实、技能扎实的司法能力提升新格局，为履行好司法为民公正司法职责使命打下坚实基础。着力加强廉洁司法。认真落实《宁夏高级法院关于落实党风廉政建设党组主体责任和纪检监察部门监督责任的实施办法》，强化责任落实体系，形成落实"两个责任"层层推进的工作格局。研究制定《党风廉政建设约谈办法》，进一步加大对高院领导干部、辖区中院领导班子成员的管理和监督。认真贯彻《准则》《条例》，加强审务督查、明察暗访、专项治理、司法巡查、查办案件力度，教育干警牢固树立"讲廉政就是最大福利"理念，持续不断推进党风廉政建设和反腐败斗争工作。着力加强服务保障能力建设。坚持面向基层、服务基层、建设基层方针，进一步加强信息化建设和服务保障能力建设。以"天平工程"为依托，加强信息基础建设和技术应用工作，不断完善审务、队伍、政务管理平台建设。编制印发《宁夏法院信息化建设"十三五"发展规划》，进一步促进信息技术与法院业务的深度融

合，推进宁夏法院审判体系现代化和审判能力现代化。

二、宁夏审判工作存在的问题

在自治区党委的正确领导和大力支持下，通过宁夏各级法院的不懈努力，法院审判执行工作取得了新进步，但还存在一些困难和问题。

一是诉讼案件爆炸式增长，受案数量在高位运行已经成为常态。2015年立案登记制度实施以来案件，宁夏法院案件呈爆炸式增长。2015年宁夏法院共受理各类案件157669件，受案数同比增长38.6%；截至2016年9月底，宁夏法院共受理各类案件149507件，同比上升23.34%，全年有望突破20万件，较2014年的113789件几乎翻了一番。

二是人员编制严重紧缺，审判力量明显不足。首先是编制紧缺。长期以来，法院机构编制缺少科学的长远规划，没有根据辖区的经济发展状况、人口数量、案件数量适时调整人员编制，多年来一直没有多大变化，具有审判资格的人员更是增长缓慢，再加上受法官员额指数的限制，使得宁夏法院法官人数的增长远远跟不上案件数量的增长，法院审判力量明显不足。其次是审判辅助人员队伍很不稳定。审理案件少不了审判辅助人员的工作，而具有政法编制的法官助理、司法警察人数有限，无法满足审判活动的需要，不得不从社会上大量聘用，而聘用制的司法辅助人员由于待遇低，发展空间小，辞职十分频繁，队伍很不稳定。最后是法官人员流失严重。繁重的审判压力使广大一线办案法官每天都在超负荷的工作，加班加点已成为常态。许多法官长期处于精神高度紧张状态，一些干警积劳成疾，再加上基层干警职级待遇低以及司法改革中法官员额指数限制难以入额等因素，在一定程度上削弱了法官的荣誉感和职业预期，出现了法官辞职离岗的现象。2011—2015年间，宁夏法院共招录干警779名（含定向生140名），但自2011年以来流失的人数高达553人（不含流向法院系统的72人），流失率高达71%。法官流失造成审判力量严重不足，不少岗位捉襟见肘，人案矛盾日益凸显。

三是社会转型期大量复杂纠纷以案件形式涌入法院，队伍的司法能力与人民群众日益增长的司法需求不相适应的矛盾依然比较突出。极个别干警司法作风不正，甚至违法违纪，损害了法院形象。

四是执行联动机制运行方面还存在衔接不畅的问题。首先是拒不履行法院判决裁定罪适用难。拒执罪本是惩戒失信被执行人，震慑规避执行、逃避执行行为的有力手段，但是实践中普遍存在立案难、起诉难问题，相关部门对法院移交过去的拒执罪案件人为设置门槛的现象比较突出。其次是司法拘留实施难。司法拘留是中基层法院对逃避、规避执行行为的重要惩戒手段，可以有效促进有能力履行生效判决的被执行人积极履行生效判决，但实践中被拘留所拒收的情况经常发生，大大削弱了拘留措施的应有作用。

五是中基层法院审判执行以外的大量行政事务性工作及行风考核消耗了法院不少精力，分散了有限的司法资源，进而影响了办案质量和效率的有效提升。

三、对加强宁夏审判工作的几点思考和建议

（一）几点思考

一要抓好上级决策部署的贯彻落实。进一步树立大局意识，不折不扣地贯彻落实中央、最高法院、自治区党委决策部署，妥善处理好维护大局与依法办案之间的关系，做到思想统一、步调一致，确保目标不掉队、工作不脱节、标准不打折、任务不落空。

二要抓好审判执行第一要务。紧紧围绕"努力让人民群众在每一个司法案件中感受到公平正义"的总目标，严格贯彻执行新修改的三大诉讼法，准确把握审判规律，挖掘内部潜力，优化审判资源配置，盘活办案力量，努力克服人案矛盾，优质高效地审理执行好各类案件。

三要抓好法院队伍建设。要结合"两学一做"学习教育和司法能力提升工程，着力抓好队伍思想政治建设、领导班子建设和法官业务能力建设三个重点，切实增强法官队伍政治意识、大局意识、核心意识和看齐意识；通过岗位练兵、专题培训、传帮带等方式，不断提高法官处理疑难复杂、新类型案件以及化解矛盾纠纷的能力。

四要抓好司法体制改革工作。认真总结推广吴忠地区三个法院的司法

改革试点工作经验，紧紧抓住司法责任制这个"牛鼻子"，正确处理好深化改革和加强审判执行工作的关系，最大限度凝聚司法改革共识，在宁夏法院全面推进司法体制改革试点工作，充分释放改革红利，理顺审判权、执行权与司法行政管理权的关系，解决好"去行政化"演变成"去管理"、"下放审判权"演变成"放任不管"的问题，不断完善审判权利运行机制，进一步提高审判质效。

五要抓好党风廉洁建设。坚持从严治院，精准管理，树立"讲廉政就是给干警最大福利"的理念，进一步抓好《条例》《准则》的贯彻落实，扎实开展八项规定"回头看"活动，不断推进惩治和预防腐败体系建设工作任务落实，形成一级抓一级、一级向一级负责、层层传导压力的工作机制。

六要抓好多元化纠纷解决机制改革任务的落实。认真落实最高法院多元化纠纷解决机制改革推进会会议精神，贯彻中央《关于完善矛盾纠纷多元化解机制的意见》，进一步完善多元化纠纷解决机制平台建设，加强对接，整合资源，完善机制，强化保障，力争把矛盾纠纷化解在基层、化解在萌芽，减少无谓的诉争，有效维护社会安定团结。

七要抓好信息化建设和应用。强化"互联网+"思维，持续推进信息化设施建设，以案件信息标准化为重心，推进标准化工作改革；以提高工作效率为重心，积极推进信息化与业务工作的深度融合，充分运用大数据、云计算等信息化成果创新工作思路，实现办案智能化、管理科学化，推动宁夏法院科学发展。

（二）一点建议

建议党委、政法委适时召开公检法司的联席会议，研究制定相关实施意见，解决拒执罪立案难、起诉难和司法拘留入所难的问题，助力"执行难"问题的有效解决。

2016 年宁夏检察工作报告

庞立强

2016 年，宁夏检察机关认真贯彻自治区党委和高检院的各项部署，认真学习贯彻党的十八大，十八届三中、四中、五中、六中全会和习近平总书记系列重要讲话精神，全面落实中央政法工作会议、全国检察长会议、全区政法工作会议精神，紧紧围绕经济社会发展大局，忠实履行宪法和法律赋予的职责，为建设开放、富裕、和谐、美丽宁夏发挥了应有作用。

一、宁夏检察工作取得新进展

（一）自觉有效地服务经济社会发展大局

宁夏检察机关认真贯彻中央、自治区党委和高检院系列决策部署，进一步完善落实《关于全区检察机关全面服务推进"两区"建设的意见》和《关于全区检察机关为企业改革发展服务的措施》，定期深入重点行业、重点工程和重点企业了解对检察机关的服务需求，及时为投资者、经营者、管理者提供法律服务，防范法律风险。邀请自治区 41 家各类企业负责人召开座谈会，专题征求企业对检察机关适应经济发展新常态服务保障改革发展的意见建议，制定了《宁夏检察机关服务"十三五"规划的实施意见》。宁夏检察机关立足司法办案保障发展、服务发展、促进发展，坚持办案力

作者简介 庞立强，宁夏回族自治区人民检察院法律政策研究室主任、正处级检察员。

度、办案时机节奏与自治区经济发展大局步调一致、同步合拍，转变办案方式方法，慎用强制措施。平等保护各类所有制企业产权和合法权益，及时为投资者、经营者、管理者提供法律服务，防控法律风险，进一步服务经济发展新常态。积极参与规范和整顿市场经济秩序，对非法经营、集资诈骗、合同诈骗等破坏市场经济秩序的犯罪嫌疑人依法提起公诉。坚决查办行政审批、资源开发、土地出让、产权交易、城市建设等领域行政执法人员职务犯罪，促进依法行政，为宁夏引进、培育、发展、壮大各类市场主体，营造良好市场环境。积极运用检察建议书督促行政执法机关履行职责，督促收回土地出让金等各类国有资金 2 亿多元。自治区检察院完成的《关于近年来全区扶贫惠农领域基层干部渎职违法犯罪情况的调查报告》得到了自治区党委书记李建华等领导的批示，全区由此开展了集中整治涉农资金使用管理突出问题工作，促进了全区扶贫惠农工作健康发展。

（二）全面推进平安宁夏建设

依法惩治各类刑事犯罪。突出打击严重影响人民群众安全感的犯罪，2016 年 1—10 月，宁夏检察机关审查批捕各类刑事案件 2367 件 3230 人，提起公诉 4805 件 6174 人。参与打击严重暴力犯罪专项行动和打黑除恶专项斗争，适时提前介入审查起诉和出庭公诉了吉新奎等 20 人组织、领导、参加黑社会性质组织案，马永平"1·5"公交车纵火案等一批严重刑事犯罪案件，增强了人民群众安全感，维护了社会和谐稳定。

全面落实宽严相济刑事政策。对主观恶性小、犯罪情节轻微的初犯、偶犯、过失犯等犯罪，充分运用刑事和解、羁押必要性审查、附条件不起诉等机制，依法适用轻缓刑事政策。1—10 月，因无社会危险性而不批准逮捕 362 人，相对不起诉 107 人；对检察机关认为不需要继续羁押的 137 名犯罪嫌疑人，向有关机关提出予以释放或者变更强制措施的书面建议，已采纳 130 人；对于犯罪嫌疑人真诚悔罪，通过向被害人赔偿损失、赔礼道歉等方式获得被害人谅解，达成和解协议的，不批准逮捕 40 人，不起诉 8 人。

切实保障未成年人合法权益。宁夏检察机关成立了未成年人检察工作机构，牵头制定并与自治区高级法院、公安厅等单位联合印发了《关于办

理未成年人刑事案件合适成年人参加诉讼的实施意见》《关于对未成年人
与成年人共同犯罪的案件分案起诉分案审理的若干规定》《关于办理未成
年人刑事案件开展社会调查工作的若干意见的通知》和《关于未成年人犯
罪记录封存的若干意见》，进一步落实合适成年人到场、社会调查、犯罪记
录封存等制度，加强对涉罪未成年人的教育挽救。1—10月，全区检察机
关对 9 名未成年犯罪嫌疑人、被告人的成长经历、犯罪原因、监护教育等
情况进行了调查，对 102 名未成年犯罪嫌疑人作出不批准逮捕决定，对 7
名未成年犯罪嫌疑人做出附条件不起诉决定。

（三）加大查办和预防职务犯罪力度

按照中央、自治区党委、高检院关于惩治腐败的部署和要求，突出重
点领域，集中查办妨害自治区重大经济发展战略实施、破坏市场经济秩序、
侵害民生民利、影响改革发展稳定的职务犯罪，为经济持续发展营造良好
的政务环境。1—10月，立案侦查贪污贿赂犯罪案件 186 件 247 人，其中
大案 162 件，要案 14 人（包括厅局级 5 人）；立案侦查渎职侵权犯罪案件
15 件 26 人，其中重大渎职侵权犯罪案件 2 件，要案 3 人。认真部署开展
集中整治和预防扶贫领域职务犯罪专项工作，联合自治区扶贫办召开动员
部署会议，根据专项工作需要，及时组织召开全区检察机关集中整治和预
防扶贫领域职务犯罪专项工作推进会，树典型，抓落实，推工作。截至 10
月底，全区检察机关立案侦查扶贫领域职务犯罪案件 86 人，专项工作取得
阶段性成效。部署开展了"查办农村危房改造和城市棚户区改造领域渎职
犯罪专项工作"，在专项工作中已查办渎职犯罪案件 4 件 9 人。

自治区检察院联合水利厅在黄河宁夏段二期防洪工程中开展的职务犯
罪预防工作，被高检院列入挂牌督办的重点项目。推进行贿档案查询工作
规范化开展，积极拓展行贿档案查询结果应用领域。加强预防宣传和警示
教育，探索新媒体时代的预防宣传工作，在全区检察机关成立职务犯罪预
防宣讲团，在全区机关、企事业单位集中开展以职务犯罪预防为主题的宣
讲月活动，让预防宣传进机关、进社区、进学校、进乡村、进企业、进部
队。1—10月，全区检察机关结合办案，向有关单位提出检察建议 36 件，
被采纳 31 件，通过检察建议推动建立制度 13 件。

（四） 深入开展法律监督

不断加大对侦查机关应当立案而不立案、不应当立案而立案及漏捕、漏诉、遗漏犯罪事实的监督力度，1—10月，监督侦查机关立案64件，监督侦查机关撤案134件，追加逮捕135人，追加起诉80人。加强对公安机关执法办案的监督，协调自治区公安厅向全区公安机关下发了《关于认真开展行政执法与刑事司法衔接工作的通知》，与公安厅联合印发了《关于在全区县级公安机关设立检察官监督办公室的意见》，推动完善在全区县级公安机关设立检察官监督办公室工作。

完善检察机关对行政违法行为的监督机制。自治区检察院起草并与自治区人民政府联合印发了《宁夏检察机关介入重大行政违法事件同步调查暂行办法》，该办法对检察机关同步介入调查重大违法事件调查监督程序、对涉嫌犯罪人立案侦查程序、查办案件信息反馈、案件处理、责任追究等进行明确和规范。在全面建成区市县三级"两法衔接"信息共享平台的基础上，推动县级以上地方人民政府将"两法"衔接工作纳入绩效考核。通过"两法衔接"平台、专项检查和重点抽查，监督行政执法机关依法移送涉嫌犯罪案件。自治区检察院牵头自治区食品药品监管局、公安厅开展了食品药品行政执法案件专项检查。2016年3月，自治区检察院向自治区人大常委会报告了全区检察机关推进行政执法与刑事司法相衔接工作情况，得到委员充分肯定。

继续强化审判监督，既重视对有罪判无罪、量刑畸轻案件的监督，也重视对无罪判有罪、量刑畸重案件的监督；对案件实体问题的监督与程序问题的监督并重。1—10月，对49件刑事案件提出抗诉，其中依审判监督程序提出抗诉5件。此外，经控告申诉部门立案复查，纠正原处理决定2件，发出再审检察建议1件；办理申请国家赔偿案件5件，给予赔偿2件；办理赔偿监督案件5件；办理司法救助案件45件，发放司法救助金43.2万元。

积极探索完善监狱服刑人员投诉处理机制，高检院刑事执行检察厅、司法部监狱管理局、中国人民大学诉讼制度与司法改革研究中心等单位，将完善监狱服刑人员投诉处理机制试点工作落户石嘴山监狱检察室，运行状况良好。做好集中清理判实刑罪犯未执行刑罚专项活动，截至 10 月底，已累计监督收监收押执行 31 人。

狠抓修改后民事诉讼法和行政诉讼法的落实，形成多元化的民事行政诉讼监督工作格局。1—10 月，对民事行政案件提出抗诉 23 件，提出再审检察建议 5 件，发出审判活动监督、执行监督、督促履行职责类检察建议 798 件，和解息诉 28 件。

（五）落实自治区政法委部署的"三大专项行动"

1. 继续推动服务型窗口建设专项行动。自治区检察院印发《全区检察机关服务型窗口建设专项行动方案》和《关于开展服务型窗口单位考评工作的通知》，要求各院全面系统地对检察机关窗口单位建设情况进行梳理分类。专项行动启动以来，各院加大资金投入，配齐硬件设施，对控申队伍从数量和结构上进行了充实和调整，将有业务部门工作经验的年轻人员充实到控申队伍，窗口工作人员逐步实现从"管理"到"服务"的角色转换，服务意识明显增强。

2. 深入开展矛盾纠纷排查化解专项行动。自治区检察院先后下发了《关于开展矛盾纠纷排查化解专项活动的通知》和《全区检察机关矛盾问题排查化解专项行动方案》，安排部署全区检察机关开展矛盾纠纷排查化解工作。全区检察机关共排查出 65 件信访案件，其中涉检信访案件 45 件、反映涉众性经济犯罪 20 件，且案件正在法律程序中。经自治区检察院审查筛选，确定 15 件涉检信访案件为重点案件，其中 6 件属于有信访风险的案件，截至 10 月底，15 件重点案件案件中已化解息诉 10 件，1 件正在终结办理中，其他案件正在化解中。坚持问题导向，认真落实涉法涉诉信访改革工作要求，创新工作方法，以制度促规范。自治区院先后印发《宁夏检察机关控告申诉检察部门反向审视工作规定》《宁夏检察机关远程视频接访办法》《宁夏检察机关关于引入社会第三方参与化解涉法涉诉信访矛盾的实施办法（试行）》。与自治区司法厅会签《自治区人民检察院、司法厅关于律师在检察环节参与涉法涉诉矛盾化解工作的若干意见》等，努力把矛盾化解在首次接访、化解在基层。

3. 深入开展吸毒人员管控大收戒专项行动。按照自治区党委政法委部署，自治区检察院制订下发《全区检察机关开展吸毒人员管控大收戒专项行动方案》，各级检察院按既定的目标任务和具体措施开展工作，始终保持对毒品违法犯罪的高压态势，对重大毒品犯罪案件，侦查环节一律坚持提前介入，召开联席会议，引导侦查取证。建立与自治区高级法院定期召开毒品案件检法联席会议制度，进一步统一毒品犯罪案件事实认定、证据采信、法律适用尺度。加强对戒毒场所和戒毒人员的常规性监督，适时开展专项监督。加强对涉毒违法犯罪的分析研判，形成禁毒工作合力。1—10月，批准逮捕毒品犯罪案件 360 件 454 人，提起公诉 487 件 584 人。

（六）积极稳妥推进司法体制改革

2016 年 7 月，中央政法委在长春召开全国司法责任制改革推进会后，宁夏检察机关全面推开了以司法责任制为核心的司法体制改革。截至目前，检察人员分类管理初步实现，职业保障措施逐步跟进，司法责任制得到落实，人财物自治区级统一管理稳步推进。8 月 6 日，全区三级检察院全面启动员额内检察官遴选工作。10 月 18 日，全区 31 个检察院的员额制管理检察官遴选工作顺利完成，三级检察院共遴选 705 名员额制管理检察官（含首批试点入额的 60 名），占全区检察机关政法专项编的 31.46%。自治区检察院正在研究制定检察辅助人员和司法行政人员的管理办法。全区检察官职务序列等级套改工作，已经通过自治区党委组织部审核。全区三级检察机关正按照司改方案的要求，逐步调整入额检察官到一线办案岗位，妥善划分司法辅助人员和司法行政人员，以检察官为核心的检察人员分类管理体系已初步建立。10 月 30 日，全区检察机关员额制检察官职务等级工资已拨付到位，全区 31 个检察院的绩效奖金也由同级人社部门审核批复。自治区检察院正在根据高检院《关于人民检察院工作人员绩效考核奖金分配指导意见》，制定宁夏检察机关绩效考核奖金分配办法，检察人员工资改革的各项措施进展顺利。2015 年 12 月 10 日，自治区检察院检察委员会 2015 年第 6 次会议就审议通过了《宁夏检察机关检察官办案责任制暂行规定（试行）》和《宁夏检察机关检察官权力清单（试行）》。8 月 3 日，在全区检察机关司法体制改革全面启动会上，这两个规定正式印发全区检察机关施行。全区三级检察院编制已上划至自治区编办管理，全区检察人员由自治区统一招录的体制已经建立，检察官"统一遴选，统一提名，党委审批，分级任免"的管理格局已经形成。首批 3 个试点院的财物已上划自治区级管理，其他市、县（区）院正在积极配合有关部门做好财物的统一上划。

深化司法公开。全面推进检务公开，坚持"能公开的一律公开"，细化检察各办案环节司法办案公开的内容、时机、方式。截至 10 月底，全区检察机关已公开案件程序性信息 23752 件，发布重要案件信息 1655 条，公开法律文书 8296 篇。全区 31 个检察院已全部开通检察微博并配备了专兼职管理人员，形成了宁夏检察微博集群，建立了以"宁夏检察"为核心的三级联动微博问检体系。

（七）始终不渝地狠抓检察队伍建设

扎实开展"两学一做"学习教育，着力整改"四风"和司法不规范突出问题。坚持从严治党和从严治检相结合，以党建带队建促业务。7 月份，中卫市检察院党总支被中共中央授予"全国先进基层党组织"荣誉称号。坚持以领导干部、业务一线和基层检察人员为重点，以问题为导向，以提高法律监督能力为落脚点，积极开展正规化培训。积极协调组织"西部巡讲团"到市、县（区）检察院开展巡回讲课。积极组织开展岗位练兵和业务竞赛活动，并参加高检院的业务人才竞赛，1 人荣获第二届全国民行业务竞赛"业务能手"称号，6 人被确定为首批全国检察机关调研骨干人才，3 人入选全国检察机关首批职务犯罪预防人才库。持续深化纪律作风建设。充分把握运用执纪监督"四种形态"，坚持抓早抓小，对检察人员思想、工作、生活中存在的苗头性问题早发现、早提醒、早纠正，对于违纪干警坚决查处，绝不护短。

二、宁夏检察工作中存在的问题

一是对经济社会新情况研究不够，就案办案、机械司法的现象还不同程度存在，服务大局的能力水平有待进一步提高。

二是履行法律赋予的非法证据排除、诉讼违法行为审查纠正等职责的意识和能力还不够强，与依法治国要求和人民群众期待有距离。

三是落实司法责任制改革中，如何对员额内检察官合理放权的同时加强监督制约需要进一步探索，员额内检察官与检察官助理的权责关系尚未完全厘清，员额内检察官的工资待遇兑现后，检察官助理队伍的心理波动较大。

四是检察队伍人才难进和人才流失问题叠加，高层次、专家型人才偏少，知识产权、金融证券、互联网金融等领域的专业人才欠缺。

三、改进宁夏检察工作的思考与建议

一要牢牢把握检察工作正确政治方向。深入学习贯彻党的十八届六中全会精神，坚决落实《关于新形势下党内政治生活的若干准则》和《中国共产党党内监督条例》。自觉在思想上政治上行动上始终同以习近平同志为核心的党中央保持高度一致，坚决把党中央全面从严治党各项部署要求落实到检察工作中去，着力营造检察机关风清气正的政治生态，真正发挥检察机关在国家权力监督体系中应有的作用。

二要积极主动地投身于平安宁夏、法治宁夏建设。要服务大局、保障大局，坚决惩治危害国家安全、公共安全、人民生命财产安全、经济社会管理秩序的各种犯罪，维护社会和谐稳定。积极适应经济发展新常态，加大对知识产权、生态环境等司法保护力度，依法平等保护各种所有制企业产权和合法权益，运用法治思维和法治方式服务和保障创新、协调、绿色、开放、共享发展。

三要始终保持反腐败高压态势。坚持有腐必反、有贪必肃的目标不变、决心不变、力度不变。坚持"老虎""苍蝇"一起打，对职务犯罪发现一起坚决查处一起，继续保持反腐败高压态势。进一步深化职务犯罪预防工作，加强预防宣传和警示教育，努力营造不敢腐、不能腐、不想腐的社会氛围。

四要强化对诉讼活动的法律监督。要落实对权利的司法保障、对权力的司法监督要求，切实加强和改进诉讼监督工作，坚守防止冤假错案底线。拓展检察监督新途径，坚决监督纠正执法司法中的突出问题。持续深入整治检察机关自身司法不规范，以及"庸、懒、散"，"粗、拖、浮"等问题。

　　五要深入推进司法体制改革和检察改革。深化以司法责任制为核心的中央四项司法体制改革试点，健全办案质量终身负责制和错案责任倒查问责制。强化对司法办案活动的内外部监督，全面提升检察机关自身司法水平和办案质量。进一步深化检务公开、人民监督员制度改革，努力使司法公正让人民群众看得见、感受得到。

　　六要着力打造过硬检察队伍建设。全面贯彻从严治检要求，坚持把纪律和规矩挺在前面，切实加强司法作风建设。坚决查处检察人员违法违纪问题，决不姑息迁就。加强基层检察院建设，发挥好基层检察院在全面依法治区中的一线平台作用。

2016年宁夏社会治安状况报告

薛 双

2016年是"十三五"规划的开局之年，也是宁夏经济社会进入深度调整期和转型期的关键之年。2016年，宁夏以"平安宁夏"建设为目标，以立体化社会治安防控体系建设为抓手，持续加强维稳、打击、管理、服务等各方面工作，社会治安秩序持续好转，人民群众的安全感和满意度不断提升。

一、宁夏社会治安总体情况

（一）严厉打击犯罪，维护社会治安稳定

把严厉打击各类违法犯罪活动作为加强社会治安管理的有力武器，始终坚持"以打开路，以打促防，以打保安"的严打思路不动摇，深入开展"六大战役"等一系列打击违法犯罪专项行动。2016年1—9月，全区共立刑事案件31600起，同比（31334起）上升0.8%，破案14669起，同比（11834）起上升24%，抓获犯罪嫌疑人3690人，同比（6117人）上升13.8%。

1.严打严重暴力犯罪。紧盯大案不放，坚持"命案必破"方向，对发生的有广泛社会影响的突发重大刑事案件，抢抓破案黄金期，统筹协调各种侦查资源，快侦快破。先后成功侦破2010年"9·11"故意杀人案等多起

作者简介　薛双，宁夏回族自治区公安厅治安总队六支队支队长。

重大刑事案件。宁夏八类主要刑事案件立案688起,同比(1043起)减少355起,下降34.0%,连续七年下降。

2. 严打黑恶犯罪。按照"打早打小,露头就打,不停地打"的思路,从14类危害社会秩序犯罪活动入手,坚持"打大"与"打小"并重,既严厉打击了具有黑社会性质的犯罪组织,又狠狠惩处了大罪不犯、小恶不断的恶势力团伙。全区共打掉黑社会性质犯罪组织1个,铲除恶势力犯罪团伙9个。

3. 严打多发性侵财犯罪。进一步加强对多发性侵财犯罪特别是跨区域系列团伙案件的打击。1—9月,宁夏共立侵财类案件27974起,立案数同比(27580起)增加394起,上升1.4%。加大对电信、网络诈骗等新型犯罪的打击力度,成功侦破电信网络诈骗案件452起,完成年度任务的174%。

4. 严查"黄、赌、毒"违法活动。继续加大对"黄赌"等社会丑恶现象的查禁力度,宁夏公安机关共侦办黄赌违法犯罪案件924起,打掉犯罪团伙9个,抓获违法人员2382人,捣毁窝点107个,取缔"黑游戏厅"43家,关停违规游戏厅30家,销毁赌博游戏机304台,成功侦破"5·18"网络赌博等一批有影响的案件。全区游戏(艺)机场所的赌博活动公开化、泛滥化的问题得到彻底解决,娱乐场所营利性陪侍和淫秽色情表演等违法违规现象基本杜绝。以"大收戒"为抓手,严厉打击毒品违法犯罪,持续保持对毒品违法犯罪问题的凌厉攻势和高压态势,全区共立毒品案件594起,同比(839起)减少29.2%,破案529起,同比(808起)减少34.5%,实现毒情形势"三降三升"的良好成效。

5. 严打食药违法犯罪。以打击制售"地沟油""病死牛""注水肉""毒豆芽"以及假劣乳制品、假保健品、假酒类等犯罪为重点,深入组织开展"断链""打四黑除四害""打击食品犯罪保卫餐桌安全"专项行动。成功侦办6起食品药品违法刑事案件,同比(17起)下降64.7%,刑事拘留5人,同比(26人)下降80.8%,有力捍卫了百姓舌尖上的安全。

6. 严打打孔盗油违法犯罪。全面开展打击整治打孔盗油、开井盗油等涉油违法犯罪活动,连续侦破涉油违法犯罪案件30起,成功打掉辛小虎、何喜涛 2 个打孔盗油犯罪团伙，抓获犯罪嫌疑人 27 名，取缔 51 家非法收油点，实现全区无土炼油点的工作目标。

（二）堵"漏洞"消除治安隐患

1. 治安隐患大排查取得实效。按照"以面保点、整体防控，重点管控、源头稳控"的工作原则，部署集中开展社会治安隐患大排查专项行动，从重点部位防控、重点物品管理、重点活动监管、重点人员管控等方面，排查整改治安隐患 347 处，及时消除了一大批影响社会治安的突出隐患。

2. 民爆物品管理扎实开展。深入开展缉枪治爆专项整治工作，成功抓捕公安部网上督捕涉枪涉爆人员 1 名，在全国率先实现"清零"目标。收缴炸药 1298.5 公斤、各类枪支 351 支、仿真气手枪 107 支、雷管 19408 枚、各类子弹 25918 发。着力整治非法烟花爆竹，查处非法储存、销售烟花爆竹案件 13 起，捣毁非法烟花爆竹窝点 13 个，抓获违法犯罪嫌疑 9 名，查缴非法烟花爆竹 18747 件，价值 200 余万元。

3. 重点人群服务管理不断加强。全面加强流动人口服务管理工作，实行居住证管理制度，配套研发流动人口综合服务管理平台。出台《落实严重精神障碍患者监护责任及补贴管理暂行办法》，最大限度加强严重精神障碍患者管理，预防和减少肇事肇祸案（事）件的发生。

4. 矛盾纠纷排查化解有序推进。健全完善矛盾纠纷排查化解机制，扎实开展矛盾纠纷排查化解专项行动，最大程度的把矛盾纠纷发现在基层、解决在基层。累计排查各类矛盾纠纷 894 起，化解 475 起。

（三）抓"整治"净化治安环境

1. 严整道路交通违法行为。狠抓《道路交通安全法》的贯彻落实，加大道路交通秩序整治，强化主体责任落实，排查确定道路交通安全隐患 369 处，将五类重点车辆（公路大客车、旅游大客车、"营转非"大客车、危化品运输车和校车）作为预防事故和日常管理的重点，采取积极有效措施，切实加大管控力度。危化品运输车报废率、旅游大客车检验率、校车检验率报废率均达到 100%。采取有力措施，落实"逢车必查，逐台登记"等措施，持续开展查处酒驾违法统一行动、"飓风"行动、"渣土车"整治行动、农用车综合整治、电动车专项整治等行动，在全区形成查处酒驾的高压态势。1—9月，全区发生道路交通事故41327起，死亡244人，直接财产损失4893.01万元，死亡人数、直接财产损失同比分别下降12.23%、32.11%。查处各类违法交通行为232万余次。其中，查处酒后驾驶2934起，"渣土车"交通违法行为197起，农用车交通违法行为6754起，查纠电动车违章行为1960起，宣传教育驾驶员2756人次。

2. 狠抓消防安全。以预防和遏制重特大火灾事故为目标，全面推进消防安全四级"网格化"管理，扎实开展火灾隐患整治行动，以人员密集场所、超大城市综合体为等专项整治重点，集中消除一大批影响消防安全的火灾隐患和消防安全违法行为。大力加强公共消防设施建设，2016年累计下拨资金4306万元，全区共建消火栓8022个，完好数6845个，建有率和完好率分别为91.7%、85.3%。不断强化消防宣传教育培训，面向全社会多渠道开展公共安全防范警示教育月等系列活动，累计开展巡回宣传80次，播放消防提示信息25.5万余条次，发放宣传资料20万余份，举办消防公益性培训班326期，呈现出消防工作和经济社会协调发展的良好局面。1至9月，全区共发生火灾3454起，死亡8人，无人员受伤。火灾起数、死亡人数、受伤人数同比分别下降19.81%、11.1%、100%。

3. 强化重点场所安全管理措施。深刻汲取"1·5"案件教训，把公交客运安保工作置于更加突出的位置来抓，集中开展了"百日安全隐患排查整治活动"。加强校园、医院、银行及周边环境综合治理，治安环境进一步得到净化。2016年，全区未发生有重大影响的涉校、涉医、涉银案件。

（四）补"短板"夯实治安防控。

深入贯彻自治区《关于健全完善社会治安防控体系进一步深化平安宁夏建设的意见》，结合宁夏实际，加快创新完善立体化社会治安防控体系建设，进一步健全完善街面巡逻防控网、城乡社区防控网、单位和行业场所内部防控网、区域警务协作网、视频技术防控网、"虚拟社会"防控网等"六张网"建设。

1. 构建社会面巡逻防控网络。不断完善武装巡防机制，全区各地特别是城区基本实现了联勤武装巡逻常态化，每天有429名民警、189名武警、456名协警全副武装在街面巡逻，基本覆盖了全区46个火车站、汽车站、机场、繁华商圈等人群密集场所，以及暴力恐怖、宗教极端等违法犯罪活动的隐患点和高危处。

2. 积极推进智能图控系统建设。坚持统一规划、统一标准、统一建设，全区累计投入建设资金5.7亿元，建成5个市级监控中心、26个县（区）级监控中心、96个派出所监控室，建设16519个视频监控头，搭建区、市、县三级视频监控联网平台，初步实现全区视频图像信息互联互通和重点要害部位、治安复杂场所"天网"全覆盖，各地安装视频监控头的公共区域"两抢"案件降幅均在20%左右，震慑潜在犯罪的作用凸显；运用视频图像信息破获刑事案件数占全部破案数的20%以上，直接侦破案件的作用凸显。

3. 完善城乡社区村庄防控网。探索实施"一村（社区）一警"社区警务战略，共建社区警务室455个，配备社区民警747人，占派出所民警总数的37.1%，社区警力得到了极大充实和改善。大力推进居民小区安全技术防范系统建设，印发《居民小区安全技术防范技术标准》和《全区规范化物业管理住宅小区技防建设和更新改造工作指导意见（2014–2017年）》，累计投入资金4212.7万元，建设或更新改造340个规范化物业小区，完成291个老旧小区的技防设施建设，全区居民小区监控系统安装率达55%以上，新建居民小区技防建设100%纳入开发建设的总体规划。

4. 完善单位和行业场所防控网。狠抓旅店业、出租房屋和汽油销售实名制登记管理，进一步堵塞管理漏洞。不断加强重点单位内部治安管理，完善内部单位安全保卫人员、机构和制度建设，严防发生重大案件。

5. 加强区域警务协作网建设。以中阿博览会等大型安保工作为龙头，进一步完善高效的指挥体系和各警种联合作战的警务机制。以省际交界路桥收费站、重点路段交通流动检查站为依托，先后设立、启动治安检查站点、卡口25个，对来宁人员、车辆以及携带、运输的物品进行筛网过滤式检查，以"外圈"确保"内圈"安全，为各项大型活动安保工作的圆满成功创造良好的社会治安环境。

6. 完善网络社会防控网。印发《关于构建全区公安机关网络社会综合防控体系的意见》，建立形成功能明确、结构合理、良性互动、运行高效的网络综合防控体系，实现网上信息动态及时掌控处置，违法犯罪有力防范打击，安全监管无缝覆盖，管理服务效能有效提高。

二、当前影响宁夏社会治安的突出问题

总体来看，宁夏社会治安平稳有序并持续好转，但是面对新形势、新任务、新要求，社会治安管理工作还存在许多问题和差距，在今后一个较长时期内，仍将面临各种治安问题增多的压力，维护社会治安的任务仍将十分繁重。

（一）打击犯罪方面形势严峻

在国家经济社会转型的新常态下，违法犯罪形态正在发生深刻的变化，呈现出新的特点。

1. 刑事案件多发高发。随着经济社会发展和人员、财物、信息的快速流动，利益多元、矛盾多发的情况凸显，加之经济下行压力进一步加大，传统犯罪和新型犯罪相互交织，全区刑事案件普遍呈现出多发高发态势。

2. 通讯诈骗案件大幅提升。2016 年 1—9 月，通信诈骗案件立案 3923 起，同比（3458 起）增多 465 起，上升 13.4%，占全部刑事案件的 16.9%，占全部诈骗案件（5347 起）73.4%，成为除盗窃案件以外立案数最多的一类刑事案件。由于电信网络新型犯罪日趋国际化、团伙化、系列化，办案成本高、取证难、破案难。

3. 涉众型经济犯罪影响巨大。2016 年 1—9 月，共立经济犯罪案件 438 起，同比（453 起）减少 15 起，下降 3.3%，破案 310 起，同比（305 起）上升 5 起，呈现出打击经济违法犯罪案件的成效。但由于涉众型经济犯罪受害群众点多面广，参与人员背景成分复杂，很可能引发"连锁效应"，对社会治安和社会稳定的影响不可低估。

（二）公共安全管理领域压力巨大

1. 道路交通安全存在薄弱环节。无证驾驶、未按规定让行、超速行驶等重点违法行为依然突出，易导致交通秩序混乱，一些运输企业主体责任不落实，管理松懈混乱，得不到及时纠正，对车辆动态监控制度不落实。同时，受治理资金等因素影响，部分道路交通基础设施薄弱，低等级公路

事故频发。

2. 消防安全面临较大压力。宏观层面，社会经济进入快速发展阶段，是火灾等各类安全事故频发期。按照 2015 年宁夏 GDP 约 8%的增速、物价约 3.5%的涨幅和人民币约 3.5%的贬值率测算，宁夏火灾总量将随之有所增加。微观层面，易燃易爆单位、高层建筑、公众聚集场所火灾防控风险依然很大，此外，公共消防安全基础设施建设相对滞后。全区应建消防站 65 个，实有 42 个，欠账率 35.4%；农村消防道路、消防水源等公共消防设施与实际需要差距甚远。

（三）治安防控体系建设存在问题短板

1. 思想认识不到位。一是有些地方缺少对社会治安防控体系科学、系统、深入地研究和规划，存在重投入、不重应用，重发挥单系统作用、不重整体效应，重"硬件"建设、不重"软件"建设等问题，在思想观念上还停留在计划经济时代，想问题、办事情墨守成规、缩手缩脚，决策上随意性强，执行上按部就班，顾头不顾尾、治标不治本。有些地方还没有将社会治安防控体系建设上升为党委、政府行为，没有形成党政领导、公安牵头、部门协同、社会参与的防控格局，导致公安机关在社会治安防控体系建设上孤军作战，成效不大。二是不少单位和群众对积极参与社会治安的认识不足，认为治安防控是公安机关的事情。"看好自己的门，管好自己的人"的主体责任还没有完全落实；忽略了预防"两抢一盗"等可防性案件是社会治安综合治理的范畴，发生案件之后，反而简单地责备公安机关。一些群众对治安防控事不关己，漠然处之，对街头出现的犯罪现象，观望逃避多，见义勇为少。一些群众自身受到不法侵害时，也因怕报复等原因不愿向公安机关报案。个别群众有意无意包庇犯罪分子，不愿向公安机关作证，甚至作伪证。

2. 基础力量不足。近年来宁夏警力虽然得到一定充实加强，但随着城市化进程快速推进，流动人口和人户分离人口大量增加，基层警力已捉襟见肘。目前，公安民警数量约占全区总人口的万分之十一点四，低于万分之十二的全国平均水平。公安民警作为治安防控主力军作用遭到削弱。同时，有些地方交警、刑警和派出所在防控中未建立定期联系机制，没有共同分析、通报辖区治安情况的平台，导致警情不能互通，一定程度上存在打击、防范、管理和控制相脱节的情况，未能形成合理、科学的工作格局。

3. 视频监控建设应用水平不高。一是有些监控探头安装不科学，不能为侦察破案、治安防范提供服务。二是有些视频监控系统由于分辨率不高，光线不好时就不能拍摄车辆、人员的清晰影像，而且故障率较高、监控录象下载速度慢，给实际监控工作带来不便，有些案件线索，明明监控系统有拍到影像，但由于分辨率不高，图像模糊，不能发挥作用，坐失破案良机。三是有些地方建设了视频监控系统，但是还没有建立起相配套的高素质的视频巡逻工作人员，人机不能有效结合，不能及时发现和捕捉治安问题和违法嫌疑目标，往往是事后应用，表现为遇到了案件或事件后，才进行网上浏览、查询。

4. 群防群治实际作用发挥不明显。一是今年以来，在实施"一村（社区）一警"社区警务战略中，基层社区警力得到了极大充实和改善。但是由于警力的总体匮乏，社区民警经常或因工作需要抽调上级机关突击，或因身体较差长期生病，或因突击性任务和非警务活动缠身难务"主业"，导致职能缺位，治安防控"专群结合"便随时断链，社区警务工作开展仍存在举步维艰的现象。二是一些地方群防群治力量的工资、待遇、福利等得不到提高或保障，导致出现组织弱化、人员流失、出工不出力等状况，影响和制约了职能作用的发挥。多数社区和村庄的义务巡逻队，在治安防控网络上有名单，由于缺乏经费保障，真正开展并坚持义务巡逻的太少，即使偶尔进行巡逻，也是敷衍应付。三是流动人口管理是治安管理工作的重点环节，全区流动人口的犯罪率在 40%左右，银川为 60%左右。目前，宁夏对流动人口管理仍停留在登记发证和静态层面，流动人口的动态掌控和租赁房屋治安管理，仍然是治安管理中的薄弱环节。与此同时，对刑释解教、缓刑、假释、监外执行、剥夺政治权利、吸毒等人员和有劣迹的青少年管理，也需要更多过细过硬措施予以加强。

三、进一步加强宁夏社会治安管理的对策建议

社会治安状况事关全区经济社会发展大局，既是维护国家安全和社会

长治久安的一项基础性工程，也是保障人民群众安居乐业的一项民心工程。因此，必须在自治区党委、政府的统一领导下，以社会治安防控体系建设为抓手，从维护社会稳定需要出发，综合运用各种手段科学整合现有社会资源，对社会治安实施全方位动态防控。

（一）深入贯彻落实《关于健全完善社会治安防控体系进一步深化平安宁夏建设的意见》，将治安防控体系建设纳入社会事业发展总体规划

1. 健全完善体制机制建设。紧紧抓住全党、全社会加强和创新社会综合治理的大好机会，把社会治安防控体系建设纳入社会事业总体规划，落实工作机制、人员保障和专项奖金，组织、动员政府各部门、企事业单位和街道、乡镇基层组织，以及各种群防群治力量参与社会治安防控，最大限度地整合利用各方力量资源，形成"党政领导，公安牵头，部门协同，社会参与"的防控格局。同时要把社会治安防控体系建设作为社会治安综合年度检查考核的重要内容，落实领导责任，推动难题的解决。

2. 加强视频监控建设应用。尽快以自治区名义制定出台《宁夏安全技术防范建设标准》，把治安视频监控标准化建设作为"平安建设"的重要内容。一是要下大力气抓建设。科学规划，合理布局，严格标准，加大投入，全面加强视频监控点、网络传输和视频监控系统平台建设，全面实现对主要公共区域、场所、街道、治安保卫重点单位及周边区域、治安复杂区域等部位和公共交通工具的全覆盖以及信息的共享共用。二是要下大力气抓整合。结合实际，科学统筹，有效整合已建成使用和计划建设的视频监控系统资源，充分挖掘单位内部、社区院落、重要部位的视频监控系统在获取信息、控制治安、预防犯罪、查破案件等方面的功能，实现互联互通，资源共享，并全部接入视频监控系统平台。三是要下大力气抓应用。贯彻"以建设促应用，以应用促发展，以发展促效果，以效果促平安"的工作思路，利用视频监控系统在治安防控、打击现行、获取信息等方面的优势，充分发挥实战效能。

3. 夯实群防群治工作基础。以"民力无穷"的指导思想，依托党委、政府，强化对群防群治工作的组织领导，进一步建立健全群防群治工作体制机制，推动治安防范多元化，完善治安防控网络建设，不断加强规范群防群治队伍建设，发展壮大专职防范力量，加强保安服务市场化建设，推进公共安全服务产业化，充分调动群众积极性，营造人人参与的良好氛围，拓宽经费来源渠道，加大群防群治经费保障力度。

（二）始终坚持"严打"方针不动摇，不断增强人民群众安全感和满意度

1. 快侦快破现行案件。坚持"命案必破"方向不动摇，严格落实命案工作机制，对命案和有广泛社会影响的严重暴力犯罪案件，要尽最大努力快侦快破，迅速消除影响。同时，还要发扬"敢啃硬骨头"的精神，积极侦破历年命案积案，抓捕历年命案逃犯。

2. 深入开展"严打涉众型案事件"专项行动。深度研判经济金融领域风险不断聚焦并向社会稳定领域传导的动向和形势，密切关注"互联网+""众筹""P2P"等新型经济业态可能带来的涉众型犯罪风险隐患，开展互联网金融领域专项整治，健全完善涉众型经济犯罪防范打击工作机制，常态化打击合同诈骗、信用卡诈骗等多发常见经济犯罪，坚决遏制区内涉众型经济犯罪高发势头，最大限度为受害群众挽回经济损失。

3. 深入推进"反诈骗"专项行动。进一步整合资源，坚决打击治理和源头防范等措施多管齐下，着手建立即时查询、紧急支付、快速冻结、通报阻断等长效机制，加强电信诈骗犯罪案件侦查破案协作平台信息录入、网上串并案工作，加大宣传力度，坚决防范打击电信、网络诈骗等新型犯罪，以实际行动回应群众呼声。

（三）持续强化公共安全管理措施，努力营造安全稳定社会环境

1. 全面提升交通安全管理能力。加强重点车辆、重点驾驶员管控，建立完善农村交通安全组织体系，加强农村薄弱地区的道路交通安全管理，不断加大道路交通安全设施的建设，有效改善道路交通环境。同时，依靠媒体和舆论，发动社会力量，广泛开展交通安全法规知识和常识的社会面普遍宣传教育，创建安全畅通的道路交通环境。

2. 全面提升消防安全管理能力。强化火灾隐患整治，重点开展"创建消防安全社区"活动和电气火灾防范专项整治，进一步强化灭火救援准备，持续开展消防部门练兵活动，增强低温、严寒等恶劣条件下的持续作战能力，不断夯实消防安全基层基础。尽快编制印发"十三五"消防事业发展

规划，推动加快消防队站、消防水源等公共消防设施建设，加强多种形式消防队伍建设，落实消防安全"网格化"管理和区域联防工作。

社会治安状况事关国家和地区经济社会发展大局，一个稳定、和谐的治安秩序是确保经济社会健康、快速发展的基本前提。面对新常态、新形势和新要求，宁夏作为少数民族地区和经济欠发达地区，必须将稳定作为头等大事抓实抓好，确保宁夏同全国一道全面建成小康社会。

2016年宁夏司法行政工作报告

崔新民　张弼超

2016年，宁夏各级司法行政机关按照司法部和自治区党委、政府的工作部署，围绕司法厅党委年初确定的目标任务，精心组织，强化措施，狠抓落实，司法行政各项工作取得了新的进展和成效。

一、2016年宁夏司法行政工作基本情况

刚刚过去的一年，是司法行政工作攻坚克难、锐意进取、有所作为的一年。全区各级司法行政机关紧紧围绕中心，服务大局，突出维护社会稳定和服务保障民生两个重点，强化基层基础建设和法治工作队伍建设两个基点，破解体制机制改革和编制经费紧缺两个难点，不仅极大地提升了司法行政机关的社会影响力和公信力，为今后各项事业的改革发展奠定了坚实的基础，注入了强大的精神动力，而且为全区经济社会发展营造良好法治环境作出了积极贡献。

（一）维护监所安全稳定实现新突破

监狱戒毒场所管理机制进一步完善，监管安全责任不断夯实，罪犯、戒毒人员教育矫治效果明显，监狱和戒毒场所实现持续安全稳定。完善

作者简介　崔新民，宁夏回族自治区司法厅办公室主任；张弼超，宁夏回族自治区司法厅办公室副主任科员。

"一日一议一整改"狱所情排查分析制度，建立专业化应急指挥与谈判专业队伍，成功侦破一起罪犯预谋劫持警察实施脱逃案件，维护了正常监管改造秩序。坚持"5+1+1"教育改造模式，充分利用电教化载体，灵活开展教育教学工作。共对623名即将刑满释放的罪犯进行职业技能培训，有763名罪犯参加脱盲教育和小学学历教育。大力开展社会帮教工作，共邀请3200人次罪犯亲属、社会爱心人士和近170名律师走进监狱对罪犯进行帮教，社会各界向罪犯捐赠图书等物资50余万元，同时对214名特困罪犯家庭进行精准帮扶，进一步稳定了罪犯改造情绪。不断完善戒毒人员三级疾病防控机制，强化患传染病戒毒人员的隔离管理和病情监控；建立医疗快速反应机制，打通医疗"绿色通道"，确保每一名患病戒毒人员得到及时有效的医疗救治。深入开展戒毒人员心理咨询、心理干预、情绪疏导和团体心理矫治等工作，在所人员接受心理健康教育达100%。按照自治区党委政法委部署，大力开展吸毒人员管控大收戒专项行动。通过加强吸毒人员教育戒治、戒毒康复、技能培训等工作，着力提高场所收治能力，全面落实"应收尽收"工作要求。启动安全生产二级达标创建工作，开展安全生产月、安全生产万里行等专项活动，加大隐患排查整治力度，全年无安全生产事故发生。

（二）法律服务经济社会发展效益得到新体现

积极推动公职律师事业发展，截至2016年10月，宁夏共有公职律师办公室16家，比去年同期增长167%。律师法律服务向公益事业、涉法涉诉信访及扶贫开发领域拓展，律师执业权利保障机制不断完善。截至2016年10月，全区律师代理各类诉讼案件近2万件，咨询和代写法律文书3万余件；公证机构共办理各类公证7万余件，司法鉴定机构接受委托鉴定案件0.7万件。大力推进公共法律服务体系建设，印发《宁夏司法厅关于推进公共法律服务体系建设的实施意见》，明确全区公共法律服务体系建设的基本目标、主要任务，并在2015年试点的基础上，全面推进县区、乡镇、村居三级公共法律服务平台建设，促进公共法律服务网络向城市社区、农村基层延伸和覆盖。围绕自治区提前两年完成脱贫攻坚任务的要求，充分发挥法律服务的积极作用，为各级党委政府制定实施脱贫政策措施、预防脱贫开发中的法律风险等提供法律咨询和服务，着力为贫困地区基础设施建设、民生工程建设、脱贫项目建设、退耕还林还草、生态综合补偿等进行专项法律服务。按照自治区政法委关于平安宁夏建设任务分工，首次引入第三方评价机制，组织开展全区司法鉴定行业开展履行社会责任评价工作。在五市及有条件的县（区）依托当地社会司法鉴定机构建立家庭暴力损伤鉴定中心，为社会弱势群体保护合法权益提供帮助。以"浓情十月，公证敬老"为主题，开展"公证敬老服务月"活动，体现公证行业奉献爱心、回馈社会的公益价值。平稳安全顺利有效地组织实施了2016年宁夏国家司法考试，实现了"零差错"。2016年宁夏国家司法考试报名人数、参考人数均为历年最高。

（三）法治宣传教育工作迈出新步伐

"六五"普法规划全面完成，"七五"普法高效启动；"法律八进"活动将法律知识普及到各行各业、田间地头，法治文艺创作和展演蓬勃发展；推行"法治城市、法治县（市、区）、依法治理示范单位"以及全国"民主法治示范村（社区）"创建工作社会满意度测评，成为依法治理工作的一大亮点。5月27日，自治区第十一届人民代表大会常务委员会第二十四次会议审议通过了《关于深入开展第七个五年法治宣传教育的决议》；9月7日，全区"六五"普法总结表彰暨"七五"普法动员大会圆满召开，新一轮普法全面启动。继续在全区范围内面向基层评选表彰100名"守法好公民"；部署开展全区"守法好公民"事迹巡回报告活动，大力营造"评赞学做"守法人的浓厚氛围；部署开展全区法治文艺创作和巡演活动，推动全区法治文化的繁荣发展；部署开展"依法维护权益，合法表达诉求"法治宣传教育主题实践活动，全区有620余家单位、2500余名工作人员深入广场、公园、农贸市场等人员集中区发放法律宣传资料30余万份，受教育群众近30万人。健全完善各项法治宣传教育制度，起草了《关于完善国家工作人员学法用法制度的实施意见》《宁夏回族自治区关于全面落实普法责任制的实施意见》等制度。加强司法行政新闻宣传工作，建立健全季度新闻通气会制度和新闻线索互通机制。截至10月份，宁夏法治网累计发布新闻稿近2万条，总访问量超过20万人次，宁夏法治微信公众平台关注人数近 4 万人，在法制日报等新闻媒体刊发专版、专栏 37 个，各类稿件 1000 余篇。

（四）法律援助服务保障民生取得新成绩

进一步扩大法律援助范围，将侵害劳动者、移民合法权益、侵害婚姻关系解除等九种情况纳入经济困难人群申请法律援助范围；将 70 岁以上以及患有重大疾病的人员和军人军属、烈士、病故军人的遗属等四类情形的法律援助申请免于经济状况审查。每季度定期开展案件评查，严格评查程序，着力提高案件质量；截至 2016 年 10 月，全区各级法律援助机构共办理法律援助为民办实事诉讼案件 7118 件，完成全年 4000 件目标任务的 178%；各级人民调解组织共化解疑难复杂矛盾纠纷 6550 件，完成全年 5000 件目标任务的 131%。按照案件补贴标准每 2 年上浮 20% 的规定，将法律援助案件补贴标准调整为：三类案件 500 元，二类案件 1000 元，一类案件 1300 元。积极发挥 "12348" 法律咨询专线功能，截至 10 月份，共接听咨询电话 14721 个，群众满意度达 98.5%。加强全区法律援助窗口标准化建设，宁夏 27 家法律援助机构已全部建成便民服务窗口，其中，25 家已达到规范化标准建设，占全区法律援助窗口总数的 92.59%。开展法律援助服务精准扶贫工作，将全区建档立卡人员纳入精准扶贫对象，简化受援程序，摸清困难群体需求，延伸援助触角，有力帮助贫困地区脱贫。

（五）人民调解化解矛盾纠纷取得新成效

印发《关于进一步加强新时期人民调解工作的意见》，对加强乡镇村居、城市社区、企事业单位、行业性、专业性人民调解组织建设提出了具体要求。宁夏共有各类人民调解组织 3296 个，其中乡镇（街道）、村居（社区）人民调解组织实现全覆盖，人民调解员 17234 名。加强人民调解组织规范化建设，出台《宁夏人民调解委员会规范化建设标准》，起草《宁夏人民调解员等级评定办法》，严格人民调解文书格式，规范人民调解流程。大力开展矛盾纠纷排查化解活动，截至 10 月份，全区各级人民调解组织共化解矛盾纠纷 12011 件，成功率 96.69%；排查纠纷 4845 次，预防纠纷 1408 件；防止群体性上访 95 件 1251 人。拓展人民调解工作领域，建立驻公安派出所人民调解室 15 个、驻法院（庭）调解室 25 个；建立道路交通损害赔偿调委会 25 个、医疗纠纷调委会 19 个、劳动争议调委会 7 个。指导各市县区开展 2016 年星级司法所创建工作，并对 2015 年命名的 36 个五星级司法所进行"回头看"，重点督查其模范、示范作用发挥情况，进一步巩固提高我区司法所规范化水平。

（六）两类人员教育管理推出新举措

社区矫正规范化水平全面提升，实现零脱管、零漏管目标，刑释人员衔接率达到 100%、重点人员接送率达到 100%、帮教率达到 96.5%，重新违法犯罪率控制在 3%以下；人民调解"四张网络"建设初显成效，85%的司法所通过星级创建考评，对规范基层司法行政工作发挥了突出作用。联合自治区检察院、公安厅先后两次进行社区服刑人员再犯罪督查，并予以情况通报；同时组织开展相关课题研究，着力提升社区矫正教育管理质量。着力强化与公安机关和各监狱的信息衔接及其反馈信息再核实，信息核查成功率和信息核实率始终保持在全国前 5 名；扎实开展重点帮教对象衔接管控工作，衔接率 100%。指导贺兰县、惠农区和彭阳县刑满释放人员过渡性安置帮教基地建设，健全完善功能定位，明确基地建设与社区矫正中心一体化建设方向。联合自治区民政厅、财政厅和人力资源社会保障厅出台《关于通过政府购买社会工作服务建立社区矫正社会工作者队伍的意见》；起草《关于加强社区矫正机构队伍建设的意见》，并协调将自治区编办、总工会、团委、妇联、信息化建设办公室等列入自治区社区矫正工作协调小组成员单位，为进一步沟通解决社区矫正机构队伍等问题提供了机制保障。主动适应与国家电子政务外网互联互通和自治区政法各部门信息共享需求，升级社区矫正手机定位系统。加强顶层设计，积极谋划自治区司法厅社区矫正信息指挥中心建设，研究制定《宁夏回族自治区社区矫正信息化建设三年规划（2016—2018 年)》。

（七）法学教育教学改革迈上新台阶

坚持系部、专业、实验室和课堂"四个开放"，与外省司法警察类院校、自治区有关单位深度合作，广泛开展教学交流，积极推进教学资源库建设。建立完善职称评审、学生管理、教学科研管理与考核办法等制度机制，充分调动了教师参与教学改革、提高教学质量的积极性。充分发挥教学法庭、交通管理实验室、刑事视频侦察等实验实训室的作用，加强数字化课程、专业教学资源库和"网络空间人人通"等信息化教学资源建设，着力提高教学水平。积极推进课题研究，组织申报高校科研项目6项，申报宁夏法学会课题3项，申报全区司法行政系统"一带一路"专项课题8项。高质量举办了第四届"经典诵读"活动和第三届"读书文化月"活动，组织师生观看歌剧《张骞》，校园文化氛围日益浓厚。

（八）司法行政队伍建设呈现新面貌

深入开展"两学一做"学习教育工作，向全系统副处级以上干部编发了"两学一做"学习活动页，做法被区直机关工委在全区推广；创建"两学一做"生态微信群，将全系统185个党支部连接，覆盖2800名党员，不断传播"两学一做"正能量；举办司法厅"两学一做"学习教育暨基层服务型党组织建设培训班，全员培训全系统205名支部书记和部分党务干部，得到区直机关工委高度肯定。大力开展干部教育培训，先后举办20个培训班，共培训干部1000余人次；选派19名处级以上领导干部到中央党校、井冈山干部学院等地学习；选派10名副处级以上领导干部到北京市司法行政系统挂职锻炼。持续推进基层服务型党组织建设，下发《关于进一步做好基层服务型党组织评星定级工作的通知》，指导做好各级党组织的评星定级工作。根据《党政领导干部选拔任用条例》，选拔任用交流65名处级干部。积极配合自治区人力资源社会保障厅，做好24名公务员和2016年度基层政法干警定向招录工作。深入开展服务型窗口建设专项行动。在2015年筛查剖析整改司法行政机关最差窗口单位的基础上，制定服务型窗口建设标准，以"较好、一般、最差"对窗口单位逐个进行分类，确保专项行动取得实效。

二、宁夏司法行政工作面临的形势分析

当前，在空前开放的环境下，经贸活动与文化渗透相伴、发展机遇与安全风险并存，境内外敌对势力利用各种机会、借口、渠道向宁夏的渗透破坏活动必然会不断加剧。随着国家经济发展进入新常态，涉及民生问题的社会矛盾增多，社会开放性、流动性增强，影响社会稳定的不利因素增

多，因拆迁安置、劳资纠纷、债务纠纷等引发的群体性事件高发，社会对法律服务的需求更为迫切，化解社会各类矛盾的任务更加艰巨。要适应这些新变化，司法行政工作必须进一步强化法治理念和法治思维，树立更加积极主动的进取精神，不断提升法律服务的质量和水平，积极有序推进司法行政各项改革，扎实履行在维护社会稳定中承担的职责，这应成为当前司法行政工作面临的新形势。

随着自治区"十三五"规划和"七五"普法规划的全面实施，以及扶贫攻坚战略的深入推进，全面深入推进司法行政工作有着难得的机遇。一是特殊的职能优势为深入推进工作创造了条件。司法行政机关担负着大量的基础性工作职能。监狱戒毒、社区矫正等工作在维护社会稳定中发挥的作用日益显著，人民调解、法律援助、律师公证、司法鉴定管理等工作的社会需求不断增加，日益为广大群众所期盼。这些职能作用，虽然不会显现出立竿见影的效果，但却如春雨润物一样，会逐渐显现出在维护社会和谐稳定中不可或缺的基础性作用。二是良好的发展环境为深入推进工作提供了的空间。从经济发展环境看，国家"一带一路"等重大战略的调整，自治区构建"一主三副""两轴两带"发展新格局，实施扶贫攻坚战略，打造"三环九联""五纵五横"交通网等以及由此孕育的新业态、新技术、新商业、新模式，为司法行政工作发挥作用提供了平台。从中央和自治区重大决策看，党的十八届三中、四中、五中全会做出的重大部署，许多内容涉及司法行政工作事关根本、事关全局、事关长远的重大事宜，为深层次解决司法行政工作长期以来存在的体制机制、工作保障、队伍建设等方面的问题指明了方向，为司法行政工作提供了根本遵循。三是不断壮大的队伍为深入推进工作提供了支撑。随着司法行政事业的不断发展，宁夏司法行政队伍也逐步壮大。目前，全区各级司法行政机关干部、监狱戒毒人民警察、法律职业教育工作者以及律师公证、人民调解、法律援助、社区矫正、司法鉴定等行业从业人员共计2万余人。这样一支庞大的队伍，是进一步做好工作的强大的力量源泉。

在看到有利条件的同时，司法行政工作面临的形势与任务更加复杂。一是随着我国改革进入深水区、发展进入转型期，利益格局深刻调整，社会矛盾多样多发，化解社会矛盾纠纷的任务更加繁重。二是宁夏监狱押犯不断上升，戒毒场所收治人数大幅增加，服刑和戒毒人员构成日趋复杂，使我们在基础设施、经费保障、机构人员、教育改造等方面的困难进一步加大，监狱戒毒工作形势依然严峻复杂，监所安全稳定面临新的挑战。三是普法依法治理责任机制还不健全，律师权益保障措施还需进一步加强，基层司法所力量不足，司法鉴定工作有待进一步规范，社区矫正工作还面临法律制度不完善、机构队伍不健全等诸多困难。四是司法行政各级领导干部运用法治思维和法治方式推进工作的自觉意识还不强；监狱戒毒干警长期在相对封闭的环境工作，任务重、压力大，持续的身心紧张状态容易出现思想麻痹和工作疏漏；律师等法律服务队伍发展不平衡、人员不稳定，监督管理有待进一步加强；部分干警和法律服务工作者执法执业能力和水平还不高，职业素养有待进一步加强。

三、宁夏司法行政工作存在的问题

一是依法治区工作推进机制需进一步完善。"谁执法谁普法、谁管理谁普法"的责任制落实还不到位，相应的考评机制需进一步健全。全区各级依法治区协调小组办公室既不是单设机构，也没有相应的职级和专职人员，不利于全区普法依法治理组织、协调、指导、检查等职能的有效发挥。普法依法治理工作未纳入自治区政府效能考核，不利于此项工作的有效推进。

二是法律援助和人民调解组织机构有待进一步健全。目前宁夏各法律援助机构大部分为行政编，部分为事业编，27家法律援助机构在编人员约60名，其他人员多为聘用或"三支一扶""西部志愿者活动""大学生实习"等形式的人员，流动性较大，制约了法律援助工作深入开展。全区人民调解员大部分是乡镇、村（居）委工作人员，他们身兼多职，无法专注于人民调解工作。

三是社区矫正机构和队伍不健全。目前，除司法厅机关和五市司法局成立了社区矫正管理机构外，各县（市、区）普遍存在着无专门工作机构、无专职工作队伍、无业务经费保障等突出问题，影响了社区矫正工作的有效开展。

四、对推进宁夏司法行政工作的对策建议

一要不断强化监狱戒毒管理工作。进一步健全完善防控、排查、应急处置、领导责任和研判五项工作机制，逐步深入推进"分管、分押、分教"管理机制，巩固和完善"331"戒毒管理模式，确保全区监所持续安全稳定。健全完善执法办案责任制，全面推行监狱执法活动信息化管理，确保各个执法环节做到依法依规、公平公正。加强监所安全生产管理，切实落实安全生产各项制度规章，积极开展消防应急预案演练，确保不发生安全生产事故。

二要着力推进公共法律服务平台建设。健全法律服务网络，积极推进市县法律服务中心、法律援助中心、安置帮教中心等实体平台建设，拓展和延伸乡镇（街道）、村（社区）法律服务站点，提高法律服务网络覆盖率。主动服务和保障宁夏经济发展，通过组建法律服务团、开展专项法律服务等措施，为宁夏化解产能过剩、贸易投资合作、防范金融风险、化解各类债务、重大项目建设等提供法律服务。大力拓展民生领域法律服务，推动基层法律服务向偏远地区延伸、向急需法律服务的区域延伸。深入推进律师进信访工作，推进法律专业力量参与党政机关决策论证，促进党政机关依法办事。

三要积极为脱贫攻坚提供精准法律服务。围绕自治区脱贫攻坚目标要求，充分发挥公职律师、政府法律顾问的作用，为各级党委、政府制定实施脱贫政策措施、预防脱贫开发中的法律风险等提供法律咨询和服务。积极调动法律服务资源，着力为贫困地区基础设施建设、民生工程建设、脱贫项目建设、退耕还林还草、生态综合补偿等进行专项法律服务。加大对贫困地区法律援助支持力度，着力解决南部山区律师资源配备不足问题。壮大法律援助队伍，加大政府购买服务力度，通过设立公益岗位、招聘法律专业人员、招募志愿者等形式，解决宁夏法律援助力量不足的问题。

四要创新普法形式，深入推进法治宣传教育。认真贯彻落实《关于在全区公民中开展第七个五年法治宣传教育深入推进依法治区进程的实施意

见》，大力开展"七五"普法，通过对不同普法对象的法治宣传教育，进一步提升各级领导干部法治思维、执法水平和全民尊法守法用法意识。落实《"法律八进"建设标准》，按照建设标准在全区打造"法律八进"不同类型的示范点。抓好宁夏"守法好公民"评选表彰、"12·4"国家宪法日系列宣传等活动，营造浓厚的法治宣传氛围。着力健全普法教育责任机制，出台《宁夏回族自治区全面落实普法责任实施意见》，积极推动落实普法责任制，厘清普法责任清单，健全考核评价机制，调动各方面积极性和主动性，构建全社会广泛参与的"大普法"教育机制。

五要全力做好教育矫治和矛盾化解工作。认真贯彻《宁夏回族自治区关于全面推进社区矫正工作的意见》，全面推进社区矫正规范化建设。认真总结政府购买社区矫正服务壮大社区矫正队伍试点工作经验，逐步在全区推广实行。继续抓好刑释人员过渡性安置帮教基地建设，严格落实刑释人员出监必送必接制度，最大限度减少不稳定因素。大力加强人民调解工作，积极推进人民调解工作向矛盾纠纷易发多发的行业、专业领域延伸，聚焦劳资、医疗、环保等重点领域加强矛盾纠纷调处化解，预防和减少经济民生领域风险演变为社会风险。

六要大力加强司法行政队伍建设。认真贯彻落实新颁布的《干部教育培训工作条例》，把"两学一做"学习教育贯穿于干部教育培训全过程。大力推进服务型党组织星级创建工作，促进司法行政系统基层服务型党组织建设工作再上新台阶。加快构建社会律师、公职律师、公司律师优势互补、结构合理的律师队伍，大力发展公证员、基层法律服务工作者、人民调解员队伍。抓好《中国共产党廉洁自律准则》《中国共产党纪律处分条例》的学习贯彻，深入推进党风廉政建设，持之以恒纠正"四风"，健全监督制约机制，做到用制度管权管事管人。

2016年宁夏社会治安综合治理工作报告

刘 敏

2016年，在中央和自治区党委、政府的坚强领导下，宁夏各级综治组织主动适应新形势、新变化，以提高人民群众安全感和满意度为目标，把防控风险、服务发展摆在更加突出位置，下大力气破解难题、补齐短板，不断推进理念思路、方式手段、体制机制创新，狠抓平安建设的专项治理和源头治理、系统治理、综合治理、依法治理，不断强化综治基层基础建设，健全完善矛盾纠纷多元化解机制，加强社会治安立体防控体系建设，有力维护了全区政治稳定、民族团结、宗教和顺、社会治安平稳的良好局面，保障和促进了全区经济社会快速健康发展。宁夏公众安全感调查得分自2010年以来一直保持在90分以上，2015年宁夏公众安全感调查平均得分93.39分，同比提高了2.06个百分点。

一、宁夏社会治安综合治理工作取得明显成效

宁夏紧紧围绕影响社会稳定和群众安全感的突出问题，根据自治区重大项目工作"6+4"机制要求，以7项年度重点工作和13项深化任务为抓手，全力推进社会治安综合治理取得实效。

作者简介 刘敏，宁夏回族自治区党委政法委综治协调室副主任。

（一）强化顶层设计，平安宁夏建设开创新路径

在继续推进落实自治区党办、政办《关于进一步深化平安宁夏建设的实施意见》和《关于健全完善社会治安防控体系进一步深化平安宁夏建设的意见》的基础上，下发《2016年深化平安宁夏建设工作要点》，在全区部署开展矛盾问题排查化解专项行动、加强命案防控、预防和依法打击"两抢一盗"犯罪、开展工程建设领域突出问题专项整治、开展清理拖欠职工（农民工）工资突出问题专项整治等7项重点工作，明确了13项需要进一步深化的工作。强力推进社会治安防控体系建设，进一步确定基层社会治安防控、矛盾纠纷多元化解、实有人口服务管理、公共安全领域综合治理等4个体系的20项重点工作任务，连同自治区61号文件确定的共76项工作任务，实行项目化运作，督办式推进，指标式量化，确保工作进度和实际效果。自治区制定平安建设四项约束性指标和主要考核指标，对突破约束性指标和三类地区排名末位的县（市、区）实行重点管理，强化了各级党政领导抓平安建设的责任。2016年，自治区领导对4个被重点管理县（市、区）的党政主要负责人进行集体约谈，督促落实整改措施。自治区把平安建设工作纳入对市县和自治区部门的效能目标管理考核，加大考评权重，确保平安建设重点任务的落实。完善社会稳定风险评估机制，各项重大决策实施前，先进行社会稳定风险评估，做好各类风险防控，对稳定风险高的决策项目，不盲目实施。

（二）坚持矛盾纠纷源头治理，社会持续和谐稳定

坚持把矛盾纠纷排查化解作为强化社会治理、深化平安建设、维护社会和谐稳定的重要内容，与年度工作同部署、同推进、同检查，扎实开展矛盾问题排查化解专项行动，对征地补偿、拆迁建设、家庭婚姻、民间借贷等领域矛盾问题，进行全面系统排查，多措并举化解，实行周调度、月督导、季考评，推动排查化解责任落实。2016年1—10月，排查出的矛盾纠纷化解率达96.7%。建立健全矛盾纠纷排查化解长效机制，出台《宁夏回族自治区矛盾纠纷排查化解办法（试行）》，明确了各级党委、政府、综治办（中心）、各部门（单位）、村（社区）在矛盾纠纷排查化解中的职责，规范矛盾纠纷排查化解工作程序、奖惩办法等。建成网上矛盾纠纷排查化解信息系统，实现矛盾纠纷排查、化解、统计、督办、反馈等工作程序可查询、可追溯、可跟踪、可评价。全区各地探索创新多元化纠纷解决模式，青铜峡市法院的"庭、站、点、员"四位一体调解机制、盐池县的"法官村官双助理"联动联调机制、同心县的宗教人士参与矛盾纠纷化解机制等做法，将矛盾纠纷排查化解工作向区域性、行业性和社会各领域延伸。着力排查化解信访积案，运用法治思维和法治方式推动疑难重点信访问题化解，出台《信访工作规范化管理办法》《信访责任追究暂行办法》《信访积案化解暂行规定》等规范性文件，对信访积案的界定、报送、审核、责任等环节做出明确规定。对全区梳理确定的219件信访积案逐件落实领导联系督办、包案化解机制，对10余件跨省、跨市的信访问题进行分析研判、明确责任、推动解决。

（三）创新立体化治安防控体系，社会管控能力明显增强

加快智慧警务建设，公安云计算平台、大数据资源服务平台、警务综合应用平台建成并投入使用，研发"云搜索"等深度应用工具，全区公安信息化整体框架基本成型。充分依托自治区人口基础信息共享库，全面整合内外部信息资源，数据总量达到17.7亿条。成立区、市、县三级公安机关情报工作委员会和综合情报研判队伍，建成全区智能化指挥调度平台，三级公安机关292名指挥长及相应配套保障措施全部落实到位。推行"一村一社区一民警"模式的城乡社区警务战略，全区已建成455个社区（农村）警务室，35个"社区警务示范岗"，配备城乡社区专职民警747人，占派出所民警数的37.1%，初步实现社区警务全覆盖。全力实施寄递物流行业三个100%制度落实，建成加油站实名登记信息系统及危险物品流向监控制度，研发推广散装汽油申购手机APP软件。制定出台《公共交通反恐怖防范标准》，为全区公交车配备3611名专兼职安全员，在城市公交车全部安装视频监控探头。全力推进"雪亮工程"建设，以中央综治办把银川、吴忠两市作为示范城市开展"雪亮工程"建设为契机，加快建设自治区级应用平台，积极申报石嘴山、固原、中卫三市纳入2017年国家重点城市建设。全区累计投资6.35亿元，在重点部位安装14200个视频监控头、1266处电子卡口，引导社会单位、行业场所安装22234个视频监控头，基本实现重点部位和公共场所"天眼"全覆盖。

(四) 加大违法犯罪打击力度，社会治安秩序持续向好

一是进一步加强命案防控工作。自治区部署开展"攻命案，除黑恶，破小案，反诈骗"四大战役，依托合成作战、同步上案机制，持续保持凌厉攻势。对 50 个社会治安重点地区进行挂牌整治，强化重点区域、重点时段的治安巡逻防范，对可防性命案、突发性强的命案、已发生的命案，把工作往前做、往细做，加大侦破力度，稳控命案发生率。2016 年 1—10 月，全区命案发生数同比下降 11.3%，命案破案率 98.6%。各类刑事案件破案数、抓获犯罪嫌疑人数、刑事起诉人数同比分别上升 19.3%、12.3%、9.6%。二是加大"两抢一盗"犯罪打击力度。全区部署开展打击"两抢一盗"专项行动，加大对歌舞娱乐、洗浴按摩、酒吧网吧、中小旅店等重点场所的清查管控力度，加强智能图控、智能交通建设，完善重点地区、重点时段联勤联防机制。2016 年 1—10 月，全区八类主要刑事案件同比下降 32.2%，抢劫抢夺等案件同比下降 51.3%。在全国打击"盗抢骗"专项行动中，百名民警破案数和破获系列案件数，分别排名全国第 1 位和第 4 位，银川市破案率排名全国省会城市第 1 位。全面部署开展了缉枪治爆、"利剑""断链""清水蓝天"等一系列治安重点整治专项行动，在全国率先实现清零目标，各类突出治安问题得到有效遏制。三是加大非法集资犯罪打击力度。自治区将 2016 年确定为"防范和打击非法集资专项排查整治年"，区、市、县（区）均成立了预防和打击非法集资领导小组及办公室，配备专兼职力量，形成了"条块结合，上下衔接，横向到边，纵向到底"的工作网络。制定了《宁夏回族自治区应对非法集资专项应急预案》和《宁夏回族自治区打击和处理非法集资工作操作流程》，明确各级政府和行业主（监）管部门责任，加强协作配合工作机制。对 P2P 网络借贷平台等六大重点领域进行了全面排查，对非法集资做到早发现、早预警、早处置，破获一批非法集资案件，抓获一批犯罪嫌疑人，为群众挽回一批经济损失。

(五) 集中整治突出问题，人民群众安全感不断提升

一是整治工程建设领域突出问题。自治区住建厅联合发改委、财政厅等六部门开展"建设领域突出问题专项整治年"活动，确定转包挂靠、违

法分包、违反劳动法规定等七个方面的重点整治内容，明确年内实现建设项目履行基本建设程序、交付使用项目竣工验收备案率和按时结算率、政府投资项目工程款按合同约定支付率、农民工工资保证金收缴率和工资支付率"六个100%"目标。全面排查突出问题，建立问题台账，制定整改措施，督促整改落实，逐步规范征地拆迁、工程项目建设和劳动用工。对全区专项整治工作进行督导检查，抽查各市、县（区）在建项目441个，下发整改通知书31份、停工通知书32份、执法建议书35份。二是整治拖欠职工（农民工）工资突出问题。制定出台《全面治理拖欠农民工工资问题的意见》，从农民工工资支付主体责任、严格劳动用工管理、完善工作机制等方面对企业工资支付行为予以规范，将16项主要任务分解细化，提出49条落实措施，受到国家人社部通报表扬。截至10月底，全区工程建筑领域农民工工资保证金收缴率、劳动合同签订率分别达到95%、92%，比去年全年提高44%、72%。办理农民工工资银行卡7.43万张，发放率达76%。实名制管理率和分账管理率分别达到93%和77%，保障农民工工资支付的主要监控指标均比往年有较大幅度提高，因欠薪问题引发的群体性事件和越级上访事件明显下降。三是整治征地拆迁和房屋征收突出问题。围绕2014年、2015年两个年度共499宗、8.53万亩集体土地征收项目（征地补偿费2.34亿元）和329个、43340户国有土地房屋征收项目（669万平方米），逐项目、逐户数、逐面积抓实抓好突出问题专项整治，针对存在的问题，逐一下发整改通知书，督促制定整改方案。出台《自治区从土地出让收益等途径计提被征地农民养老保险专项资金管理暂行办法》，要求各市、县（区）从土地出让收益中按照不低于15%的比例安排被征地农民养老保险专项资金。

（六）加强重点人群服务管理，齐抓共管合力不断增强

一是加强流动人口服务管理。各地从出租房屋管理入手，通过办理居住证、派出所或社区与出租人签订出租房治安管理责任书、社区网格员入户走访等方式，摸清流动人口底数，加强服务管理。建设完成宁夏流动人口综合信息服务管理平台并上线试运行，开设"流动人口之家""流动人口服务超市""流动人口廉租公寓"等便民服务网点。全区建成社区流动

人口综合服务站 410 个，配备协管员 2000 余名，建立健全与居住年限挂钩的公共服务配套保障机制，提高居住证的含金量。二是加强严重精神障碍患者管控和救治救助。自治区综治办会同民政、公安、财政、卫生计生等部门联合出台《落实严重精神障碍患者监护责任及补贴管理暂行办法》，实施以奖代补政策，引导监护人落实监护责任，进一步完善严重精神障碍患者救治救助保障体系，从源头上预防和减少精神障碍患者肇事肇祸案事件发生。三是强化吸毒人员管控。以"大收戒"为有力抓手，采取任务指标量化考核、工作情况每月通报、后进县区专项督导等硬性措施，实现吸毒人员应收尽收和病残吸毒人员全面收戒。在国家禁毒委首次开展的综合考评中位列第 8 名，跨入全国前列，特别是吸毒人员管理和戒毒康复等单项工作领跑全国，实现历史性突破。四是加强闲散青少年关爱帮扶。共青团等群团组织切实加强闲散青少年关爱帮扶，结合"青春护航"行动，探索通过社会化运作和政府购买服务方式，实行"一对一"关爱帮扶，提供就学就业、心理辅导、行为矫正和素质拓展等服务。

（七）夯实基层基础工作，社会治理实效不断提升

各地围绕脱贫攻坚，以"两学一做"学习教育为契机，加大对基层党员、党支部书记的教育培训，促进了农村基层党组织和农村基层自治工作规范化。把星级基层服务型党组织创建活动作为加强农村基层党建工作的重要内容，以"16+X"服务项目为载体，主动把服务融入农村基层党建工作中，实现基层党组织、公共服务组织全覆盖。城市社区围绕自治区《关于进一步深化和谐社区创建工作的意见》《关于全面推行街道"大工委"和社区"大党委"工作机制的通知》等政策性文件要求，积极创建星级和谐社区，建立准入清单，推行网格化服务管理，加快社区职能转变。各地根据社区具体情况，逐步优化网格设置，普遍按照 300 至 500 户居民的规模划分一个网格。目前，全区 530 个城市社区共划分 3669 个网格，基本实现全覆盖；有网格员 3576 名，大部分由社区党支部书记、居委会主任以外的"两委"成员兼任。各地继续将老旧小区改造纳入民生计划，从基础设施、技防设施方面进行改造升级。对能引入物业公司的积极引入、提供服务，不能实现物业规范化管理的，由社区组织选举业主委员会自治，或由社区代管，基本解决了老旧小区脏乱差和"三不管"等问题。发挥社会组织在社会治理中的作用。在全区9个部门11个行业中广泛开展履行社会责任评价工作，引导各类社会组织履行社会责任，发挥其在形成良好社会风尚、促进社会和谐稳定中的积极作用。

二、宁夏社会治安综合治理中存在的问题

尽管近年来宁夏始终保持社会和谐稳定，但仍然存在一些问题。随着经济发展，城乡结构发生巨大变化，一些城乡结合部、城中村成为社会治安综合治理的薄弱环节；随着互联网及云计算、大数据的发展，传统违法犯罪问题向网上蔓延，网络黄赌毒、盗窃、诈骗、传销等违法犯罪增多，严重影响公共安全；随着生活水平不断改善，人民群众需求越来越多样化，求发展、要公平、想参与愿望增强，对社会治安综合治理工作的需求提高。

一是社会治安综合治理工作进展不平衡。自治区部署的平安建设各项工作任务，是加强社会治安综合治理和社会治安防控体系建设的重点。从推进情况看，各项工作还存在进展不平衡的问题，金融、交通、食品药品、环保、生产安全、互联网等领域公共安全事件时有发生，信息化建设、流动人口服务管理、打击涉众型经济犯罪、治理建设领域存在的突出问题等方面还存在一些短板，需要进一步强化责任，完善机制，推动落实。

二是新常态、新业态下安全形势风险增多。随着经济社会发展步入新常态，宁夏全方位融入"一带一路"、加快开放宁夏建设战略的实施，发展机遇与安全风险并存，一些区域、行业滋生或诱发违法犯罪的消极因素不同程度存在，境内外敌对势力对宁夏进行渗透破坏活动日益突出，特别是当前新疆暴恐势力、宗教极端势力向内地渗透蔓延趋势更加明显。一些企业经营状况不佳，面临破产，由此引发的债务、工资拖欠等问题日益增多，直接涉及到各类群体的切身利益，也会引发不安定因素。

三是社会治理工作的信息化程度还不高。宁夏在信息化建设方面还比较落后，基础综合服务管理平台建设不到位，社会治理中有限的信息资源利用率还不高，资源整合不到位，信息不能共享，信息数据分析研判滞后，地区和部门之间各自为阵、重复建设问题还比较突出。

四是矛盾纠纷多元化解机制落实还不到位。一些基层组织对矛盾纠纷的排查不及时，化解责任不落实，一些倾向性、苗头性的矛盾纠纷和隐患难以发现解决在初始状态。人民调解、行政调解、司法调解衔接联动不到位，一些职能部门尽责不到位，不重视本系统内矛盾纠纷化解，有的还引发了一些群体性事件、"民转刑"命案等。

三、对加强宁夏社会治安综合治理的对策建议

一要狠抓矛盾纠纷排查化解办法的贯彻实施。2016 年 4 月，自治区党委、政府印发了《宁夏回族自治区矛盾纠纷排查化解办法（试行）》（宁党办〔2016〕33 号），进一步加强和规范矛盾纠纷排查化解工作。要全力抓好自治区 33 号文件的贯彻落实，把矛盾纠纷排查化解作为维护社会稳定的"牛鼻子"牢牢抓住，建设纵向贯通、横向集成、共享共用、安全可靠的网上矛盾纠纷排查化解信息系统，实现矛盾纠纷排查、化解、统计、督办、反馈等工作程序可查询、可追溯、可跟踪、可评价。要推进县（市、区）、乡镇（街道）、村（社区）综治中心建设，整合综治、信访、公安、司法、法庭等基层维稳力量，搭建化解矛盾问题、维护社会稳定的工作平台。各地各部门要坚持党委领导、政府主导、综治协调，充分发挥各部门（单位）职能作用，充分发挥乡镇（街道）、村（社区）党组织在基层矛盾纠纷化解中的领导核心作用，引导社会各方面力量积极参与，形成排查化解工作合力。要按照"事要解决"的原则，对矛盾问题紧盯不放，化解一个销号一个，直到全部化解。对有可能升级激化的矛盾问题要全力防控，坚决遏制"民转刑""刑转命"案件发生。

二要狠抓平安建设各领域重点工作的推进落实。自治区综治委每年都会根据影响社会治安稳定和人民群众安全感的突出问题，安排部署社会治安综合治理和平安建设重点工作。各地各部门要把贯彻落实自治区确定的重点工作与影响本地区、本行业社会稳定的突出问题有机结合起来，全面抓好贯彻落实，形成一级抓一级、层层抓落实的长效机制。自治区各有关部门要强化牵头抓总和业务指导的作用，按照"谁牵头，谁负责"的要求，重点抓好各自领域的重点工作落实。要坚持以上率下，加大对基层工作的

具体指导、督查督办和考核力度，扎实推动工作，抓好督查，在基层建立工作联系点，指导基层开展工作，培育典型，把"点"上的经验做法创新拓展为"面"上的工作。各级综治组织应加强组织协调、督查督办，认真研究和掌握工作情况，积极主动向党委、政府汇报。加强综合考评，进一步健全完善考评体系，发挥好考核指挥棒的导向作用，推进重点工作取得实效。

三要狠抓社会治安综合治理领导责任制的落实。2016 年初，中办、国办 8 号文件印发了《健全落实社会治安综合治理领导责任制规定》，明确了各级领导班子、领导干部切实担负起维护一方稳定、确保一方平安的重大政治责任。下一步，各地各部门应认真贯彻落实中央 8 号文件精神，严格落实属地管理和谁主管谁负责的原则，积极构建党委领导、政府主导、综治协调、各部门齐抓共管、社会力量积极参与的社会治安综合治理工作格局。各地各部门党政主要领导是第一责任人，分管领导是直接责任人，领导班子其他成员承担分管工作范围内平安建设工作责任。要把平安建设工作列入重要议事日程，定期听取工作汇报，研究解决存在的问题。对平安建设重视不够、落实不力，发生严重影响社会稳定的重大案事件、突破约束性指标的地区，要落实"一案双查"制度有关规定，直至实行社会治安综合治理"一票否决"制，推动平安建设工作取得新成效。

四要狠抓部门协作配合，形成工作合力。平安建设是一项系统工程，工作内容涉及面广，需要多个部门、多个行业相互协作，密切配合才能取得成效。各级综治组织应该充分发挥组织协调的职能作用，对本地的平安建设要科学筹划，统筹协调，研究制订整体规划，加大督查和考核力度，主动协调解决工作中遇到的困难和问题，推进各项工作任务落到实处。各牵头部门要切实履行牵头职责，破除各自为政、单打独斗的壁垒，充分整合各部门的职能优势，找准难点和症结，抓住关键环节，着重解决制约平安建设发展的突出问题，真正形成党政领导、综治协调、各部门齐抓共管、各方参与的平安建设工作格局。

宁夏法治队伍建设报告

金 磊

"奉法者强则国强，奉法者弱则国弱。"法治是国家治理体系和治理能力的重要依托。一个现代化的国家治理体系，本质上就是一个法治体系。党的十八届四中全会提出要"全面推进依法治国，总目标是建设中国特色社会主义法治体系，建设社会主义法治国家"，社会主义法治体系由"完备的法律规范体系、高效的法治实施体系、严密的法治监督体系、有力的法治保障体系、完善的党内法规体系"组成，要建设这样的法治体系，就需要"一支忠于党、忠于国家、忠于人民、忠于法律的社会主义法治工作队伍"来提供强有力的"组织和人才保障"。

一、 宁夏法治队伍建设基本现状

根据十八届四中全会《关于全面推进依法治国若干重大问题的决定》（以下简称《决定》）的表述，法治工作队伍由法治专门队伍和法律服务队伍组成，法治专门队伍包括立法队伍、行政执法队伍和司法队伍，而法律服务队伍则包括律师、法律援助、基层法律服务工作者、人民调解员等队伍。

在全面推进依法治区的进程中，宁夏法治队伍建设有了长足的发展，法治专门队伍正规化、专业化、职业化程度伴随着立法体制完善、司法体

作者简介 金磊，宁夏区委党校副教授。

制改革、行政体制改革得到了极大的提高，法律服务队伍伴随着宁夏经济社会发展中对法律服务需求的不断增长也在不断发展壮大。宁夏的法治队伍建设，在坚定不移走中国特色社会主义法治道路的进程中，结合宁夏区情实践，不断探索创新，因地制宜，取得了符合自身发展条件的良好实绩。

（一）宁夏法治专门队伍正规化、专业化、职业化程度不断提高

1. 宁夏地方立法队伍立法能力得到很大提升。宁夏享有地方立法权的主体是自治区、设区的市各级人大及其常委务会和自治区、设区的市各级人民政府，立法队伍主要由上述机构中从事立法工作的人员组成。良法善治是社会主义法治的目标，良法是善治的前提，高素质的立法队伍是立良法的基本保障。为了进一步提高宁夏立法队伍的整体素质，自治区人大及其常委会一方面加强对各级人大立法人员的专业培训学习，一方面建立了由前届人大法制委组成人员、自治区政府相关执法部门的实践者、大专院校专家和执业律师组成的法律专家咨询委员会，使其成为地方立法队伍的有益补充。新《立法法》修订后，为尽快加强新赋立法权的设区的市的立法队伍建设，宁夏立法机关一方面根据地方立法工作的发展需要，在新赋立法权的地方人大常委会依法设立了法制委员会、法制工作委员会，加强机构人员的正规化建设，同时针对地方立法工作中存在的突出问题，回应设区的市人大对立法事务的需求，从全面推进依法治国、地方立法体制和权限、提高立法质量、法规案修改适用技术、备案审查事务等方面及时举办专题培训，提高立法队伍的专业知识水平。

2. 宁夏政法队伍建设稳步发展。政法队伍主要指人民法官、人民检察官、公安警察和监狱警察组成的队伍，是法治专门队伍中的重要组成。政法机关是"国家机器"的核心部分，因此政法队伍是严格执行法律、保障国家法律实施、维护社会稳定和秩序的主要力量。宁夏各政法机关在政法队伍建设方面的主要特点是稳步发展。

（1）理想信念更加坚定。坚定的理想信念是政法队伍的政治灵魂，政法机关的性质决定了在理想信念上必须有更高标准、更严要求，解决政治思想问题是做好各项政法工作的前提和基础。宁夏各政法机关以加强理想信念教育为主旨，以党的群众路线教育实践、"三严三实"专题教育、

"两学一做"学习教育等专项活动为载体，加强政法干警的党性修养，切实增强政法队伍的政治意识，大局意识，核心意识，看齐意识，努力锻造一支忠诚可靠、执法为民、务实进取、公正廉洁的政法队伍。

（2）法律专业能力进一步增强。政法队伍作为法治专门队伍的重要组成，不但在政治思想上要高标准严要求，在法律专业能力上也要符合更高的标准和要求。宁夏各政法机关非常重视队伍专业素质和能力的提升，结合各自的工作特点和要求，分别制定了《宁夏法院抓基层夯基础强技能执法能力提升工程建设意见》《宁夏检察机关人才队伍建设争中长期规划（2012—2020年)》《宁夏青年检察人才育才工程实施方案》等制度，开展了"司法能力提升工程建设"、检察人才"六项重点工程"等活动，采取专题学习班、法官讲师团、巡回授课等多种形式，举办了针对任职资格、岗位技能、综合知识等各类专项培训。宁夏公安厅还要求全区各级公安机关以不少于5%的比例确定后进人员参加能力素质培训班，以直接点名的形式派出需要提升能力素质的民警参加封闭式集中培训。宁夏政法队伍以"规范化""信息化""司法责任制"建设为重要形式载体，通过外部制度规范的不断完善、信息化平台的公开透明，实现了对政法队伍专业能力提升的"倒逼"作用。

（3）司法队伍职业化建设稳步开启。宁夏作为第二批司法体制改革试点地区，自2016年8月已全面启动司法体制改革。宁夏各级人民法院和人民检察院已全部完成了司法人员分类管理和员额制改革，经过统一报名、资格审查、考试考核、组织考察、党组研究等多项严格程序，在综合考虑法官、检察官办案业务能力、工作业绩、责任担当、廉洁自律等方面内容后，符合条件的司法人员最终由法官、检察官遴选委员会全体会议表决通过进入员额。员额制改革的完成，标志着宁夏司法队伍职业化建设的开启。

3. 行政执法队伍执法素质有了显著提高。在宁夏法治政府建设的逐步推进中，宁夏行政执法队伍的执法能力和水平也有了显著得提高，执法行为更为文明和规范。2016年，自治区政府法制办对全区行政执法证件管理系统的27320名行政执法人员证件信息进行全面清理，确保行政执法队伍专业化的执法能力。同时在《宁夏回族自治区行政程序规定》《宁夏回族自治区重大行政执法决定法制审核办法》以及《宁夏回族自治区行政处罚案卷文书评查标准及细则》等制度的刚性约束下，行政执法队伍的执法行为更加文明、规范。宁夏自治区政府还出台了《宁夏回族自治区政府法律顾问工作规则》，《政府购买法律服务暂行办法》等重要文件，通过建立健全政府法律顾问制度，借助外部专业力量有效促进了政府行政人员行政执法能力的提升。

（二）法律服务队伍不断壮大

随着"四个宁夏"建设的不断推进和深化，宁夏经济社会的巨大发展不仅提高了人民的物质生活水平，同时也激发了人民群众的权利意识和法律服务需求，律师、公证、法律基层服务工作者、人民调解员等法律服务队伍亦随之不断壮大。

1. 宁夏律师队伍发展迅速，党建工作突出。截至 2016 年 6 月 30 日，宁夏共有 119 家律师事务所，其中合伙所 82 家，国资所 7 家，个人所 30 家；共有律师 1834 人，其中社会执业律师 1658 人，法律援助律师 75 人，公职律师、公司律师 101 人。以宁夏全区常住人口 668 万计算，全区每万人口拥有律师 2.74 名，已高于全国每万人口拥有律师 2.16 名的平均水平。全区五个地级市律协（分）会成立了党委（总支），律师事务所 119 家，党组织覆盖率 39.5%。近年来，全区律师行业共培养入党积极分子 70 余人，发展中共党员 30 余名，党的基层组织在律师队伍中得到不断发展壮大。

2. 法律援助队伍专业化水平有了很大提高。宁夏 27 个法援机构 103 人中有 40 人通过司法资格考试，占 38.8%；法律专业 81 人，占 78.6%。每个司法所法援站配备 1 名法律专业人员。此外还成立农民工、青少年等法援站，形成办理此类案件的专门队伍。全区 485 个法援站，还以政府购买方式，补充了 374 名具有法律专业特长的社会工作者帮助工作。2016 年，石嘴山市司法局率先在全区成立石嘴山市志愿服务队伍，标志着全区法律援助志愿服务工作向规范化、专业化迈进。

3. 法律基层服务工作者队伍得到逐步规范。宁夏基层法律服务所共 38 个，从业人员 199 人，其中街道所 16 个 100 人，乡镇所 22 个 99 人。全区各级司法行政机关以落实"四个公开，四个规范"活动为契机，对问题比较多的法律服务所集中进行整改，一方面清理不上班的挂靠人员，另一方面组织培训基层法律服务工作者，并与开展基层法律服务公益性活动结合起来，进一步增强基层法律服务工作者服务辖区群众的责任意识，法律服务种类和行为也得到进一步的规范。

4. 人民调解员队伍呈现专业化发展趋势。宁夏共有人民调解组织 3344 个，人民调解员 20698 名，其中以政府购买形式设置了专业调解员 3000 余名。全区村（居）调委员会共 2718 个，乡镇（街道）调委会 246 个，企（事）业单位调解组织 115 个，已实现基层人民调解组织的全覆盖。在宁夏人民调解员队伍的建设中，在注重人民调解组织"全覆盖"的同时，针对当前社会矛盾类型化明显的特点，注重加强人民调解组织的专业化发展。全区共有区域性、行业性人民调解组织 275 个，其中道路交通损害赔偿调委会 25 个、医疗调委会 14 个，劳动争议调委会 7 个，其他行业专业调委会 183 个。

（三）法治人才培养机制不断创新

宁夏社会科学院、宁夏大学、北方民族大学、宁夏司法警官职业学院、宁夏师范学院、宁夏区委党校等教学研究机构在法治人才培养方面，结合各自发展的优势和特点，不断探索出新的模式和机制。宁夏社科院以实施创新工程和重大现实问题研究锻炼提升法治人才；宁夏大学政法学院在原有的"民族地区政法类应用型人才培养模式创新实验区"建设的基础上，在探索适应司法考试的人才培养模式上取的很大突破；北方民族大学法学院把"民族区域自治法制研究""民族地方社会发展与法制研究"等学科作为重点发展方向，并在银川市中级人民法院、银川市人民检察院建立法学实践教育基地；宁夏司法警官职业学院按照中央和宁夏回族自治区党委的要求，大力加强人才培养模式改革，先后为新疆、内蒙古等八省区培养近千名专业学生；宁夏区委党校围绕提高领导干部法治思维能力，深化教学改革，注重提高领导干部依法化解社会矛盾、维护社会稳定等能力。

2014 年以来，自治区教育厅、自治区政法委联合实施和推进法律人才互聘计划，实现了高校教师和法律事务部门互聘交流，对推动法学教育与法治实践相结合起到了良好的促进作用。

二、宁夏法治队伍建设中存在的问题

宁夏法治队伍建设虽然有了长足的发展，但其中也依然存在很多问题。

（一）法治专业专门队伍中存在的突出问题

1. 立法队伍人员力量不足，专业化程度不高。根据十八届四中全会《决定》和《立法法》的修订，所有设区的市都被赋予了地方立法权，地方立法权在扩充，同时也意味着地方立法工作任务的增加，对地方立法队伍的立法能力和基本素质也提出了更高的要求。虽然，宁夏享有地方立法权的各级人大及其常委会和地方政府，根据地方立法权的扩充需要，增设了相应机构，增加了相应的人员编制，但是从人员结构的基本情况来看，突出的问题是人员不足和专业化程度不高。宁夏自治区人大法制工作委员会中有法律工作经历的专业人员占比为33%。五个设区的市法制工作委员会中有法律工作经历的专业人员占比为69%。从专业人员的占比看，主要承担自治区地方性法规起草任务和对设区的市制定的地方性法规进行审查任务的自治区法制工作委员会的专业人员占比最低，仅为33%。但从五市法制工作委员会总共15人看，又突出存在总体人员数量明显不足的问题。作为主要承担地方政府规章起草和审核任务的政府法制机构，专门机制和人员情况更不乐观，立法力量更为薄弱，立法专业人员缺乏的问题更为突出。

2. 司法队伍人员流失较为严重。2011年至2016年，宁夏法官、检察官流失人数与同期招录人数相比，流失率分别高达71%和61%，流失人员多为中青年骨干。由于宁夏区域间生活质量的差异，司法人员从山区向川区流动较多，由于待遇与行政职级挂钩，上升空间受限，司法人员从司法机关向党政机关流动较多，同时，自治区"两院"还存在着虽然有空编但却招录难的问题。

此外，员额制改革在局部实践中存在"跑偏"现象，被视为是解决职级待遇的一个途径，在有的地方类似纪检组长、办公室主任等非审判、检察人员的领导干部进入了员额，而一些长期工作在一线的骨干法官、检察官反而被排除在员额之外，人为地造成司法骨干力量的流失。这种对司法体制改革政策错误执行的方式，对司法人员队伍的稳定和职业化发展也造成了一定的破坏。

3. 行政执法人员专业素质较低。长期以来，由于行政执法人员准入门槛较低，流动性较大，因此整体法律素质不高。虽然在行政执法人员招录中，行政执法人员是按照行政执法岗位编制来报考录用的，但是录用后的人员，特别是素质好、能力强的，经常会被调整或借调到其他岗位，因此行政执法队伍中专业人员较少。在行政执法资格证的发放过程中，存在行政执法岗编制数与行政执法资格证发放数不符的现象，有的行政部门全体人员都申请了行政执法资格证，因此行政执法资格证的发放数量远多于行政执法岗的编制数。虽然在行政执法资格证发放前，政府法制机构会对申请人员进行考试和任职培训，但是严重存在走形式、走过场问题，有的申请行政执法资格证的人员甚至不识字。

(二) 法律服务队伍中存在的突出问题

1. 律师队伍结构不优，功利性较强，缺乏政治意识。从宁夏律师队伍结构来看，公职律师、公司律师人员不足。全区注册的公职律师办公室仅6家，公司律师事务部仅2家，共计101人。相对于全区日益增长的行政纠纷和经济纠纷，法律专业人员不足，必然影响到政府和企业依法解决行政纠纷和经济纠纷的效率和效益。虽然大部分律师能够坚持法治规则，坚持职业操守，但是由于律师是自由职业者，其收益与案源和胜诉率紧密相关，因此在执业中功利性动机较强，以至于总有部分律师游走于灰色地带，致力于包围法官、拉拢法官等违反律师执业规范的活动。还有的律师对世情、国情、区情不了解、不关心，政治敏锐性差，缺乏政治分辨能力，面对某些社会热点案件时缺乏正确辨析其背后各种复杂因素的能力。

2. 法律援助、基层法律服务工作者和人民调解员队伍的人员数量和素质还需要进一步提高。法律援助队伍人员力量明确不足。据统计，2015年的宁夏法律援助案件中，全区各法援中心注册专门法援律师办理案件仅占案件总数的14.19%，其余大量案件是由律师事务所的律师提供志愿服务来办理的。基层法律服务工作者队伍近年来在逐渐萎缩，而且由于基层法律服务工作者的准入要求较低，基层法律服务工作者队伍整体专业化程度不高。人民调解员队伍中专职调解员人员少，大部分为兼职调解员，其结合法律专业知识进行调解的能力有待提高。

（三）法治人才培养缺少使命感

法学教育是法治人才培养的重要形式和渠道。从目前法学教育的基本情况来看，法学教育存在缺少使命感的问题。在全日制高等院校的法学专业教育中，对在校学生法律逻辑思维训练、法律知识系统学习方面具有较强的优势，但是在对"中国特色社会主义法治"进行分析和解读时，由于长期受西方法治思想话语的影响，缺乏世情、国情和区情的考量，运用马克思主义基本立场、观点和方法进行分析的能力不足，导致在法学教育中"普世价值"的滥用，法学教育缺少立足于中国历史文化传承、中国特色社会主义发展阶段国情的站位，因此也就缺少了致力于中华民族伟大复兴的社会主义法治建设的使命感。

三、 进一步加强宁夏法治队伍建设的对策建议

进一步加强宁夏法治队伍建设，应当以十八届四中全会《决定》和自治区《全面推进依法治区的实施意见》的要求，结合司法体制改革、行政执法体制改革的推进，从以下几个方面着手。

（一）制定法治队伍建设总体规划

在自治区党委的领导下，由政法委主持，从法律职业共同体发展的角度制定关于自治区法治队伍建设的总体规划。第一，应当规范法律职业准入标准，特别是立法和行政执法队伍。第二，推动立法和行政执队伍人员岗位和编制的法定化，确保立法和行政执法队伍的稳定性。第三，对法治专门队伍和法律服务队伍的教育培训做出规划和计划，特别是关于中国特色社会主义法治理论教育，应当成为教育培训的重要内容。第四，确立立法、行政执法、司法、法律服务和法学教育教师队伍的人才交流机制，打通制度阻碍。第五，对于法治专门队伍的人员任职，组织人事部门应当从源头上把关，把具有法律专业背景的人充实到法治队伍中去。第六，加强对法治专门队伍领导干部综合性法治素养考评，避免以单纯任职、晋职时的法律知识考试代替对领导干部法治思维、法治能力的评估考察。

(二) 加强思想政治教育

无论是法治专门队伍，还是法律服务队伍，都必须加强思想政治教育。要正确理解中国法治建设的起点、功能和发展方向，必须加强社会主义法治理论学习，坚持党的领导、人民当家做主和依法治国有机统一的原则，在法律体系建设和执行中贯彻创新、协调、绿色、开放、共享的理念，将法治作为深化改革、推动发展、化解矛盾、维护稳定的基本平台。法治工作队伍中每个人都应当坚定政治立场，特别是法治专门工作队伍，应当始终坚持马克思主义的世界观和方法论，正确认识中国特色社会主义法治建设的国情与特点，要不断增强对中国特色社会主义的道路自信、理论自信、制度自信和文化自信，客观认识西方法律制度的历史局限性，坚决抵制西方错误思潮和错误观点的影响，确保在大是大非问题上头脑十分清醒、立场十分坚定、旗帜十分鲜明。

(三) 进一步加强法治专门队伍建设

1. 提高立法队伍的专业化程度。法律是治国之重器，良法是善治之前提。提高立法队伍的专业化程度、提升立法队伍的立法能力，是制定良法的先决条件。因此，必须高度重视提高立法队伍的专业化问题。首先，应当提高立法队伍的准入标准，进一步增加立法队伍的人员数量。其次，要加强对人大常委会所有成员的法治宣传和教育，从总体上形成法治氛围和树立法治观念。最后，进一步加强立法咨询委员会的建设，通过外部法律专业人士的补充，提高立法队伍的立法能力，并使其在立法各程序阶段都能够充分发挥作用。

2. 严格执行员额制改革。司法人员的员额制改革本意是将司法队伍中的业务骨干和精英集中到审判和检察活动的第一线，配之以相应的职业保障，旨在提高司法效率和质量。但是实践中存在的"跑偏"现象，严重影响了司法队伍的职业化发展和队伍稳定，因此必须予以纠正，确保将司法队伍中的业务骨干和精英留在员额中，并给新入职的年轻司法辅助人员留出上行的空间和机会。

3. 提高行政执法人员职业要求。行政执法涉及到社会管理的方方面面，涉及广大群众具体的权利义务，因此，提高行政执法人员的素质，是依法行政的基本保障，同时也是影响法治社会建设的重要因素。行政执法人员应当能够全面正确理解立法精神，严格执行法律规定，并从善治的角度出发合理行使自由裁量权。要符合这样的要求，就必须结合行政执法体制改革，成立统一的综合执法队伍，提高对行政执法人员的职业要求，开启行政执法队伍职业化建设，统一入职标准，规范管理行政执法资格证的放发与核查，确保行政执法岗位的人员稳定性。

（四）不断壮大法律服务队伍

加强法律服务队伍建设，首先，需要进一步扩大宁夏律师队伍总体人数，优化律师队伍结构，引导和鼓励政府各部门和公司企业不断扩充公职律师和公司律师人员，提高法律风险防范意识，做好法律风险的事前防控；进一步规范律师执业行为，提高律师的政治待遇，创新律师执业导向的激励制度。其次，需要进一步创新法律援助机制，广开"外援"，加大政府采购社会法律服务的力度，充分挥法律志愿者的积极性，根据农村和城市的不同情况，逐步形成政府主导、调动社会力量多方参与的法律援助队伍。再次，要根据城乡法律服务资源供给的差别，进一步发展扩充农村基层法律服务工作者队伍，并且逐步提高基层服法律务工作者专业化程度。最后，逐步提高人民解调员应对新形势下各种矛盾纠纷的能力，通过对社会矛盾纠纷类型化、专业化分解的形式，加强专业调解组织建设，进而提高人民解调队伍的调解能力。

（五）法学教育紧密结合法治实践

加强法学教育，不仅需要系统的社会科学知识积淀，同时还需要审视社会科学知识运用的时空局限性，因此，法学教育应当与具体的社会法治实践紧密结合起来。在法学教育中，不能孤立地就"法"讲"法"，教师应当引导和教育学生将法学与政治学、社会学、经济学等其他学科联系起来，运用马克思主义的基本观点和方法，正确看待法律的属性和功能，正确理解法治的阶段性和地方性特征，从而引导学生坚定中国特色社会主义法治建设的道路和方向。

2016 年宁夏律师业发展报告

徐　宝　王晓兵　赵慧玲

2016 年是宁夏律师业取得长足发展的一年。宁夏律师行业坚持党的领导，坚持正确的政治方向，服务党委、政府的中心工作，服务大局，执业为民，维护和谐稳定，为宁夏经济社会发展做了卓有成效的工作。

一、宁夏律师业发展基本情况

（一）律师事务所、律师数量较大幅度增加

截至 2016 年 6 月底，宁夏共有律师事务所 119 家，其中北京等地区大型律师事务所来宁夏开设分所的有 5 家。规模上，执业律师 100 人以上的律所 1 家，50 人以上的律所 7 家，30 人至 50 人的律所 4 家，其余律所为 30 人以下。类型上，合伙所 82 家，个人所 30 家，国资所 7 家。地域分布上，银川市 58 家，石嘴山市 17 家，吴忠市 17 家，固原市 16 家，中卫市 11 家。

截至 2016 年 6 月底，宁夏共有律师 1830 人，其中社会执业律师 1664 人（专职律师 1584 人，兼职律师 80 人），法律援助律师 84 人，公职律师

作者简介　徐宝，宁夏律师协会行业发展和教育培训委员会主任，宁夏方和圆律师事务所主任；王晓兵，宁夏律师协会行业发展和教育培训委员会委员，宁夏天器律师事务所主任；赵慧玲，宁夏律师协会秘书处工作人员。

61 人，公司律师 21 人。性别构成上，男性律师 1229 人，女性律师 601 人（其中社会执业女性律师 548 人），女性律师占律师总数的 32.8%。地域分布上，银川市 1208 人，石嘴山市 139 人，吴忠市 113 人，中卫市 103 人，固原市 101 人。

2016 年宁夏新申请律师执业人员 402 人，其中银川市 256 人，石嘴山市 27 人，吴忠市 28 人，固原市 27 人，中卫市 21 人，法律助援、公职、公司律师共 43 人。新申请律师执业人员数量比去年增长近 40%。

（二）律师行业法律服务业务量稳中有升

截至 2016 年 6 月 30 日，全区律师行业共担任法律顾问 2020 家（其中担任政府法律顾问 200 家），办理公司并购、证券、破产清算等非诉讼业务（包括调解、仲裁）981 件，刑事辩护 2793 件，代理民事案件 12146 件，代理行政案件 796 件，法律咨询代书 29038 次，法律援助 3202 件，业务收费 12768.5 万元。义务法律咨询服务 6148 次，参加公益法律服务 676 次，参加涉法信访接访值班 1583 次，参加义务法律咨询律师 1771 人，为公益事业捐款 14 万元，为社会提供法律培训 284 次。律师办理诉讼和非诉讼案件比上年同期增长 27%。

（三）党建工作已经全覆盖

截至 2016 年 6 月 30 日，宁夏律师行业共有中共党员 558 名，占全部律师的 30%。律师事务所单独建立党支部 40 个，建立联合党支部 23 个，有 3 名以上正式党员的律师事务所 58 个。实现了律师行业党的组织全部建立、党的工作全部覆盖、党员组织关系全部接转的工作目标。宁夏律师行业通过律师事务所党支部战斗堡垒作用和党员律师模范带头作用的发挥，进而带动了律师队伍政治意识、大局意识以及执业为民意识的整体提升。

1. 党建工作组织建设完善。加强和改进律师行业党建工作，是加强党对律师工作领导的内在要求。2016 年，宁夏律师行业进一步完善党建工作制度，深入开展创先争优活动，党建工作成绩显著。一是建立党建工作责任制，银川、石嘴山、吴忠、中卫、固原市律师协会成立了党委（党总支）后，理顺了律师行业党组织关系。二是建立律师党建与律师业务相结合的考评机制，将党建工作纳入律师事务所年度考核内容，定期检查考核。三是建立党建工作指导机制，建立了指导律师党建工作的实名登记制度、联系会议制度、领导联系点制度和定期通报制度，形成党建工作的强有力抓手。重视培养和发展新党员工作，坚持把党性强、业务精、会管理、善于做群众工作的优秀律师或行政人员推选为律师事务所党组织负责人。

2. 强化了律师队伍的思想建设

建立健全党员律师教育培训机制，把律师党务工作、律师党员教育培训工作纳入自治区司法行政机关干部教育培训计划。加强对律师党务工作者和律师党员的培训，依托自治区党校对律师党员进行培训，举办培训班对律师行业党务工作者、律师党员、律师入党积极分子进行集中培训，使宁夏律师行业党务工作者的业务能力、工作水平和律师党员队伍的整体素质明显提升。

坚持经常性的政治学习，使律师党员思想认识进一步提高，工作作风进一步转变，服务意识进一步增强。以实施"堡垒工程""先锋工程"为抓手，开展党组织"评星晋级"活动，加强"五个好"党组织建设。通过党建活动卓有成效的开展，律师行业的党建工作受到自治区社会组织工委的肯定，其中党建工作突出的律师事务所党支部受到表彰。

二、宁夏律师工作开展情况和取得的成效

（一）律师法律服务业务的开展情况

2016 年，宁夏律师在推动全区经济发展、维护社会和谐稳定、保障和改善民生、加强民主法治建设中取得了显著成绩，受到自治区党委、政府和社会各界的肯定，彰显了行业价值。

1. 树立大局意识，服务经济社会建设。落实司法行政机关提出的法律服务的各项任务，服务精准扶贫、服务生态移民工程、服务宁东与沿黄经济带建设、服务法治政府建设、服务"两区"建设。参与各级政府信访部门涉法涉诉接访值班，参与领导及有关部门接访下访。为维护社会和谐稳定，适应社会创新管理，积极参与预防化解社会矛盾纠纷，减少了不和谐因素，激发了社会活力。

石嘴山市律师积极协助医疗纠纷调解委员会调解医疗纠纷。近年来共

协助医疗纠纷调解委员会成功调解结案 167 件，终止 39 件，涉案标的额 9426 万元，总赔付额 874 万元，调解成功的案件无一例反复。

2. 积极参政议政，服务法治政府建设。律师担任各级政府法律顾问，发挥社会律师、公职律师、公司律师、法律援助律师的专业优势和执业特长，为各级党委、政府及政府职能部门提供法律意见、建议，反映社会舆情，推动依法治区进程。一年多来，宁夏律师共为 200 多个政府部门担任法律顾问、有 5 名优秀律师担任人大代表、25 名律师担任政协委员，以高度的社会责任感积极参政、议政，认真提出议案、建议等。

3. 热心公益事业，勇担社会责任。宁夏律师积极参加当地法律援助中心的值班，办理法律援助案件，维护社会贫困弱势群体的合法权益。一年来，宁夏律师办理各类法律援助案件 3202 件，维护了受援人的合法权益。银川市法律援助中心依托宁夏新中元律师事务所，成立了专门为银川市进城务工人员提供法律援助的公益机构，专业维护农民工合法权益。

宁夏律师不忘回馈社会，积极开展社会捐资助教、扶贫救灾等活动。80 余名青年律师志愿者组成的"律师义工服务队"和宁夏义工联合会一道与自治区残联、自治区妇联等部门联合，多次组织广大律师开展公益活动，展现了宁夏律师热心公益的精神风貌，用实际行动践行了新时代的雷锋精神。宁夏律师协会青年律师和女律师工作委员会积极参与宁夏女子监狱举办的"爱心如虹，爱心永恒，同心筑梦"，"母亲节"社会帮教活动。

（二）律师协会开展调查研究，促进学习与交流

他山之石，可以攻玉。作为地处西北、经济欠发达地区的宁夏律师业，观念相对落后，信息相对闭塞，对新兴法律服务业务的开展缺乏经验。为预防宁夏律师业在新的发展时期出现瓶颈效应，宁夏律师协会在区内开展调查研究的同时，采取走出去、请进来的方式，广泛学习发达地区律师开展法律服务的先进经验，并紧密结合宁夏本地的实际，探索宁夏律师业可持续发展的路径。

2016 年，宁夏律师协会首先邀请了北京市律师协会负责人来宁夏律师协会交流工作经验，受益匪浅。为广泛学习发达地区律师行业的先进经验，宁夏律师协会先后组织两个考察组分赴广东省、重庆市和山东省、浙江省律师协会及业务创新型律师事务所，重点就律师管理、维权、规范化建设以及律师业务创新等方面进行考察学习，通过学习交流，开阔了视野，理清了思路，找到了发展途径，为宁夏律师协会今后工作迈上新台阶打下了基础。

为促进宁夏律师行业法律服务创新、加强律师事务所规范化建设、保障律师行业的可持续发展，宁夏律师协会组织人员到石嘴山、吴忠、中卫、固原市律师协会和部分律师事务所以及银川市的部分律所，就宁夏律师行业发展的现状和存在的问题、青年律师的生存和发展现状以及律师事务所规范化管理、文化建设、业务创新状况等问题进行调研，与当地司法局主管领导、律师协会及中青年律师代表进行了座谈、交流，并发放了调查问卷，全方位了解律师行业发展的现状。

宁夏律师协会通过调查研究和学习交流，借鉴经济文化发达地区的先进经验，召开了全区律师事务所管理和业务创新交流会，交流了思想，开阔了管理和业务创新发展的思路。

（三）司法行政部门、律师协会强化业务培训，不断提高律师事务所的管理水平和律师的执业能力

为强化律师的培训工作，宁夏律师协会研究制定了《宁夏律师协会律师教育培训办法》，科学设置培训课程、优化师资、创新培训方式，规定培训课时，健全完善了律师教育培训工作体系。每年度除完成新执业律师培训和中国律师培训网西部律师网络继续教育培训等常规培训活动外，还结合新法热点，举办各类新修订法律的学习培训，帮助律师提升对新法的理解和适用；积极落实中华全国律师协会"百千千工程"，与河南省律师协会、湖北省律师协会协作，选派优秀律师、律师事务所负责人前往交流学习，并邀请两省优秀律师来宁授课培训。结合中华全国律师协会举办的各项培训，选派律师参加各类对外交流培训活动。2016年上半年，自治区人力资源社会保障厅向司法厅、宁夏律师协会拨付专业技术人才知识更新工程急需紧缺人才培训项目资助经费20万元，宁夏律师协会从会费中支出10万元作为配套资金，举办了全区政府法律顾问培训班，邀请全国知名学者和律师来宁面授，300名执业律师参加学习，效果非常好。同时，宁夏律师协会还委托中国人民大学律师学院举办了首期涉外法律服务人才培训班，选派 45 名执业律师到北京参加学习，为宁夏培养涉外法律服务人才奠定了一定的基础，填补了宁夏缺乏涉外法律服务人才的空白。

（四）司法行政部门、律师协会注重文化建设和宣传工作，树立律师事务所、律师应有的良好社会形象

宁夏律师协会发挥协会网的宣传阵地作用，并借助社会主流新闻媒体平台，宣传推介律师事务所和优秀律师，促进了律师业务的拓展。宁夏律师协会还组织举办了"全区优秀律师事务所、优秀律师的评选活动"，推进律师行业创先争优活动，引导全区律师事务所和广大律师学先进，比业务，创先进，讲奉献，营造了良好的争先创优氛围。宁夏有 6 名优秀女律师入选了中华全国律师协会编辑出版的《中国女律师》一书。

宁夏各市律师协会也积极开展法治宣传，提升行业形象。银川市律师协会与银川电视台生活频道联合制作《法治银川》的《律师维权》栏目，每天在银川电视台生活频道四个时段滚动播出。银川市执业律师参与维权节目制作，免费为合法权益受到侵害的当事人进行维权法律服务，以案说法，向公众进行法治宣传教育。该节目维权律师现场解决争端成功率达到90%，受到了广大群众的普遍好评。

石嘴山市司法局、律师协会开展了"十佳律师""优秀律师事务所""十佳法律援助律师"及全市优秀法律援助工作者和优秀法律援助案例等各类评选活动，对获奖律师予以表彰奖励。同时充分利用互联网、广播、电视及《石嘴山日报》等媒体，多角度地向社会宣传律师队伍，提高了律师业的社会影响力。石嘴山市律师协会还编写了《律师说法》，在交通音乐台开播《说法时间》节目，对律师正能量的宣传起到了很大的作用，提高了律师的社会知名度。

（五）律师协会强化律师事务所规范化执业，提高律师服务社会的能力

为引导律师积极履行社会责任，提升律师行业社会形象，结合律师事务所服务质量社会评价工作，自治区司法厅、律师协会进一步完善了《宁夏回族自治区律师事务所服务质量和星级创建评定办法（试行）》等文件，确立了队伍专业化、管理规范化、质量精细化、设施现代化、保障社会化、服务社会常态化的创建标准。以服务质量为核心，建立了管理方、服务方、联系方社会评价机制。按照全员参与、全面规范的思路，以律师事务所规范发展和服务群众利益为主要评价内容，宁夏所有律师事务所、执业律师必须参与服务质量社会评价；对照创建标准，依据相关规定要求，制定、完善和统一必须建立的制度、规定和台账，促进全区律师事务所全面建设、整体提升、规范发展。每年开展宁夏律师事务所服务质量社会评价工作。

三、宁夏律师业发展中存在的问题

（一）法律服务专业化程度、业务创新能力不够高

宁夏律师事务所数量增长较快，但以中小型律师事务所居多，高规格的规模所、品牌所、专业所尚未形成。宁夏律师数量增速较快，但以新取得律师执业资格的青年律师居多。宁夏律师服务仍偏重于传统领域，法律服务层次不够高，领域也不够宽。虽然宁夏律师业对改变以传统业务为主的格局在积极努力，对非诉讼新型业务的探索上也初有成效，但广度和深度不够，仍以事后补救为主的诉讼业务和粗放化的法律顾问服务为主，特别是在资本市场、涉外法律服务等高端领域，与发达地区相比仍有较大差距。虽然传统业务发展平稳，但业务创新能力相对较弱。证券、基金、新三板上市债券发行、涉外等法律服务业务，尚处于初级阶段。

宁夏律师协会虽然设立有教育培训与行业发展、律师维权与奖惩等8个专门工作委员会和10个专业委员会开展业务研讨和行业管理工作，多年来致力于拓展业务领域、推动业务转型升级、教育培训、青年律师等诸多方面的工作，取得了一定的成绩，宁夏律师业界也不乏优秀律师，但在经济社会飞速发展的今天，就宁夏律师业整体而言，传统的思维方式和行为模式已经跟不上形势发展的需要，已不能完全满足日益更新的高端法律服务的需求，宁夏律师和发达地区律师的法律服务水平相比较而言，普遍存在律师事务所团队合作能力不够强，律师个人专业化水准不够高，单兵作战、万金油型的律师居多，整体上缺乏核心竞争力。

（二）律师担任政府法律顾问数量少、比例低

党的十八大提出，要加强和创新社会管理，改进政府提供公共服务的

方式。十八届三中全会提出要加强社会治理，转变政府职能，建设服务型政府，"购买公共服务"是有效措施之一。近年来，宁夏政府向社会组织购买公共服务，包括向律师业购买法律服务等方面，进行了积极的探索，先后出台《政府向社会力量购买服务暂行办法》《宁夏回族自治区政府购买社会工作服务实施办法》《宁夏回族自治区关于推进政府购买服务工作的指导意见》，自治区财政厅也下发配套的暂行办法、指导目录、流程规范、建立信息报送机制，初步搭建起政府购买服务的制度平台。目前，政府向社会力量购买服务工作已逐步向各市县推开。

宁夏律师担任政府法律顾问工作的开展相对滞后，机制尚处于起步、探索阶段，在组建政府法律顾问律师服务团队选拔、服务的方式、领域等方面尚缺乏具体方案。虽然工作也取得了初步的成绩，但更存在一定的问题，主要表现为：一是政府购买法律服务的力度不够，在很多领域还属空白；二是具体制度不是很健全，有些工作还处于探索和实验阶段，实际操作缺乏规范性；三是信息不对称，律师业界对提供法律服务的律所、律师的准入条件及程序普遍缺乏了解。上述问题，已成为制约政府购买法律服务顺利推进、促进法治政府建设的障碍。

（三）律师执业环境仍不容乐观

宁夏律师协会为推动改善律师执业环境，规范律师执业，维护律师执业权利，曾先后积极协调自治区高级人民法院、检察院、司法厅下发了《宁夏回族自治区刑事公诉案件庭前会议程序实施细则（试行）》，推动自治区高级人民法院、检察院、公安厅、司法厅下发了《关于刑事案件排除非法证据的实施办法》，从行业角度对维护律师执业权利，解决律师执业过程中"会见难""阅卷难""调查取证难"，改善宁夏律师执业环境起到了积极作用。

近年来，虽然通过一系列制度的构建，使得宁夏律师执业环境得到较大的改善，但因为基层政法机关一些工作人员的惯性思维和习惯做法，使得律师执业中的"三难"问题在一些地区依然存在。律师调查取证等方面的执业权利得不到应有的保障，律师在执业过程中受到不公正待遇的事件时有发生，有些政府机构拒不配合律师调查取证，政府工作人员和司法人员侵犯律师合法权益的事件也有发生。

（四）律师事务所税负重，制约律师事务所向做大做强的方向发展

宁夏经济欠发达，律师业作为服务业，收入普遍低，人均创收与北京相差在 10 倍左右，与重庆相差在 5 倍左右，但宁夏律师缴纳的税收比例普遍较高，部分规模较大的律师事务所综合税率在 15% 左右，远高于发达省市的缴纳比例。律师许多实际的成本开支不能在个人所得税前列支，造成个人所得税缴纳比例较高。尤其是营改增后，年收入在 500 万元以上的律师事务所，增值税按 6% 收取，年收入在 500 万元以下的律师事务所，增值税按 3% 收取，制约律师事务所向大的方向发展。近两年来，10 人以下的新所不断涌现，也印证了这一点。

（五）律师人数递增太快，恶性竞争激烈，执业不满三年的青年律师生存状况堪忧

近三年，宁夏新申请执业的律师每年在 200 人以上，今年达到 400 人，而且以后每年都会递增，做律师成了法律专业毕业生就业的主要途径。但宁夏的经济容量有限，市场份额有限，人数的增多，必然带来竞争的激烈，而且有些地方或领域形成低价低值的恶性竞争，不利于行业的健康良性可持续发展。对于新执业的青年律师，独立执业后，完全靠自己的创收生存，但普遍存在案源少，收入低的状况，有的生活在贫困线以下，连续几个月没有收入是常见的事。

四、解决宁夏律师业发展问题的对策建议

（一）进一步提高律师专业化程度

1. 重视律师业务创新和法律服务产品研发工作，促进专业化发展，积极推动宁夏律师业转型升级。宁夏司法行政部门及律师协会应当重视引导和指导律师业从传统法律服务向现代法律服务转型升级，围绕"一带一路"、"走出去"战略、经济转型升级、应对国际贸易摩擦等搭建平台、拓展业务。推进全方位公共法律服务体系建设，积极争取政府支持，体现律师在公共法律服务中的主体作用。宁夏律师协会的有关专业委员会应高度重视业务创新和专业法律服务产品研发及推广，打造宁夏标准和品牌，出

台办案流程指引以及非诉讼业务指引，使法律服务规范化，同时鼓励律师事务所的业务创新。

2. 强化多种形式的业务培训。律师培训实施专业化和走出去战略。根据宁夏律师业的现状及法律服务市场的需求，制定高端法律服务业务及非诉讼业务专项律师人才和青年律师的培训计划，争取党委、政府及其他部门专项培训资金，律师协会每年从会费中预算一部分，律师事务所和律师承担一部分，与发达地区建立长效的培训交流机制，力争每年送出领军骨干律师到名牌大学或境外学习交流，以增长见识、开阔视野，逐步培养出一批本土化的专业律师队伍。同时采取"引进来"的方式，邀请外地优秀律师为宁夏律师进行业务培训，邀请国外专家来宁举办有关律师服务企业并购与国际资本运行培训班，与全国律协共同举办专题研讨会，同时选派宁夏律师参加全国性的新型法律服务业务培训及学习交流。在培养少量领军人物的同时，还要注意保证新型业务培训的全覆盖，做好包括小规模律所、青年律师在内的全体律师的网络培训工作。

（二）律师行业应当逐步实现政府法律顾问工作的全覆盖

1. 政府带头转变观念、提高认识，逐步加大购买法律服务的力度。政府购买法律服务意向的达成，并非一般意义上的平等主体间的民事合同行为，更多带有政府主导下的卖方市场特性。因此，律师担任政府法律顾问工作的推开，从某种意义上讲，是一个自上而下的工程，这就需要政府切实转变观念，充分认识到政府不是提供公共服务的唯一主体，应将律师担任政府法律顾问工作作为推进法治建设的一项重要举措，稳步、有序地向前推进。

各级政府应在广泛调研、掌握第一手资料的基础上，准确界定购买法律服务的对象，明确购买法律服务的内容，根据实际需求和社会经济发展水平，在资金配置上量入为出，逐步增加预算，加大购买法律服务的力度。

2. 律师业应修炼内功，确保提供高性价比的法律服务。宁夏司法行政部门、律师协会应在广泛调研的基础上，正确引导符合条件的律师事务所、律师积极主动地争取政府法律顾问和专项法律服务项目。律师事务所、律师作为法律服务的提供方，要不断加强自身能力建设，有效承接政府转移职能，努力提高法律综合服务水平。要以团队合作为基础，整合、优化律师资源，提供优质、高效、精准的政府法律服务。

政府法律顾问团应对律师的专业素养设定严格条件，需通过对多家律师事务所进行综合考评后，选拔出在本地区具有良好业务素养的律师组成，法律服务业务涉及政府转变职能过程中的方方面面。随着新型经济的发展，对律师的专业条件进一步提出了更加严格的要求，如何为政府提供高性价比的法律服务，是现今政府法律顾问面临的新课题，这就要求律师事务所、律师不断修炼内功，接受政府的挑选，不负政府的重托。

3. 借鉴发达地区的做法，推广石嘴山市的经验，逐步实现政府法律顾问工作的全覆盖。可借鉴发达地区的做法并结合石嘴山市的经验，积极、稳妥地推进政府法律顾问工作的全覆盖，各级党委、政府应围绕推进全方位公共法律服务体系建设，把实施法律顾问全面覆盖工程作为全面推进依法治区的一项重要举措来推动，在党委、政府、企事业单位、行业组织、社会团体、村（居）委会普遍建立法律顾问制度。要切实加强对法律顾问工作的领导和管理，使法律顾问工作逐步纳入规范化、制度化、法制化的轨道。积极审查推荐优秀律师担任各级政府和组成部门的法律顾问，将城市优质法律服务资源引向社区、引向农村，逐步尽快实现一村（社区）一法律顾问工作的全区覆盖。人员配置由司法行政部门制定相关遴选制度并组织培训，为保证法律服务全覆盖，贫困地区可采取一名律师担任数个村（社区）的法律顾问。建立培训制度、完善工作规范、建立分片对口支援机制、实行辖区负责制、建立网络平台；加强经费保障，经费直接补助到村，由村委会按照购买服务的方式与律师事务所签订服务合同。

4. 制定、完善律师代理申诉制度。根据十八届四中全会关于逐步探索建立律师代理申诉制度的要求，积极服务法治政府建设，促进依法行政，建议借鉴已被中央政法委推广的山东经验，积极推动通过政府购买法律服务的方式开展律师代理申诉工作，充分发挥律师在政治经济社会中的职能作用。

律师配合信访部门接访，对涉法涉诉信访问题释法解疑，引导信访群众表达合理诉求，将大量涉法涉诉信访问题引向法治化解决轨道。积极推动律师参与化解和代理涉法涉诉信访案件，为维护社会稳定发挥应有的作用。

（三）进一步健全完善律师执业权利保障机制

有关部门应尽早出台保障律师执业权利的相关规定，规定应涵盖律师的主要业务活动和执业过程，对法律赋予律师的各项执业权利以及律师执业权利受到侵害的救济及责任追究机制做出明确的规定，使律师执业权利切实得到进一步的保障。

（四）有关部门应当结合宁夏的实际，明确规定律师事务所可以税前列支的成本，降低律师事务所税负，支持并引导律师事务所做大做强

自治区财税等部门可以借鉴发达地区的做法，结合宁夏律师业的发展现状，出台相应政策，明确律师事务所可以税前列支的成本范围，使律师事务所的税负比例与当地的经济发展状况相适应，切实降低律师事务所税负。

（五）公检法司等部门每年吸纳一部分具有律师执业证的人员就业，支持在社会执业的青年律师的发展

政府社会保障部门应当将新取得律师执业证的人员纳入就业保障体系，引导、推荐或保障其在政府和司法部门就业，或作为公益岗，避免其全部挤到律师队伍中。对于已经选择做社会执业律师的人员，为避免其陷入生存危机，政府应当在专业培训、法律援助、信访值班等方面提供经费保障，使执业时间短的青年律师度过难关，健康良性发展。

2016 年宁夏法学研究报告

马 蓉

2016 年，宁夏法学研究既面临难得的发展机遇，也经受着来自实践的拷问与挑战，在创新发展和自我突破中，法学研究逐渐走向成熟，研究队伍不断壮大，研究体系不断完善，研究资源更加丰富，研究成果更加丰硕，法学呈现出阶段性繁荣局面。

一、宁夏法学研究基本情况

（一）统一思想，法学研究政治性凸显

十八届四中全会提出"贯彻中国特色社会主义法治理论"，"形成完善的中国特色社会主义法学理论体系"，对法学研究做出要求，为法学研究指明了方向，也提供了遵循，坚持正确的政治方向是法学研究第一位的要求，以中央精神为指引，服务党和国家是法学研究重要的政治任务，这就使得新形势下法学研究的政治性得以充分显现。

2016 年是全面推进依法治区的关键时期，自治区法学会作为自治区党委联系广大法学工作者和法律工作者的桥梁和纽带，认真贯彻全国群团工作会议精神，努力加强自身改革，发挥政治性、先进性、服务型作用，团结和引领广大法学法律工作者听党话、跟党走，始终坚持党对法学研究工

作者简介　马蓉，宁夏回族自治区法学会研究部部长。

作的领导不动摇。组织宁夏法学界、法律界深刻领会、认真贯彻落实党的十八大和十八届四中、五中、六中全会精神，统一思想，围绕完善法治国家建设的远景目标，坚定中国特色社会主义法治理论自信，牢牢把握意识形态领域主动权；围绕深入学习习近平总书记来宁夏视察重要讲话精神，号召广大法学法律工作者发扬"不到长城非好汉"的宁夏精神，履行好理论支持职能，在实现与全国同步建成全面小康社会目标任务中有所作为；组织专家学者参与全面推进依法治区的社会实践，积极引导法学专家学者在服务党委政府中心工作中提高政治意识、大局意识，增强责任感、使命感；履行好理论宣传职能，利用"双百"宣讲平台，组织专家学者深入全区各地宣传中国特色社会主义法治理论，讲授法治精品课，为领导干部提高法治思维能力，促进依法决策打好思想理论基础。利用法治文化基层行载体，为社区群众、中小学生举办形式多样的法律常识课，在寓教于乐中传授法律知识，传播法律文化。

（二）服务大局，法学研究时代性凸显

法学是治国理政的学问，围绕中心，服务大局是法学研究永恒的主题，法学研究只有紧跟时代步伐，把握时代脉搏，才具有旺盛的生命力。当下，宁夏法学研究与宁夏经济社会发展大局同步并行，与时俱进，全面聚焦自治区发展战略，关注大背景，研究大问题，在全面推进依法治区新的历史时期，乘势而上，努力争取更多话语权。从宏观角度出发，深入研究宁夏与全国同步建成全面小康社会中的法治问题，深入研究"四个宁夏"建设中的法治问题，深入研究宁夏经济社会发展"十三五"规划中的法治问题，深入研究"一带一路"发展战略中的法治问题。宏观站位，微观着手，研究的切入点更加精准细腻。侧重研究了"丝绸之路经济带"次区域经济合作法律保障问题，宁夏资源型城市环境治理法治保障问题，生态补偿地方立法问题，基层政府依法行政管理问题，银川综合保税区转型升级中的法律问题等时代性很强的新问题等，提出的对策建议可操作性更强，与社会实践的结合更为紧密，更接地气，对大局的贡献力进一步提升。2015年，内陆开放经济试验区研究会和区域法治协同创新研究会的成立，即为顺应形势需要，为宁夏改革开放和社会治理提供有力理论支撑，更好地服务自

治区党委政府工作大局的一个有效举措，这两个研究会设立应当讲是为服务宁夏发展大局量身定制，特别是区域法治协同创新研究会，紧扣法治主题、立足区域特点、抓住协同关键、体现创新要求的定位十分鲜明。

(三) 问题导向，法学研究的应用性凸显

现实问题倒逼法学研究及时跟进并不断创新。在法治社会语境下，2016 年国家以及自治区经济社会发展中的一些瓶颈问题，成为法学研究关注的重点。例如，我国消费品污染转移中的法律问题；作为司法改革试点省份宁夏在改革推动中出现的问题；作为全国扶贫攻坚的重点省区，在扶贫攻坚中出现的问题；作为少数民族地区社会治理中的问题；大数据时代，信息网络管理中的新问题；与宁夏地缘区情紧密相连的生态环境保护问题；改革深入推进中的一系列问题；等等。法学研究围绕这些领域的重点焦点问题作为主攻方向，开展实证研究，提出思考和建议，为决策部门提供参考，其中一些成果得到自治区以及相关部门领导的批示，有些已经在实际工作中应用，取得了一定的成效。比较有代表性的有，宁夏司法改革过程中宁夏审判权运行机制改革研究；司法改革背景下的检察院司法责任制研究；宁夏固原扶贫开发相关法律问题研究；西部民族地区地方治理法治化研究；以宁夏农村宅基地流转现状为例规范土地确权行为的法律思考等。近期，以中央环境保护督察组来宁督查为契机，环境资源法学研究会在全区范围内集中开展落实环境主体责任推进生态文明建设的专题讲座，大力营造宣传氛围，为宁夏推进生态文明法治打下良好理论基础，这也是宁夏法学研究直面问题、积极作为的一个好例子。

(四) 搭建平台，法学研究凝聚力凸显

近两年，宁夏法学研究组织体系建设稳步推进，以法学会学术委员会为核心，各研究会为主要力量，五市、县 (区) 法学会为延伸的法学智库群基本形成，以此为依托，宁夏各高等院校、法学研究机构以及法律实践部门及相关的法学研究资源得到有效整合。两年来，以完善体系、创新载体为抓手，法学研究的凝聚力进一步增强。一是研究会发展壮大，日益成熟，真正成为法学研究的主力军。研究会是法学研究的主阵地，目前，10 家法学研究会，已涵盖了法学主干学科并兼具地方特色研究。各研究会组织

本会骨干力量围绕本学科特点展开理论创新，研究成果的数量和质量逐年提升，研究会已经成为宁夏法学成果产生、交流、展示的重要平台。近两年，研究会发展又上了一个新台阶，由健全体系向规范管理转变，由增加数量向提升品质转变，一些研究会创造性开展工作，充分调动广大法学法律工作者的积极性，服务社会，服务百姓，履行社会职能。经济法学研究会设立法律诊所组，发挥研究会专业人才优势，就全区经济法治建设中的若干典型案例组织专家专题研讨。诉讼法学研究会组建"青年普法宣传志愿者工作团"，活动开展得有声有色。宪法学、刑事法学、保险法学等研究会依托实务部门组建，业务工作和理论研究相互促进，实现双赢。二是智库初具规模，运转有序。2015 年，按照中央关于新型智库建设的意见，法学智库建成，法学智库是由研究会中的高端法学人才组成的精英团队，承担咨政参谋职能，法学智库运行两年来，主动作为，积极提供咨政建言，参与了自治区"十三五"规划的起草，自治区《扶贫开发条例》等的法规制定，提交《关于建立专门网站披露债务信息》建议案等。首批 30 名智库专家中有 5 名入选自治区法官、检察官遴选委员会专家库，7 名入选遴选委员会附设库，开通了法学专家直接服务法治实践的绿色通道。

（五）丰富载体，学术活跃性凸显

学术活动的活跃是法学研究繁荣的重要表现形式，开展各类学术活动也是法学研究的重要抓手。近两年来，宁夏法学学术活动多渠道展开。以智库为载体，受邀自治区党委政府，提供决策咨询、风险评估服务；参与人大立法规划、法规草案审查、立法评估咨询服务；与法治实践部门互动，参加专题研讨会，提供咨询意见。以研究会为载体，组织召开研究会年会、学术研讨会，推动本领域学术创新；以"法治文化基层行"活动为载体，以高等法学专业院校为平台，通过开展法治辩论赛、模拟法庭等方式，促进校园法治文化建设；以"百名法学家、百场报告会"活动为载体，请进外智，邀请区外知名法学专家举办高端讲座，引进法学研究最新成果。加强学术交流，积极参加中国法学会、兄弟法学会举办的各类论坛；加强与港澳台地区的法学交流与互动。组团出访，参与国际法学法律组织的活动。

特别需要指出的是，近几年，调查研究已经成为法学研究的重要途径，走出书斋、校园，融入社会大潮，紧贴百姓生活成为研究会活动的一个重要内容。学术活动的丰富使法学研究的功用得以全面发挥并引向深入，法学研究的内在价值进一步具象化，其社会责任的承担也进一步体现出了中国特色社会主义法治理论的先进性。

（六）立足区情，法学研究地方特色凸显

宁夏作为经济欠发达的少数民族地区，民族问题、宗教管理、文化发展等显现出与全国非少数民族地区和经济发达地区不同的特性，个性很鲜明，鉴于此，宁夏法学工作者多年来紧紧围绕区情开展实证研究，尤其是近两年，以宁夏独特的法治资源为基础，法治研究本土化特征日益明显。有的学者致力于民族地方立法研究，积极开发和利用宁夏作为民族地区的立法资源，研究如何用足用活用好地方立法权落实科学立法，为"四个宁夏"建设提供好制度保障；有的学者致力于研究民族习惯法、村规民约、社区规范和宗教规范等非正式的法律制度，探索如何将其作为法律制度的补充在社会治理中发挥作用；有的学者则从民族地方独特的文化入手，研究文化的制度保障；有的学者从社会治理法治化出发，探究宁夏民族宗教问题治理法治化路径。成果较为突出的研究方面有：以《民族团结进步条例》为视角，分析民族地方立法对国家认同构建的推进路径；以回族群众聚居社区为参照，研究少数民族社区调解工作；以宁夏回族山花儿为例，研究知识产权语境下的回族非物质文化遗产保护；以司法实践角度看宗教财产管理制度的完善为切入点，展开宁夏依法管理宗教事务问题研究等等。

宁夏作为中阿博览会永久会址，中阿经贸合作这一领域也备受关注，有学者已就"一带一路"背景下中阿文明对话、民间交流与跨区域经贸合作机制研究出版专著。中阿经贸法律事务研究会也可谓应运而生，自成立以来就致力于中阿经贸往来中的法律事务研究，2016年，该研究会的清真食品产业中的法律问题研究获立国家级社科项目，年底，又将以"中阿经贸与知识产权保护"为主题携手银川iBi育成中心知识产权院召开年会，展开深层次研讨。

（七）培养人才，法学研究后劲增强

法学人才是法学研究的核心，法学专家队伍建设特别是中青年法学人

才培养是法学研究的基础性工作，2016年，宁夏法学人才队伍不断壮大，在各研究会换届过程中，顺利实现了新老交替。老中青法学家比例均衡，结构合理，中青年专家已成为宁夏法学研究的中坚力量，一部分法学新生力量崭露头角。例如区域法治发展协同创新研究会第一届理事会94名理事中，博士学历14人，硕士学历30人，具有高级技术职称的理事29人。硕士以上学历水平占到理事总人数的46.8%，高级职称占到理事总人数的30.8%，为研究会的发展打下了坚实的人才基础。自治区法学会采取各项措施，为人才脱颖而出创造条件。一方面抓好法学专家队伍建设，创新法治人才培养机制，完善相关制度，重点培养学科带头人和学术骨干，提高学者专家担任研究会领导的比例。将政治理论水平高、学术影响力大、造诣深厚的骨干人才及时吸收到法学智库中来。设立委托课题，支持专家学者针对自治区法治热点问题开展专门研究，集中攻关。通过层层带动，努力建设一支政治立场坚定、理论功底扎实、熟悉区情的专家团队。高度重视青年法学人才的培养，加大对优秀青年法学人才的支持力度。通过设立青年项目鼓励青年法学工作者参与课题研究，通过推荐参加区内外交流培训、专题研讨会、专业学术论坛等方式支持有潜力的优秀青年人才迅速成长。宁夏近两年也涌现出一部分年轻的后起之秀，在全国法学界及各类论坛评选中崭露头角，个别具有高学历、研究能力突出的80后甚至90后法学法律人才也出现在视野中。90后青年法官马博文撰写的《宗教权威参与纠纷化解的范式研究》，在第十届中国·西部法治论坛上引起广泛关注。一部分70后法学专家已成为研究骨干和学科带头人。北方民族大学副教授易军在中国法学会青年法学论坛中荣获一等奖，取得了宁夏在这个全国性论坛上的最好奖项，叫响了宁夏的声音。近期，民商法学研究会副会长戴新毅顺利入围第八届"全国十大杰出青年法学家推荐候选人"等，这些都标志着宁夏新一代法学人才已经成长壮大，法学研究队伍建设进入了一个新阶段。

二、宁夏法学研究存在的问题

（一）宁夏法学全面繁荣仍须经历一个渐进过程

法学是一个自然演进的过程，它与社会实践相向而行，尽管理论研究可以具有前瞻性，但是从根本上必须依赖于社会现实条件，经济社会发展的阶段、文明程度的高低决定了法学研究的状态，在现阶段，宁夏法学研究的发展程度与预期还有差距。一方面，宁夏经济物质条件和教育资源的局限致使法学研究的投入以及对法学人才的吸引力相对不足；另一方面，在当下实现与全国同步建成全面小康社会目标任务的社会现实需求面前，法治实践还是较法学理论研究先行一步。作为理论务虚的法学研究在服务大局中发挥的作用不明显，它在弘扬法治精神、传播法律思想、培育法治文化、树立法治信仰方面所发挥的引领作用是长远的、隐性的，并非"显绩"。同时由于路径的缺乏使得它在为实践部门决策提供咨询服务方面的价值还没有真正发挥出来，红利还未充分释放，客观地讲，将其作为一项重要工作与法治实践同时加以规划的社会条件还不成熟。以上诸多因素决定了尽管近几年宁夏法学研究发展势头良好，但是真正达到发达地区甚至全国的水平，还需假以时日。

（二）法学研究合力仍不强、活力仍不足

目前，宁夏的法学研究力量主要集中在几所综合大学的法学院（系），以及社科院法学所等科研机构，其中还有一些分布于法律实践部门和党政机关，研究活动相对较为分散，彼此之间交流渠道仍不畅通，信息封闭，资源不能共享。特别是由于实践部门和科研机构之间沟通不够，容易导致理论研究和实际需求脱节，造成实践部门因缺乏理论指导和论证而容易决策失误，理论研究则因单纯务虚，没有问题导向，实用性不强而不能为实践所应用，贡献力削弱。党的十八届四中全会《关于全面推进依法治国若干重大问题的决定》的出台给法学研究提供了难得的机遇，学界普遍认为法学研究的春天来了，但是在自治区《全面推进依法治区的实施意见》中并没有找到相关法学研究更为明确具体的内容，这就使得加强法学研究工作从源头上缺乏一个更具有操作性的刚性依据作为统领，为法学研究抓住机遇，强化整体合力留下了些许遗憾。合力不足还体现在法学智库的职能定位上，智库本应更多体现的是集体智慧的结晶，应更多发挥集体研究、集体攻关的作用，但是，目前，仍处于智库专家个人成果汇总的阶段，作为决策"外脑"的法学智库，其"智库专家"意见和"智库机构"意见的

关系还未真正厘清，作为一个研究机构为决策提供集体论证意见建议的性质还未得到鲜明的体现。活力不足的体现主要是学界整体的氛围和谐、包容有余而学术争鸣不足，学者之间的互动少，不同的声音少。

（三）基础理论研究弱化

近两年，随着社会各领域实践的快速发展，为法学研究提供了丰富的研究土壤，社会现实需求催生了应用对策研究的兴起，应用性研究对于快速有效解决实践中的突出问题发挥了很大的作用，这也是近两年实践部门理论研究热情高涨，理论成果与科研机构几近平分秋色的一个重要原因，应用对策研究促使法学研究更接地气，能更好地服务当前的社会形势，但是与此同时，基础理论研究却门前冷落，研究力量削弱，造成了应用对策研究和基础理论研究一条腿长一条腿短的现状。在2016年结项的法学会课题中，没有一项纯基础理论研究。尽管研究会中出现过高质量的基础理论研究成果，如黑静洁教授的刑法明确性原则实证研究，杨国举教授的刑法中的接受性责任理论研究等，但数量相对较少。这一方面跟宁夏基础理论研究先天不足、层次较低的历史因素有关，另一方面当前法学研究实用性、功利化、工具化趋势也是一个重要的思想因素。这就导致宁夏原本不发达的基础理论研究更加落后，因缺乏理论根基和底蕴，长此以往，将不利于法学研究的健康可持续发展。

（四）本土资源优势没有真正形成

与全国和发达地区相比，宁夏法学研究的整体水平较低是现实，但与此同时，独特的区情也为宁夏法学研究提供了不可复制的本土资源。近些年，尽管宁夏一部分学者已经关注并实际做出努力，研究成果呈现出"小荷已露尖尖角"的可喜局面，但是总体上看，本土资源还是没有得到充分的挖掘和利用，具有地方特色的法治研究领域的学科带头人培养力度还不够大，有分量的学术成果还不够多，这方面有权威的学术领军人物不突出，没有形成强大气候和浓厚氛围，总体上还不具备跻身全国法学研究领域前列，打响宁夏自己品牌的实力。

三、繁荣发展宁夏法学研究的对策建议

（一）制定法学研究中长期发展规划

应遵从法学研究发展规律，从自治区层面树立法学研究与法治实践不可分的理念，将法学研究工作作为全面推进依法治区中的主要环节列入议事日程，制定中长期发展规划，与法治实践共同发展，相互促进。建立健全法学研究组织体系，强化领导，统一管理。进一步强化法学会职能，确保法学研究方向正确、资源调配高效有力；进一步整合全区法学资源，通过专业研究会和智库等组织形式建立健全法学研究网络体系，把横向包括法律实践部门和法学研究机构，纵向延伸到基层法治实践各部门的法学研究资力量充分调动起来，形成系统；进一步规范智库管理，强化智库集体决策机构的定位，理顺运作机制，促进智库集体成果的推出；建立健全法学人才库，做好宁夏法学研究部门、法律实践部门以及行政执法机关及相关实务部门中的法学法律人才入库管理，夯实人才储备基础工作。

（二）建立健全科学工作机制，激发法学研究内生动力

加强法学课题研究支持力度，扩大法学类社科基金立项的设置比例，提高经费额度。建议明确自治区法学会法学研究课题级别，重点课题应纳入自治区社科项目。建议加强专业研究会经费支持力度，列入财政核拨经费范围，以此强化法学会引领组织法学研究工作的号召力。建立法学研究机构和法律实践部门的互动交流机制；建立宁夏法学会与中国法学会相应专业研究会的沟通联系机制，加强业务指导和资源共享；建立实践部门理论研究激励机制，激发实务部门理论探索的积极性。由自治区权威机构牵头设立法学研究优秀成果、优秀法学法律人才评选奖励机制，鼓励法学研究多出成果、人才脱颖而出。健全高等院校教师深造和培训机制，充实法学教育的师资力量，特别是优质师资力量。法学繁荣是"润物细无声"的法治宣传，开展理论研究的同时应大力加强舆论宣传，应当充分利用新媒体，建立交流平台，畅通信息传递渠道，打造高效宣传阵地。

（三）"扬长"与"补短"相结合，加强地方法治研究，讲好宁夏故事

宁夏的法学研究应克服舍近求远，放眼世界的同时更要关注脚下，要

立足宁夏、研究宁夏、服务宁夏。在吃透区情的基础上，客观认识宁夏法学研究的优势和短板，例如虽然我们法治建设的步子不如发达地区快，但是也因此我们有后发优势，经济越不发达、法治建设越滞后、问题越多的地方也恰是法学研究大有可为的地方。在某些领域我们应争取成为全国的领跑者，例如应大力扶持民族法学研究，设立该领域专业研究会，把研究力量聚集起来，集中开展民族、宗教管理方面的法治研究，使之成为一个全国的范例和独有样本。宁夏作为少数民族地区，长期以来保持了民族团结宗教和顺的大好局面，在社会治理方面就有着其他地区不可比拟的好经验好做法。在依法治理的大背景下，这些都是法学研究面临的最佳课题，法学研究就应在这些鲜活的社会实践中汲取营养，总结经验，提炼精髓，升华理论。当然，在某些领域比如基础理论研究领域，我们可能在全国相对滞后，但是我们也应欣喜地看到我们并不缺乏这方面的人才，其中法理学我们还有资深专家，应该有足够的"人才自信"，也因此不必跟在后面亦步亦趋"炒冷饭"，而应"退而结网"，扎扎实实练好基本功，夯实法学研究的根基。应加大对基础理论研究的扶持力度，建议设立法理学研究会，同时在法学研究课题中安排一定比例的基础理论研究项目，对各学科领域纯理论研究提高资金支持力度甚至可以延长研究时限，以激发研究的积极性。

专题篇
ZHUANTIPIAN

宁夏设区市立法权实施问题研究

李保平

法律是法治的前提和基础，早在古希腊时期，亚里士多德就提出了"法治乃良法之治"的命题。党的十八届四中全会通过的《中共中央关于全面推进依法治国若干重大问题的决定》（以下简称《决定》）指出：法律是治国之重器，良法是善治之前提。由此可见良好的法律对法治国家的意义。我国是单一制国家，从1954年宪法颁布开始，除民族自治地方的地方立法权外，国家几乎垄断了对法律的制定，地方立法权包括设区市的立法权被取消。这种情况一直延续到改革开放时期。1979年赋予省级人大及其常委会一定的立法权，1986年赋予省级人民政府所在地的市和经国务院批准的较大的市可制定地方法规。后又以特别授权方式于1992年、1994年、1996年分别授予深圳、厦门、汕头、珠海四市立法权，截至《立法法》修改前，总计有立法权的设区市49个。目前全国设区市总数有284个，除上述49个市有地方立法权外，有235个设区市没有地方立法权。十八届四中全会《决定》要求在明确地方立法权的权限和范围的基础上，依法赋予设区市的地方立法权。2015年3月，十二届人大三次会议对《立法法》进行了修改，规定设区市的人民代表大会及其常委会根据本市的具体情况和实际需要，在不同宪法、法律、行政法规和本省、自治区的地方性法规相抵

作者简介　李保平，宁夏社会科学院法学社会学研究所所长，研究员。

触的前提下，可以对城乡建设与管理、环境保护、历史文化保护等方面的事项制定地方性法规。宁夏总共有设区市 5 个，除银川市作为自治区首府城市早已有立法权外，尚有石嘴山市、吴忠市、固原市、中卫市四市以前没有地方立法权。《立法法》修订后，按照《立法法》第七十二条第三款的规定，自治区人大常委会分别于 2015 年 11 月 26 日、2016 年 3 月 24 日分别确定石嘴山市和吴忠市、固原市、中卫市可以开始制定地方性法规，至此，宁夏设区市均实现了制定地方性法规的历史跨越，实现了立法权的全覆盖。

一、赋予设区市立法权的必要性

设区市地方立法权的实施，是宁夏政治生活中的一件大事，是实现国家治理体系与治理能力现代化的重要方式。就设区市立法权的实施而言，对推动宁夏经济社会建设有着重要的意义。

首先，设区市立法权的赋予与实施，是发挥法治引领改革的现实需要。地方改革是全国改革的重要组成部分，也是国家顶层设计的实践基础。十八届四中全会《决定》要求实现立法和改革决策相衔接，做到重大改革与法有据、立法主动适应改革和经济社会发展需要，对地方改革而言这些论述同样适用。

其次，设区市立法权的赋予与实施，是全区各地经济发展的必然要求；从世界范围看，经济发展好的地方往往法治都比较健全，其背后的逻辑是法治对生产要素、生产环境的支持，包括明晰的产权、劳动力自由流动、合同的执行、知识产权的保护、社会环境的塑造、公民法人的守法诚信等都离不开法治。当年深圳、珠海、汕头等城市花费大量精力获得立法权，正是看到法治对推动地方经济社会发展的重要影响。宁夏是经济发展相对落后地区，特别是固原市，是全国著名的贫困地区，地方立法权的赋予，必将对地区经济社会发展起到巨大的推动作用。

再次，设区市立法权的实施，是有效解决社会矛盾的重要手段。当前社会矛盾凸显，依法化解社会矛盾是解决问题的根本出路。社会矛盾往往都具有地方性特征，地方立法权的赋予，可以为地方解决社会矛盾纠纷提供具有针对性的法律依据，可以有效避免"大闹大解决，小闹小解决，不闹不解决，花钱买太平"的无序现象，有利于维护地方社会长期稳定与和谐。

最后，设区市立法权的赋予，可以有效弥补了国家立法的原则性、普遍性与地方实际需要之间的矛盾。十八届四中全会《决定》赋予设区市地方立法权和随后《立法法》的修改，实际上是在立法权的赋予上改变以往的特惠制而实行普惠制。它的最大好处是可以克服国家立法带来的原则性有余而无法顾及地方实际的困境。实际上，即使再缜密的法律都无法涵盖所有的问题与情形，总是会留下一些空间由地方去根据实际来处理，这就为设区市立法权的实施预留了空间，也有效克服了国家立法的短板，丰富了社会治理的规范资源，对推动地区法治化进程有着重要的意义。

二、宁夏设区市立法权实施中应注意的几个问题

（一）要准确理解设区市立法范围与立法权限问题

《立法法》第七十二条规定，设区的市的人民代表大会及其常务委员会根据本市的具体情况和实际需要，在不同宪法、法律、行政法规和本省、自治区的地方法规相抵触的前提下，可以对城乡建设与管理、环境保护、历史文化保护等方面的事项制定地方性法规，法律对设区的市制定地方性法规的事项另有规定的，从其规定。表面上看起来，相较于以前较大市的立法权，现在设区市的立法范围有所减少，但实际上，设区市的立法权范围并没有人们想象的那样有较大的压缩，除立法中罗列了三种立法权范围外，还在结尾加了一个"等"字，实际上为立法范围的扩容预留了空间。另外，正如《立法法修正案审议结果报告（草案）》所说的，"城乡建设与管理、环境保护、历史文化保护等方面的事项，范围是比较宽的。比如，从城乡建设与管理看，就包括城乡规划、基础设施建设、市政管理等；从环境保护看，按照环境保护法的规定，范围包括大气、水、海洋、土地、矿藏、森林、草原、湿地、野生生物、自然遗迹、人文遗迹等；从目前49个较大的市已制定的地方性法规涉及的领域看，修正案草案规定的范围基本上都可以涵盖"。这就提出了一个问题，设区市地方立法权的范围到底如何界定，法律的弹性规定再加上较为宽泛的立法解释，使得《立法法》中

看似清楚的设区市立法权限问题又变得扑朔迷离、莫衷一是，在实践中必然也会引起争议。特别是当地方政府把立法权作为行政扩权的工具试图突破《立法法》的立法规定时，这种冲突会显得尤为明显。另外，从城市建设与管理看，也有一些深层次的问题需要解决，比如市政管理中，肯定会涉及对公民权利的必要与合理限制，而这些问题，按照《立法法》第八条的规定，均属法律规定的事项，使得地方立法权在具体制定、执行中面临一些实际的法律障碍，而这些障碍，会影响地方立法的实施绩效。上述两个问题实际上是设区市立法权实施中必定会遇到的问题，需要引起我们高度重视并对上述问题加强研究力度，理清立法意图，力求找到解决问题的路径。

（二）关于既要保持立法的地方特色，又要维护国家法治统一，防止法治碎片化，杜绝利用立法权使地方保护主义合法化的问题

立法权的扩大，是国家治理体系现代化的必然要求，总体来讲符合国家利益的需要。由于我国是单一制国家，法治的统一是国家立法的基本要求，也是国家能力的重要体现。设区市立法权的赋予，如果处理不好统一与特色之间的关系，极容易造成法治的碎片化，甚至影响国家法治的统一，使得国家法治现代化的努力转变为地方保护主义的工具，从而走向立法设计和立法目的的反面，这是我们不愿意看到的，也是一定要高度重视的一个问题。

（三）机构设置与人员编制问题

机构设置与人员编制是设区市行使立法权的前提和条件。法制委员会是《立法法》规定的统一审议机构，法制工作委员会是常委会工作机构，两者互相配合，缺一不可。所以，从《立法法》的规定看，设立法制委员会和法制工作委员会是人大行使立法权的前提条件。从宁夏四市的具体情况看，虽然有些市如固原市法制委员会的机构设立较早，但由于没有立法权，实际上法制委员会履行的是内务司法委员会的职责。2015年底，石嘴山市率先成立了法制委员会。2016年初，吴忠市、固原市、中卫市先后陆续设立了法制委员会，但法制工作委员会的设立由于受机构编制的影响，除银川市外其他四市还没有设立。法制工作委员会是人大常委会的专门工

作机构，人员机构编制没到位，不同程度影响立法的进程。从我们调研的情况看，各市均向自治区人大和自治区政府编制管理部门提出申请，但该问题直到现在还没有解决。各市具体设立情况见下表。

宁夏设区市法制委员会和法制工作委员会设置情况一览表

全区设区市	法制工作委设立情况	设立时间	法制工作委员会设立情况	设立时间
银川市	设立	2000 年 9 月	设立	2000 年 9 月
石嘴山市	设立	2015 年初	无	
吴忠市	设立	2016 年初	无	
固原市	设立	2016 年初	无	
中卫市	设立	2016 年初	无	

（四）立法队伍建设的问题

长期以来，人大工作服务于地方政治经济社会建设，自身建设存在较大的短板，特别是专业性不足的问题较为突出。在新的历史时期，特别是强化人大法定职能的背景下，人大工作人员的组成结构以及知识与能力结构与人大职能的不匹配性就表现的非常明显。以设区市立法权为例，由于长期没有立法权，人大机构中法律背景的专业人员较少，设区市立法权赋予后，我们面临的一个重要问题是缺少立法人才，特别是在人大代表中法律人才严重不足，导致法制委员会的组成人员中缺少一定比例的法律专家和法律人才。在我们对全区四市立法调研中，普遍反映法律人才缺乏，有的市缺少法律背景的人大代表，影响了法制委员会的履职能力。实际上，人才特别是法律人才的缺失已经成为影响宁夏设区市地方立法权实施的瓶颈。

（五）立法质量问题

先有良法，然后才会有善治，良法是善治的前提。制定一部高质量的地方法规，是地方政府推进社会治理的基础工程。由于宁夏各市地方经济社会文化发展水平有较大的差异性，地方立法水平必然存在参差不齐的情况，加之在缺乏科学立法、民主立法理念的氛围下，地方立法权极易转化为地方领导的扩权工具，领导一句话、一个不成熟的想法催生一部法律的可能性不是没有。我们在调研中，大家普遍反映设区市立法权赋予后，不知道怎么立法、怎么实施。虽然一些市也制定了立法程序规则，但对如何立法、立什么法、什么时候立还是不太清楚，甚至存在畏难情绪。立法质量不但关乎法律的优劣，而且也与人民群众的生产生活密切相关，高质量的法律是推进经济社会改革的重要方式和社会治理的有效手段，一部劣法不仅不能发挥治理的功能，还会引起社会的不满与抵制，激化社会矛盾，削弱人们对法律的信仰。所以，面对设区市立法权赋予后宁夏各市机构、人员、编制等实际现状，如何保证立法质量便成为我们不得不关注的重要问题。

三、对进一步加强宁夏设区市立法权实施的几点政策建议

（一）各级党委、政府要深刻领会和认识地方立法权赋予对促进地方经济社会发展的意义和价值，重视立法工作，抓紧落实有关规定，用好该项权利

长期以来，由于没有立法权，宁夏各地主要依靠政策推动改革，对依法推进改革的优势缺乏体认。所以，十八届四中全会《决定》赋予设区市立法权后，许多人包括一些领导还没有意识到该项权利对于地方经济社会发展的意义。回顾改革开放初期，深圳作为改革的前沿，较早认识到立法权对深圳发展的作用。1992年深圳经过艰难的努力才获得地方立法权。原深圳市委书记王荣在回答"特区之特"时明确地说：特区立法权仍是深圳有别于其他城市的特之所在，仍然是新时期特区最大的制度优势。2007年，时任深圳市委书记李鸿忠在总结深圳发展经验时也认为，中央对经济特区的最大支持就是特区的立法权，依靠税收的优惠政策和特区的立法权，深圳建立了极为重要的制度平台。所以，深圳的成功在很大程度上应归功于深圳的立法权的取得和法制建设的成就。地方立法权的赋予不但可以使地方治理有了较大的自主权，更加符合地方实际，也可弥补政策执行带来的短期性和随意性，对培养政府、公民的法律意识也有重要作用。在运用设区市立法权的问题上，我们一方面要明确立法边界，自觉维护国家的法治统一，做到不越位；另一方面，也要用好用足这项权利，不使这项权利虚置，充分发挥立法在推进各项改革、发展经济、推进社会建设中的作用，做到不缺位。

(二) 加强设区市立法制度机制建设，是保证立法权顺利实施、保障立法质量的有效措施

立法工作是为政党、政府、社会、公民"立规则，树导向"的工作，也是一件牵涉面广、影响大的系统工程。因此，审慎的态度是必须的。就设区市立法权而言，由于缺少经验和人才，在实施立法权的过程中切忌追求速度效应，在立法项目的选择、立法规划的制定上要遵循"先易后难，先简后繁"的原则，成熟一个确定一个。在条件不成熟时，宁愿放一放、等一等、看一看，也不要当作政治任务去完成。立法不同于经济建设，错了可以改，推倒了可以重来。法律的神圣性、稳定性决定了它绝非朝定夕改的玩物，也非一时一地的政绩工程，对此我们一定要有清醒的认识。从目前全区的实际情况看，除各市已经制定的立法程序规定外，我们至少要在以下制度建设上取得突破：其一，立法项目征集、调研和论证制度；其二，多元化的法规起草制度；其三，立法过程的公众参与制度；其四，人大审查批准制度；其五，立法后评估制度；其六，政府规章的审查备案制度。

(三) 机构设置、立法人才队伍是立法质量的前提和保证，应加强各级人大立法机构、政府法制部门建设，加大人大、政府法治队伍培养力度

从《立法法》的修改解释看，法制委员会和法制工作委员会的设立及其人员的配备是设区市立法权实施的先决条件。全区四市基本都没有完成人大常委会法制工作委员会的机构设置和人员配备，因此，按照《立法法》的相关规定，全区四市实际上还不具备实施立法的条件。但鉴于自治区人大已经批准四市可以实施立法权，所以，加快法制工作委员会的机构设立和人员配置便成为一项刻不容缓的工作。希望自治区人大加大与自治区政府的协调力度，尽快将该问题解决。在人员编制有限的情况下，各市也要积极协调沟通，包括从内部调剂编制人员，尽快完成法制工作委员会的设立，使设区市立法机构建设符合《立法法》的要求并尽快启动立法工作。

长期以来，我国的人大机构功能和人员配备主要是从政治角度考虑的，较少从专业角度考虑机构设置和人员组成。由于省以下地方政府此前大多没有立法权，所以，在机构设置、人员配置方面存在的问题更加突出，使得人大在遇上专业性较强的问题时无法有效应对，影响了履职的能力。如何解决立法机构的代表性与专业性的矛盾与冲突，西方发达国家有一些成熟的做法，可以为我们提供一定的借鉴。有些西方国家是通过将与立法机关审议监督有关的专业技术部门比如审计部门附设在立法机构内部，使其成为立法机构的咨询机关；有些国家议员有自己的咨询服务团队，专门解决议员在履职时碰到的专业技术问题，这些措施，都可以有效克服议员专业知识不足所带来的问题。从我国目前的情况看，我们尚不具备这些条件，但可以考虑以后人大在工作人员的调配中，适当增加一些专业技术人员的比例，为人大履职提供专业咨询，这也是今后随着人大职能的强化，人大履职必须具备的能力要求。目前就全区四市的调研情况看，人大代表中法律专业人才不足，影响了法制委员会的履职能力。人大工作人员中，法律专业人才缺乏，有立法实践经验的人才更是稀缺。所以，加强人大法律人才的配置与培养，已成为刻不容缓的一项工作。

（四）要全面理解人大的立法主导作用，把法规制定、审查、监督贯穿人大立法的全过程

自治区人大应设立专门机构重点加强对设区市立法的合法性审查，维护法制统一，保证立法质量。设区市政府法制部门要加强对规章的审查力度，确保规章的质量。

四中全会《决定》提出"要健全有立法权的人大主导立法工作的体制机制，发挥人大及其常委会在立法工作中的主导作用"。人大的立法主导作用应贯彻整个立法的全过程，包括立法规划、立法过程、审议、审查、立法后评估等，而不是仅仅局限在某一个方面。要重点加强人大对立法草案的审议、审查功能，加强政府法制部门对规章的审查力度，按照四中全会《决定》要求，建立健全法规、规章在制定过程中征求人大代表意见制度，增强立法的民主性和科学化水平。在当前四市立法能力、立法经验不足的情况下，要重点加强自治区人大对设区市立法的指导和法规的合法性审查力度，自治区人民政府法制部门也要加强对设区市规章制定的指导与备案审查，保证规章质量。立法后评估是目前许多地方通行的有效解决立法质量的重要方式，设区市立法权、政府规章制定权实施后，可以通过第三方机构对法规、规章进行评估，及时发现法规、规章在实施中存在的问题，提出意见建议，为修改完善法律积累创造条件。

（五）创新工作机制，建立健全立法机关与社会公众沟通渠道，开展立法协商，建立立法论证咨询机制，探索委托立法的方式，通过完善立法公众参与机制，凝聚社会共识，提高立法质量

立法机关主导立法并非意味着人大在立法中包揽一切，按照四中全会的要求，各级人大要健全立法机构主导、社会各方面有序参与立法的途径和方式。探索委托第三方起草法律法规草案。全区一些市虽然建立了立法咨询机构，但面临目前人才、机构短缺的局面，立法咨询机构的作用有限，设区市人大重点还要在委托第三方立法上下功夫，出实招，形成立法工作者、政府相关部门、专家学者共同参与地方立法的新模式。在确定一个立法项目后，可尝试由政府有关部门、专家学者分别制定草案，人大在征求各方意见后汇总各方意见，最后确定立法草案文本。这样既发挥了国家机关、社会团体、专家学者的论证咨询功能，防止了政府立法的利益部门化弊端，也拓展了立法渠道，规避了人大立法力量不足带来的立法质量无法保证的问题，有效提升了立法的科学性和民主化水平，为制定一部好的法律打下坚实的机制。

宁夏司法体制改革研究

吴培渊 朱丽梅 田 禾

2015 年 3 月以来，作为全国司法体制改革第二批试点单位之一，在宁夏司法体制改革试点方案获得中央批准后，宁夏高院按照中央、自治区、最高法院的决策部署，认真组织、精心谋划，坚持顶层设计、分步实施、不断完善、依法稳妥的工作思路，积极稳妥推进了司法体制改革的各项工作，取得预期的工作成效。

一、积极探索，努力开展司法改革试点工作

2014 年底，中央将宁夏作为第二批司法体制改革试点地区以来，宁夏高院及时成立了由李彦凯担任组长的"宁夏法院司法改革领导小组"，下设司法改革办公室和"司改 9 人小组"具体负责宁夏法院司改总体方案和重要改革措施的研究、制定工作。2015 年初，司改领导小组围绕司法人员分类管理、完善司法责任制、加强司法人员职业保障和省以下法院人财物统一管理四项改革任务，在全区范围内进行了深入、细致的调研工作，认真听取基层法院意见，摸清基数，制定完成了《宁夏法院司法体制改革试点

作者简介 吴培渊，宁夏回族自治区高级人民法院研究室副主任，正处级审判员；朱丽梅，宁夏回族自治区高级人民法院研究室正科级书记员；田禾，宁夏回族自治区高级人民法院研究室副主任科员。

方案》。2015 年 7 月 15 日，自治区政法委召开司法改革试点动员大会后，3 家试点法院以司法责任制为中心积极开展司法改革试点工作。

（一）司法人员分类管理推进情况

根据改革方案，宁夏法院把司法机关工作人员分成法官、审判辅助人员、司法行政人员三大类，在保证三类人员分别占中央政法专项编制数的 39%、46% 和 15%，且法官首批入额比例不超过 30%，确保员额不用满的原则下，宁夏先行试点的 3 家法院将所有审判员、助审员纳入遴选范围，统一采取考试加考核的方式，经资格审查、业绩考核、入额考试、组织考察等程序确定 91 名拟入额候选人，并最终提交自治区法官遴选委员会差额审议确定了 85 名首批入额法官人选，其中，吴忠中院确定入额法官 32 名，青铜峡市法院确定入额法官 33 名，盐池县法院确定入额法官 20 名。首批入额法官现已全部调入审判一线办案。62 名未入额法官在保留身份、等级的前提下，拟定 51 人转任法官助理并继续留在审判一线工作，11 人转任为司法行政人员。为顺应员额制改革需求，试点法院改革原有庭室管理模式，组建专业审判团队，实现审判资源配置的优化。

（二）司法责任制改革推进情况

司法责任制改革是本次改革的"牛鼻子"，是法院推进改革的重点。试点期间，宁夏各级法院始终坚持"让审理者裁判，由裁判者负责"的改革原则，在司法责任制改革过程中都进行了有益探索和大胆实践。全力推进审判权力运行机制改革，制定完善合议庭、审委会、院庭长审判管理职责等各类司法责任制配套制度规范，探索将文书签发权逐步还权于法官，支持和保障审判权依法独立公正行使；建立办案人员权力清单制度，明确界定院、庭长等各相关办案人员的权力界限和行为边界；重新定位审判委员会职能，通过严格限定讨论案件范围，实行专业法官会议制度，在限缩审委会讨论案件范围的同时，保证了重大、疑难、复杂案件的审判质量；完善案件质量评查机制，建立法官业绩档案，探索实施符合审判规律的工作绩效考评办法；完善司法廉洁监督机制，制定司法责任制实施细则，推进涉廉事项报告、案件廉政回访等制度，不断加大司法公开力度，促进司法公信和权威的树立；完善错案责任追究制度，明确差错责任的认定标准和责任范围,科学界定合议庭成员、主审法官的责任，做到权责统一。

(三) 司法人员职业保障改革推进情况

司法人员职业保障改革涉及法院、自治区财政、人社等各职能部门，需要各部门之间协调推进。试点期间，法院主要是在自身权限范围内进行了改革尝试。完善履行职责保护制度，依照《领导干部干预司法活动、插手具体案件处理的记录、通报和责任追究规定》和《司法机关内部人员过问案件的记录和责任追究规定》，明确规定对于独任法官、合议庭成员以外的人员非因履职需要，干预、过问、插手案件审理的处理办法，在错案追究过程中，加入法官申辩程序，保护法官依法履职；探索建立执法办案激励机制，如青铜峡市法院制定《差旅费与办案质效挂钩报销暂行办法》，采取"以岗定员，以岗定责，以案定补"方式核发差旅费，激发办案人员积极性，促进案件质量效率提升。目前，自治区高级法院正在与区财政、人社等部门积极协调，抓紧调研，摸清底数，为落实法官职级待遇奠定良好基础。

(四) 自治区人财物统管改革工作推进情况

宁夏地区先行试点的3家法院已于2016年初完成了人财物的统一上划工作。目前，自治区高级法院正在组织区内其他各院进行人财物摸底清算工作。

二、全面启动，奋力推进宁夏司法改革工作

2016年7月18日至19日，全国司法体制改革推进会和全国高级法院院长座谈会结束后，自治区高级法院党组第一时间向自治区党委进行了汇报，并于7月23日召开宁夏高院党组扩大会，认真学习传达会议精神，全面深刻领会党中央、最高法院关于司法体制改革的新部署、新要求，进一步统一思想认识，坚定改革信心，正确把握改革政策，按照"全面全力强推进，从严精准抓落实"的整体工作思路，认真研究部署了全区司法体制改革工作。7月28日，自治区司法体制改革领导小组召开了第6次会议，传达了全国司法体制改革推进会精神，研究部署了宁夏法院全面推进司法体制改革的相关贯彻落实意见。8月2日，宁夏高院召开党组会议，具体

深入研究部署宁夏法院全面推进司法体制改革的各项工作任务，明确细化了落实各项改革任务的路线图、时间表、任务书，细化措施、倒排工期、压实责任。8月3日，宁夏高院召开了宁夏法院全面推进司法体制改革工作动员大会，标志着以司法责任制和人员分类管理两项基础性改革为重点的司法体制改革工作在全区三级法院全面整体启动。动员会后，宁夏各级法院思想上普遍高度重视，推进改革的决心坚定，采取的措施得力，改革步伐稳步推进，干警思想总体稳定，工作积极向前推进，没有出现大的问题和波动。经过制订方案、征求意见、动员宣传、报名承诺、资格审查、民主推荐、民主测评、业绩考核、统一考试、全面考察、报送审核及各个环节逐一公示等程序，按照员额数与提请审议人数1:1.1的比例提出首批入额法官建议人选931名，差额89名。9月9日，自治区法官检察官遴选委员会第一届第五次全体会议审议通过宁夏法院842名首批进入员额制法官，为下一步推进改革工作奠定了良好基础。

一是加强组织领导，层层落实主体责任。自治区高级法院成立了由李彦凯院长任组长的全面推进司法体制改革领导小组，领导小组下设业务指导协调组、思想政治宣传组和督导检查落实组，全面负责宁夏法院司法体制改革推进工作，并下发了《关于全面推进司法体制改革相关工作要求的紧急通知》，明确司法体制改革过程中各级法院必须严格落实请示汇报制度、沟通协调机制、督导检查机制，认真做好"一周一报，一旬一查，一月一总结"工作，确保改革任务按时推进。同时，将《通知》抄送各市（县、区）党委书记、政法委书记，争取地方党委对法院各项改革工作的支持。全区各级法院也成立了相应的领导小组，明确职责分工，层层压实改革责任。各级领导干部带头发扬实干精神，认真开展前期摸底调查，深入研究制定切合本院实际的实施方案，全程对改革各项任务的落实进行调研、指导、协调和督查，充分发挥了改革"枢纽"作用。

二是思想政治工作贯穿改革始终。全区各级法院通过专题培训班、干警大会、法官动员会、公开信、个别谈话交流等方式，广泛进行宣传动员，全面掌握干警思想动态，及时将司法改革精神和政策准确传达到每一位干警，引导干警对改革有正确的认识和合理的预期，在思想认识上与党中央、最高法院、自治区党委的部署和要求保持一致。

三是程序严格公正、过程公开透明。根据中央和自治区司法改革的最新精神，在总结前期试点法院试点工作的基础上，宁夏高院认真研究下发了《全区法院首批入额法官遴选工作指导意见》，明确了首批入额法官遴选的指导思想、基本原则、适用范围、资格条件、遴选方式、方法程序等，并按照"首批入额比例高、中院不超过30%、部分案多人少的基层法院不超过35%"的原则，测算了宁夏法院首批入额法官遴选比例。8月14日，宁夏法官遴选办公室组织宁夏法院分管政工工作的院领导、政工部门负责人和工作人员80多人在宁夏高院参加首批入额法官遴选工作培训班。全区各级法院本着对党负责、对法律负责、对法官负责的态度，经过广泛征求干警意见建议、深入研讨论证，结合实际分别制订了各自的《首批入额法官遴选工作实施方案》，严格进行资格初审，严肃考试考核纪律，逐环节进行公示，全面接受干警监督，真正把政治素质好、业务能力强、审判经验丰富、年龄结构合理的法官选入员额。

四是推进改革与换届工作衔接平顺。首批入额法官遴选工作恰逢市县换届，全区22个基层法院中有17个法院院长进行了换届调整。尽管职务发生了变动，但相关法院的新老院长政治觉悟没有降低、政治责任没有推卸、政治纪律没有松懈，推进司法改革工作没有出现"挂空挡"情况。即将离任的院长普遍能够坚守岗位，在岗一天、尽责一天，始终对司法改革工作保持高度关注；新到岗的院长也第一时间将推进司法改革工作作为首要任务，集中精力抓实、抓紧、抓好，确保司法改革、审判执行工作和队伍建设工作整体思想不乱、工作不断、质效不减。

五是主动汇报工作，积极争取支持。在稳妥有序推进改革的同时，全区各级法院主动及时向当地党委、政府汇报改革以来各项工作开展情况、存在的问题和困难以及下一步工作打算，积极争取当地党委、政府对改革工作的关心和支持，始终把司法改革置于党的领导之下。

三、宁夏司法改革工作的新成效

在经过近一年的司改试点后，宁夏高院对司法改革试点工作进行全面总结并指导，接受中政委委托第三方评估机构对其员额制和司法责任制改革试点工作的工作评估，宁夏法院司法体制改革试点工作取得阶段性成效。

一是法院人员配比更加科学，司法资源使用进一步优化。落实人员分类管理后，3家试点法院的法官、审判辅助人员、司法行政人员的占比分别由改革前的55%、25%、20%，调整为改革后的30%、56%、14%；一线办案人员由改革前的198人，增至目前的213人，法官与司法辅助人员的比例也调整为司改后的1:1.8，一线办案力量明显增加，法官与司法辅助人员比例倒挂的问题得到了初步解决。

二是法官年龄结构更加合理，为法官队伍的梯次成长打好了基础。3家试点法院首批85名入额法官中，50岁以上人员24人，占比28%；40~49岁人员41人，占比48%；30~39岁人员17人，占比20%，30岁以下人员3人，占比4%。

三是法院办案组织结构得到优化。为适应员额制改革，提高办案效率，宁夏3家先行试点法院对原有的审判业务庭室进行改革，完成民事、刑事、行政、执行审判团队组建工作，审判团队既是办案责任主体，也是基本管理单元，形成灵活应对案件变化和审判工作发展的人员配置新模式。如盐池县法院按照"1+2+2"（即1名审判长+2名法官+2名书记员）的配比组建8个审判团队；青铜峡市法院按照"2+1+2"（即2名法官+1名助理+2名书记员）的配比组建12个审判团队。

四是审判绩效进一步提升。2015年，宁夏3家试点法院共受理各类案件12365件，同比上升31%；审、执结10404件，同比上升38%。在落实人员分类管理后，3家试点法院配置在审判一线的法官和审判辅助人员占到总人数的近76%，一线办案人员比改革前增加6%，3家试点法院提交审委会讨论案件占结案总数的2.6%，一审服判息诉率同比平均上升近14个百分点。2015年，85名入额法官办案总数9818件，人年均办案116件，与2014年一线法官人年均办案84件相比，上涨了38%；员额内院领导和部门领导办案2903件，其中，部门领导人年均办案数达到122件，与一般员额法官年人均办案139件基本持平。2016年上半年，3家试点法院共受理各类案件8211件，审结4872件，同比分别上升8.9%和21.34%。其中，吴忠中院 2016 年上半年结案率达 79.31%，位居全区法院之首。

五是司法责任制落实有力，司法能力大幅提升。试点法院在推进人员分类管理改革的同时，认真落实最高法院《关于完善司法责任制的若干意见》，结合司法能力提升工程，提出了一些好办法、好举措，干警司法能力得到了大幅提升，确保了审判工作质量。2016 年上半年，3 家试点法院一审结案 2295 件，服判息诉率达到 94.34%，优于全区法院平均水平。其中，盐池县法院一审案件的上诉率指标达到全区最好。

宁夏法院司改试点工作能够达到预期目标，取得较好成效，3 家试点法院做了大量艰苦细致的工作。同时，也为宁夏法院形成了一些可复制、可推广的做法和经验：一要坚持党的领导，确保正确方向。在推进过程中，宁夏高院党组牢牢把握坚持党的领导，坚持中国特色社会主义制度，坚定不移走中国特色社会主义法治建设道路的改革方向，确立以中央关于深化司法体制改革的精神为指引，紧扣中央顶层设计和自治区党委、最高法院、自治区党委政法委的改革部署，紧密结合宁夏法院实际，积极推进司法体制改革，确保宁夏法院司法体制改革试点工作始终在正确的道路上不偏离。二要坚持思想动员，凝聚改革共识。宁夏高院党组和试点法院始终坚持将思想政治工作贯穿于改革试点全过程，通过集中学习、外出考察、印发资料、个别谈话等方式全方位、有重点地做好改革政策解读和思想发动工作，明确改革目标和方向，坚定推进改革的信心，为推进改革打下坚实的思想基础。三要坚持遵循司法规律，抓好顶层设计。在《宁夏法院司法体制改革试点方案》起草过程中，宁夏高院紧密结合宁夏法院实际情况，通过深入细致的调研，认真听取基层法院意见，经多次修改完善，最终明确了宁夏法院改革的方向、目标、步骤及相关配套制度。《试点方案》审批通过后，宁夏高院司改办帮助先行试点三家法院根据各院实际起草完成了试点法院的实施方案，保证了上下方案的一致性。同时，及时组织人员对试点工作进行全面、客观的分析，不断修改完善司改相关配套制度，确保顶层设计的科学性。四要坚持点面结合，带动整体推进。宁夏高院结合本地实际确定了以"先行试点，重点突破"的方法带动改革全面推进，将吴忠中院、青铜峡市法院、盐池县法院确定为先行试点法院，为宁夏法院司法改革先行探路，积累经验。同时，出台指导性意见，鼓励自治区内三级法院按照改革精神围绕司法责任制改革先行先试，分层推进审判权运行机制改革的各项任务，积累了许多好的经验。五要坚持强化组织领导，严格落实责任。宁夏高院先后成立了宁夏法院司法体制改革试点工作领导小组、司改九人工作小组，设立了司改办和试点办，明确了职责和分工，确保各项改革任务有序推进。六要坚持注重新闻宣传，营造良好氛围。宁夏法院积极配合中央部委、最高法院、自治区党委政法委等相关部门开展改革调研，主动建言献策，争取他们对法院改革的关心和支持；主动将宣传改革内容纳入法院与代表、委员联络内容之中，引导他们正确认识司法体制改革，赢得他们对法院改革工作的支持；做好司法改革的新闻宣传工作，引导媒体多做有益于法院改革的宣传报导，营造良好的改革氛围。

四、宁夏司法改革工作存在的问题和困难

一是宁夏法院中央政法专项编制基数相比周边省份较低，与逐年大幅上升的案件数量不相匹配的矛盾日益突出，急需建立与案件数量相匹配的办案人员动态增补机制、编制增长机制，以保证审判人员的设置与日益繁重的审判任务相一致。二是确定的各中级法院首批入额法官 30% 的员额比例较低，而原任法官人数较多，未入额法官分流消化难度大，对下一步工作有较大影响。三是司法辅助人员配置不足，按照法官、法官助理、书记员 1:1:1 的配备比例和模式，现有编制内干警无法满足审判执行工作需要。四是聘用制人员的招录、考核、福利待遇、人事关系等缺乏统一的管理办法，人员流动性大，保持队伍稳定的压力较大，政府购买社会化服务的政策尚不明朗。五是全区各级法院受理案件数量继续保持大幅增长，改革后入额法官数量减少，保持审判质效形势依然严峻。

五、进一步推进宁夏司法改革工作的思路与建议

（一）有序推进人员分类管理改革

在首批入额法官遴选工作完成后，一要继续抓紧完成司法辅助人员、司法行政人员分类定岗工作，以岗定责。二要进一步明确法官的办案职权

和责任，实行办案质量终身负责制和错案责任追究制。三要建立健全员额动态管理和退出机制，实现员额"有进有出"。及时出台具体管理办法，对办不了案或办案达不到要求的，要退出员额。

（二）进一步推进配套审判机制改革

一要进一步建立确保法律统一适用的工作机制，充分发挥司法改革后审判管理的职能作用，适应扁平化的审判组织和审判权力运行机制，让院庭长和专门审判管理机构切实承担起各自的审判管理职责，确保管理到位不缺位。完善专业法官会议制度，建立类案检索参考制度，强化审判委员会统一适用法律功能。二要进一步完善法官业绩考核评价制度。要及时研究出台有关指导意见，全面、科学评价法官办案数量、质量、效率和效果，将业绩评价作为法官任职、等级晋升的重要依据，与绩效考核奖金直接挂钩，并实现业绩评价与员额退出机制、惩戒机制、激励机制的有效衔接。三要进一步推进自治区以下地方法院人财物统一管理改革。按照中央和自治区的要求，做好准备，积极配合自治区有关部门平稳推进改革任务。四要进一步加强与相关职能部门的沟通协商，积极配合做好工资制度改革、单独职务序列管理及人财物统管相关工作。

（三）扎实推进其他各项重要改革

一要进一步推进以审判为中心的诉讼制度改革，切实发挥好审判特别是庭审在查明事实、认定证据、保护诉权、公正裁判中的重要作用，确保案件程序公正与实体公正相统一。二要进一步推进繁简分流和多元化纠纷解决机制改革。在立案、分案、送达、庭审、宣判、执行等各环节进一步推进繁简分流，优化司法资源配置；进一步健全刑事案件速裁程序运行机制；推进认罪认罚从宽制度改革；深入贯彻落实《关于人民法院进一步深化多元化纠纷解决机制改革的意见》，大力推广"双助理""四位一体""五位一体"等多元化纠纷解决工作机制，满足群众多元司法需求，及时有效化解矛盾纠纷。三要进一步开展审执分离改革、推进执行领域的人员分类管理改革和完善信用惩戒机制，着力解决影响执行公正、制约执行能力的深层次问题，确保实现"用两到三年时间基本解决执行难问题"目标。四要进一步推进人民法院内设机构改革。坚持扁平化管理和专业化建设相结合，既优化业务部门设置，又优化司法行政部门设置。五要进一步深化司法公开。以司法公开"三大平台"为载体，以法院信息化建设和司法能力提升工程建设为抓手，大力推进司法公开工作，着力构建开放、动态、透明、便民的阳光司法机制，进一步增强司法透明度，促进司法公正，不断提升司法公信力。

（四）进一步强化法官履职保障

建议宁夏尽快出台《保护司法人员依法履行法定职责规定》的具体实施细则，加大贯彻力度，落实从优待警各项措施和对法官依法履职的保障，缓解法院工作人员工作压力和畏难情绪。建议对一些有可能对审判执行工作和司法形象产生不利影响的活动或任务，人民法院不再参加或承担，尽量减少法院干警参加与审判执行工作无关的会议、活动、考核等，确保法院干警能将精力集中在审判执行工作上，为地方经济社会发展提供更加高效优质的司法服务和保障。

（五）积极探索推进政府购买社会化服务途径，为审判团队配齐配强司法辅助人员

对于司法辅助人员，建议形成全区统一招聘、统一培训、统一管理、统一考核，自治区级财政统一保障的工作机制，保证司法辅助人员的质量和稳定性，以满足审判执行工作需要。

（六）建议进一步建立完善全区法院编制动态管理机制

根据地方经济社会发展状况、收结案数量、人员结构等情况及时增补中央政法专项编制，实现编制增加与案件数量增长相匹配。

宁夏职务犯罪现状研究

张　寨

党的十八大以来，宁夏各级检察机关认真贯彻党中央、自治区党委以及高检院关于开展反腐败斗争的一系列重要决策部署，充分运用"侦查一体化、惩防一体化"工作机制，加大查办职务犯罪工作力度，积极开展职务犯罪预防，坚持有案必查、有腐必惩，坚持标本兼治、综合治理、惩防并举、注重预防，查办和预防职务犯罪工作取得了新成效。为深入推进查办和预防职务犯罪工作，自治区检察院对 2013 年至 2016 年 10 月全区查办和预防职务犯罪工作开展了调查研究，以期总结经验、分析问题、提出对策，有效促进宁夏反腐倡廉建设。

一、宁夏职务犯罪的现状及特点

十八大以来，宁夏检察机关不断加大打击腐败的力度，以查办要案为核心带动其他案件的查处工作，立案查办的案件数量和质量显著增长，立案处查处的处级、厅级干部人数翻倍增长，破获一系列大案、要案和窝案串案。2013 年至 2016 年 10 月，宁夏各级检察机关共查办职务犯罪案件 1075 件 1532 人，其中大案 717 件，要案 84 人，形成反腐败的高压态势，在社会上引起了广泛的影响。同时立足于"虚事实做"，积极开展职务犯罪

作者简介　张寨，宁夏回族自治区检察院职务犯罪预防处助理检察员。

预防工作，共撰写职务犯罪预防报告 628 件，举办警示教育 2741 次，开展行贿档案查询 107797 次，取得了良好的社会效果。但是，一些重点领域和关键岗位职务犯罪案件依然高发、易发。当前职务犯罪特点如下：

（一）从涉及罪名看，贿赂案件高发、易发

2013 年以来，所查处的职务犯罪案件中，贪污贿赂案件 949 件 1317 人，渎职侵权案件 126 件 215 人，分别占职务犯罪立案总人数的 85.97% 和 14.03%，贪污贿赂案件比重较大。查办的贪污贿赂犯罪案件中，贪污案件 228 件 483 人，占立案总人数的 31.53%；贿赂案件 673 件 765 人，占立案总人数的 49.93%，贿赂案件比重较大（见图 1）。

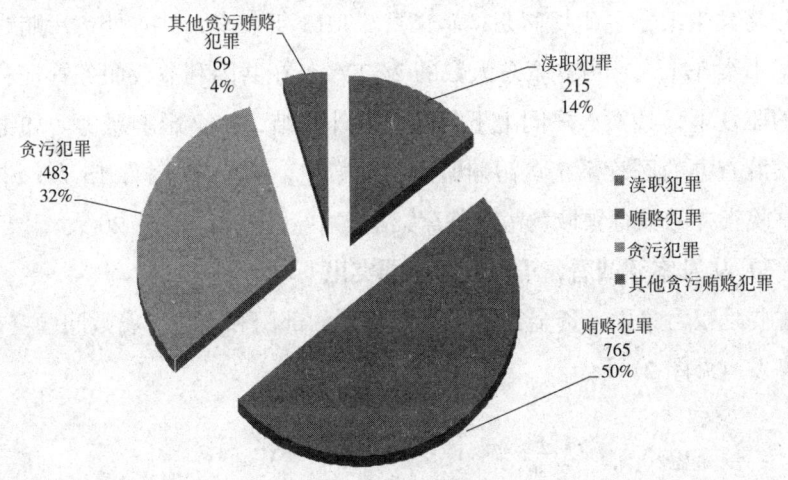

图 1　职务犯罪罪名分布图（人）

（二）从涉案主体看，基层工作人员犯罪、一把手犯罪和窝案串案现象突出

1. 基层工作人员职务犯罪比重较大。2013 年至 2016 年 10 月，共查处农村基层组织工作人员贪污贿赂案件 714 人，科级及科级以下干部贪污贿赂犯罪案件 232 人，两者共占立案总人数的 61.75%。此类人员职务不高，却是落实政策的直接管理人员，其利用从事或协助政府落实项目投资、征地拆迁、涉农资金发放、退耕还林等政策的职务便利贪污受贿、挪用公款，"小官"贪腐严重。如 2014 年查办的贺兰县金贵镇小城镇建设拆迁领域窝案串案中，政府征地拆迁工作人员与村干部之间以及村干部之间互相串通，

收受被拆迁户现金共计78万余元，涉及行贿人员80余人。

2.一把手职务犯罪突出。2013年至2016年10月，共查处县处级领导干部84人，厅级干部22人，两者占立案总人数的6.92%。这些一把手犯罪虽然比例不高，但作案时间跨度长，作案次数多，犯罪金额大，且往往涉及本部门或者本行政区域内的工程建设项目管理、土地管理、物资采购管理、人事管理等多个领域，查处一个一把手往往会"牵出一串，挖出一窝"，甚至存在"家族性"腐败。如自治区林业局原局长王某受贿案、贺兰县原县委书记方某受贿案、自治区经济和信息化委员会原副主任高某受贿案中，均有家族成员涉及共同实施犯罪。

3.窝案串案等群体性职务犯罪较多。2013年以来，共查处贪污贿赂犯罪窝案串案371人，占立案总人数的24.22%。在共同利益或职务管理利害关系的驱使下，涉案人之间上下勾结或内外勾结，社会影响恶劣。如银川市检察院查办的医疗系统贪污贿赂窝案串案中，共立案13件15人；中卫市检察院查办的教育领域贪污贿赂窝案串案中，共立案19件20人。

（三）从发案领域看，重点领域犯罪突出

主要是权力集中、资金密集、资源富集的部门和岗位，腐败问题突出、案件高发（见图2）。

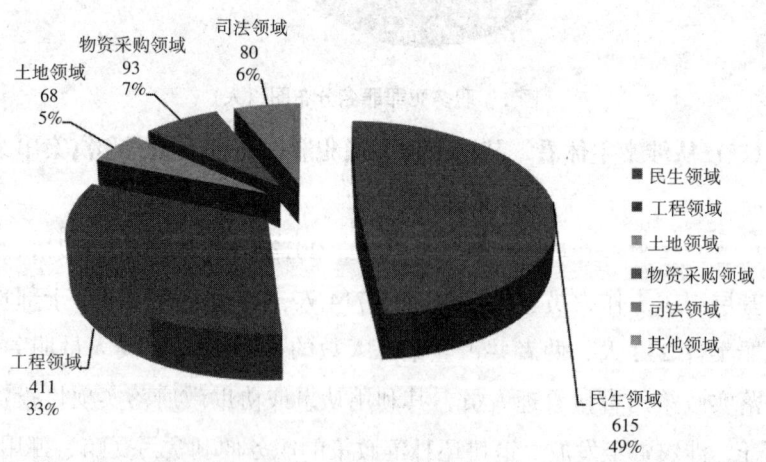

图2　职务犯罪领域分布图（人）

1. 民生领域腐败案件高发，严重损害了群众利益。通过集中开展扶贫领域、危房改造、征地拆迁等涉及群众切身利益的职务犯罪惩防专项活动，全区各级检察机关共查办扶贫开发、土地出让、征地拆迁补偿、种粮补贴、退耕还林、涉农资金使用、农村基础设施建设、医药购销、电力、保障性住房等涉及民生领域的贪污贿赂犯罪615人，占立案总人数的40.14%。此类案件严重影响了国家惠民扶贫政策的贯彻落实，危害了党群干群关系。

2. 工程管理领域，"未招先定""先贿后付"的潜规则盛行。查办工程建设领域职务犯罪案件411人，占立案总人数的26.8%，且要案居多。已查结的17名厅局级干部受贿案中，其中14名涉及工程管理领域受贿，所占比例高达82.35%。犯罪手段普遍表现为投标前私定行贿人为中标人，且选择自己信任的工作人员作为具体操作人并"暗传旨意"，并"暗箱操作"使行贿人中标，"未招先定"特征突出；在应当拨付工程款之时，故意搪塞拖延支付，索要、等待行贿人给予贿赂后，再支付工程款，经历"拖、要、批"三部曲，实现了"先贿后付"的目的，导致工程建设领域"潜规则"盛行，甚至"潜规则"变成了"明规则"。如自治区经济和信息化委员会原总经济师、红寺堡区原书记仇某，在工程招投标环节和工程款支付环节受贿39次，受贿人民币458万元、美元1万元，数额巨大。

3. 土地管理领域，"未拍先定""先贿后批"特征突出。共查处土地管理领域职务犯罪案件68人，占立案总人数的4.44%，涉案人主要为一把手。已查结的17名厅局级干部受贿案中，其中有5人的受贿行为涉及土地招投标环节和审批环节受贿，所占比例为29.41%。主要采取"未招先定"和"先贿后批"的手段收受贿赂。如银川市委原常委、金凤区原书记夏某受贿案，在土地使用权出让和土地使用权审批环节受贿7次，受贿517万元。

4. 物资采购领域，"未招先定""先贿后付"特征明显。共查办物资采购领域贪污贿赂犯罪案件93人，占立案总人数的6.07%，受贿行为主要发生在招投标环节和采购资金支付环节，具有"未招先定""先贿后付"的双重特征。如宁夏农垦集团有限公司原总经理、党委书记常某受贿案，在物资采购领域受贿4次，受贿150万元。

5. 司法领域职务犯罪案件性质恶劣，社会危害性较大。共查处司法领域职务犯罪案件 80 人，占立案总人数的 5.22%。此类犯罪虽然数量较小，但严重破坏了司法公信力，社会危害较大。如自治区公安厅原副厅长贾奋强为他人在工程建设、企业经营等方面提供帮助，收受财物折合共计人民币 1506 万元；自治区高级人民法院原副院长马某受贿案中，20 余名当事人及律师参与行贿，严重干扰审判秩序，影响司法公正；银川市公安局原副局长周某收受贿赂，滥用职权，充当犯罪分子的"保护伞"，包庇违法分子开设赌场、寻衅滋事，造成恶劣影响。

（四）从收受财物的具体形式看，更具隐蔽性

随着经济的发展，行贿人与受贿人之间的权钱交易呈多元化发展趋势，以前收受的财物主要有现金、银行卡、房屋、轿车、金银制品、消费卡等多种形式，目前出现了收受股权、特定关系人贿赂等新的受贿形式，犯罪过程更加隐蔽。如自治区国资委原主任黄某受贿案中，收受公司股权、持股分红 612 万元；自治区公安厅原副厅长贾某受贿案中，为袁某承揽工程，通过特定关系人薛某先后收受袁某贿赂 1413 万元。

（五）从犯罪经历看，犯罪人都经历了由违纪违规发展到违法犯罪的过程

职务犯罪人反思自己犯罪的规律都是从违纪违规开始走上了违法犯罪的道路。如红寺堡区原书记邱某反思："收取不义之财的规律与事物发展的规律相似，都是由小到大，从几千到几万元，再到几十万元，数字越来越大，胆子也越来越大。"

二、宁夏职务犯罪成因分析

（一）理想信念缺失，宗旨意识弱化

"千腐败，万腐败，都是思想先腐败"，这是职务犯罪涉案人的共同反思。职务犯罪都是从不重视个人思想修养、放松思想学习开始的，导致为人民服务的宗旨意识日趋淡薄而滑向犯罪的深渊。涉案人员随着工作经历的延续和职务升迁，逐渐放松思想学习，私欲物欲膨胀，工作动机不纯，工作目的不洁，重视个人利益得失而轻视个人思想建设，贪图奢靡生活，放纵贪欲泛滥，追逐享乐主义；重视职位升迁而忽视思想修养，对党组织

的学习制度、学习要求和警示教育置若罔闻，放任自己随波逐流，敷衍了事。工作上阳奉阴违，奉行"台上说一套，台下做一套"，"两面人"现象普遍。思想上口是心非、表里不一，习惯于形式主义；重视政绩而放弃思想建设，以政绩建设为由与党纪国法打擦边球，甚至不讲规矩任性玩弄权术，个人特权思想逐日抬升，官僚主义日趋严重。享乐主义、形式主义、官僚主义是个人私欲物欲膨胀的结果，也是个人私欲物欲泛滥的"催化剂"，导致宗旨意识弱化，最终走上了腐败的道路。中宁县原党委书记张兴斌在忏悔录中写道："就这样吃了不该吃的饭，去了不该去的地方，拿了不该拿的钱物，走向腐败堕落。""在个人享受上要求的标准越高，离共产党人的本色就越远。腐化必然导致堕落，堕落放出贪欲恶魔，贪欲会让人失去良知、走向邪恶。"

（二）法治观念缺失，侥幸心理作怪

从查处的案件看，大多数涉案人都会认为自己犯罪是忘记了党纪国法，但仔细剖析其从经历违纪违规到违法犯罪的过程，不难发现这些涉案人并不是忘了党纪国法，而是"知法犯法，明知故犯"。因侥幸心理作祟，采取大量规避法律的手段铤而走险以身试法，小错不究，大错不惧，导致法治观念弱化，失去了对党纪国法的敬畏之心。在金钱的诱惑下失去了"免疫力"和"抵抗力"，走上了腐败犯罪的"不归路"。宁夏黄河银行原副行长郑某案发后自述："我的享乐主义思想和攀比心态的上升，从而忘记了党纪国法，放松了对自己的要求，把一些社会不良风气，看成是官场上普遍现象比比皆是，法不责众，没什么大问题，这种侥幸心态铸成了大错。是我毁了自己，害了家人，毁掉了自己的家，我深感对他们的愧疚，让他们为我背负贪官骂名的耻辱，并将长期地痛苦煎熬，一失足成千古恨"。

（三）监督管理缺失，权力运行失范

我国正处于社会市场经济建设发展时期，相关的体制机制尚在不断地改革完善中，部门内部监督管理机制不够规范，部门外部监控监督机制不够严密，权力运行机制缺少公开、公平、公正的阳光化运行的具体措施，缺乏可操作性。特别是个别部门集体决定、集体监督的机制形同虚设，"一支笔""一言堂""一把手"决定重大事项的现象屡禁不绝。如红寺堡区原党委书记仇某坦言："过去的一些制度，随着形势的变化，已经不能适应日益发展的开放型经济条件下监管县级领导的手段。县委书记因为'天高皇帝远'，在领导岗位上是真正的自由人，本级监督无作用，上级监督没手段，更高监督离太远。长期以来，属于自我管理、自我约束的特殊人群。对执行上级的政策、决定重大事项、任用干部都有绝对的权力。"因此，监督制度不完善、措施不具体、执行力不强、落实不到位，个别干部在领导岗位上我行我素，逐渐形成"上级很难管，同级不好管，下级不敢管，群众不能管"的恶性循环，成为滋生职务犯罪的温床。

（四）依法行政缺失，责任落实不够

近年来查办的渎职犯罪呈现出"贪渎交织"的情况，渎职侵权犯罪的背后往往掩盖的是贪污贿赂犯罪。就单纯的渎职犯罪来看，大多数涉案人员对自己违反岗位职责社会后果和法律后果认识不足，缺乏罪责自负的责任意识和法律意识，在工作中不严格执行法律规定、规章制度和工作规范，不认真履行自己的岗位职责，放任违规违法行为发生，甚至违反岗位职责的要求，纵容违规违法行为发生，从而导致重大事故发生，造成人员伤亡或者重大经济损失。如青铜峡市小坝镇干部董某、魏某，在明知张岗建材市场未批先建的情况下，未按照自己的监管职责要求及时制止该项目施工，而是采取了默许态度，放任该项目施工。后国土资源部卫星遥感监测发现该项目违法占地，责令强制拆除。给商户造成重大经济损失，引发群众集体上访，严重败坏了政府公信力。

三、惩治和预防职务犯罪的对策建议

党的十八大以来，全区检察机关严厉打击腐败，有效遏制了腐败滋生蔓延之势，但仍有一些党员干部不收敛、不收手，继续作案，反腐败的形势依然严峻复杂，反腐败工作任重道远。

（一）坚持理想信念教育，不断强化宗旨意识，筑牢"不想腐"的根基

严格执行党内学习制度，坚持政治学习与业务工作"两手抓，两手硬"，丰富学习方式，增强学习效果，教育广大党员干部相信组织、敬畏组织，切实履行党员职责，坚守为人民服务宗旨意识，牢固树立正确的权力

观、地位观和政绩观，明确权力与纪律、权力与法律的界限，自觉遵守党纪国法，坚持依纪行政、依法行政。促进党员干部反思和提升自身修养，深化廉政勤政意识，抵御拜金主义、享乐主义等腐败思想的侵蚀，提高自我预防职务犯罪能力，以民为本，廉洁奉公。

结合实际案例，剖析犯罪原因，经常性地开展警示教育，警钟长鸣，充分发挥廉政教育作用，推进廉政文化建设。建立职务犯罪预防宣讲团，组织培养宣讲专业人员，探索宣讲的内容和形式，丰富宣讲内容，提升宣讲的效果。结合实际案例，有针对性地在有关行业、部门和单位开展个别典型案例剖析、警示教育宣讲活动，教育广大党员干部廉洁自律。

警示教育既要面向广大干部党员也要面社会大众，不断扩大宣传范围，通过电台、电视、报刊、网络、公益广告、廉政教育片、宣传册、微博、微信等多种途径开展多种形式的廉政教育活动，宣传纪委、检察机关查办腐败案件的成果，发挥廉政宣传的震慑作用、警示作用和教育作用，扩大廉政教育效果；宣传党和国家的反腐败政策和制度，宣传反腐败的有关法律和纪律，深化全体党员和社会的倡导廉政、崇尚廉政的意识，积极参与反腐败斗争；宣传反腐败及预防腐败促进政治经济社会发展进步的重要意义，提振社会大众对反腐败斗争勇气和信心，强化全民反腐意识，群策群力，不断促进廉政文化的发展。

（二）坚持加大办案力度，持续严厉打击腐败，建构"不敢腐"的环境

全区各级检察机关要以查办职务犯罪案件为中心，坚持有腐必反、有贪必肃、有案必办，做到办案力度不减、节奏不变，形成持续震慑，坚决遏制腐败现象蔓延势头，深入推进党风廉政建设和反腐败斗争。切实加强侦查队伍正规化、专业化和职业化建设，提升打击职务犯罪的能力，积极查办妨害自治区重大经济发展战略实施的职务犯罪，依法查办发生在"一带一路"经济建设中的职务犯罪；深入查办深化国有企业改革过程中的贪污贿赂犯罪，依法保护国家利益和人民利益；依法查办发生在建设用地出让、租赁、入股、土地增值收益分配、征地补偿、房屋拆迁、土地承包经营权流转、公共资源均衡配置等领域的职务犯罪，促进经济协调发展；突出查办破坏市场经济秩序的职务犯罪，依法严厉打击国家工作人员利用组

织人事权、行政审批权、行政执法权等索贿受贿犯罪；坚决查处侵害民生民利的职务犯罪，建立健全查办发生在群众身边、损害群众利益的职务犯罪的常态化机制；严肃查办招生考试、医疗卫生、收入分配、社会保障、食品药品安全、扶贫救灾移民等重点领域和环节的职务犯罪。通过依法办案，促进国家工作人员廉政勤政、依法行政，推动政治、经济体制改革的深入开展，为"治本"赢得时间。

（三）坚持注重制度预防，健全监督管理机制，构筑"不能腐"的笼子

坚持"党委统一领导，党政齐抓共管，部门各负其责，依靠群众参与和支持"的职务犯罪预防工作机制，把预防工作纳入领导干部业绩考核。对于职务犯罪预防工作不力的单位和部门，对其主要领导人员要限制提拔使用，甚至要按照相关追究党纪政纪责任。

按照党风廉政责任制的要求，各部门和单位要加强内部预防，特别是领导班子成员要合理配置权力，对重大事项决策、人事任免、大额资金使用、财务管理等重点环节要有相应的监督制约的规范；适时公开应当公开的重大事项的决策过程，推行权力运行阳光化；经常性地梳理完善并严格执行各项规章制度规范，不断拓宽外部监督渠道，主动接受外部监督，促进内部监督与外部监督互联互通，形成纵横交错的监督网络，整合监督合力。

加快建立统一的公共资源交易平台的进程，整合工程建设项目招标投标、土地使用权和矿业权出让、国有产权交易、政府采购交易市场，加快形成统一开放、竞争有序的现代市场体系；调整对公共资源的静态管理模式，强化对公共资源交易全程的动态监督和预警，建设公共资源交易全程动态跟踪系统，不断健全失信惩戒机制和市场禁入机制，建立专家、个人、法人黑名单制度；除涉及国家秘密、知识产权的项目外，适时公开评标过程，充分发挥社会监督和舆论监督的作用，积极挖掘可能暗箱操作的线索，发现、揭露和打击违法犯罪行为；放宽专家选聘的资格条件，扩充专家库，健全专家选聘、回避制度；规范公共资源交易市场行为，减少行政干预，提高行政监管和公共服务水平，促进公共资源交易阳光化操作。

对典型的职务犯罪案件，积极开展案例剖析，分析发案特点、原因及预防对策；对涉案部门和单位，通过案例剖析、检察建议书、预防约谈等形式提出预防建议，充分发挥"办理一案，清理一线，教育一片"的法律效果和社会效果。积极开展个案预防、类案预防、行业预防和专项预防的调研和实践，探索预防制度建设，为党委、人大、政府及相关行业、部门和单位职务犯罪预防工作建言献策。

宁夏公安改革研究

张怀志

全面深化公安改革是公安部党委深入贯彻落实中央"四个全面"战略布局，着眼社会发展新常态、公安工作新形势，站在促进公安事业和队伍建设长远发展高度作出的一项基础性、战略性的重大决策部署。作为内陆欠发达省区，宁夏如何在公安改革中跳起来"摸高"，是急需我们探索的重大课题。本文重点尝试对新常态下全面深化宁夏公安改革进行思考分析，以期抛砖引玉。

一、全面深化公安改革的概念

习近平总书记强调："在整个社会主义现代化进程中，我们都要高举改革开放的旗帜，决不能有丝毫动摇。"这充分说明，改革开放永远在路上，只有进行时没有完成时。2015 年 2 月，一场事关平安中国、法治中国建设，涉及百万警察、辅警切身利益的 110 多项改革自上而下全面铺开。

（一）"全面深化公安改革"的提出

关于公安改革的"动议"，改革开放以来有三个时间节点上的"第一次"。1983 年 5 月，公安部召开全国公安会议之后，中央就全国公安会议的两个文件专门下发批转通知，第一次提出"公安工作必须加强，必须改

作者简介 张怀志，宁夏回族自治区公安厅政治部人事训练处地方干部科科长。

革，要加速公安队伍的革命化、现代化建设"。1996 年 3 月，根据中央"九五"规划和中央政法委对"九五"政法工作的部署，公安部配合下发《"九五"公安工作纲要》，第一次集中阐述部署"公安改革"，要求全国各地公安机关提高对公安改革的必要性和迫切性的认识，加大公安改革力度。党的十八大召开之后，我国进入全面建设小康社会的关键时期和深化改革开放、加快转变经济发展方式的攻坚时期，中央层面第一次提出"全面深化公安改革"概念，足见中央充分考虑到公安队伍有别于其他公务员的特殊性，体现了党中央对公安事业的高度重视和殷切期望。

（二）"全面深化公安改革"的内涵

2014 年 1 月中央政法工作会议召开，习近平总书记就政法工作做出重要批示，要求"坚持从严治警，严守党的政治纪律和组织纪律，坚决反对公器私用、司法腐败，着力维护社会大局稳定、促进社会公平正义、保障人民安居乐业"。这一重要论述，紧密结合了公安机关性质特点和职责任务，着眼能力建设，聚焦体制机制，是对"全面深化公安改革"内涵的具体阐述，为全面深化公安改革指定了前进方向、明确了发展基调、提供了基本遵循。

（三）"全面深化公安改革"的外延

中央"1+3"意见方案是全面深化公安改革的框架性安排，其外延至少包括三个方面：一是从公安机关维护社会大局稳定、促进社会公平正义和保障人民安居乐业的职责任务出发，回应人民群众密切关注的热点问题，回应制约公安机关体制性、机制性和保障性的难点问题。二是立足公安机关职权，构建适应动态化、信息化条件下的国内安全保卫大格局，高效应对国家安全面临的新形势新问题。三是明确公安事权，克服公安事权无限扩大、警种职能过于分散、层级管理混淆交叉等倾向，科学界定公安机关事权。

二、全面深化公安改革的重大意义

从顶层设计看，习近平总书记深刻指出："今后五年可能是我国发展面临的各方面风险不断积累甚至集中显露的时期。"在这一现实背景下，全面深化公安改革是提升新常态下公安机关有效管控危机风险、更好驾驭复杂局势的能力水平，维护国家安全和社会稳定的迫切需要。从公众期待看，公安工作和公安队伍现状与人民群众新期待、新需求客观上有一定差距，此次公安改革将给群众带来更大便利与实惠，这是中央坚持"为人民服务"的必然要求。从公安需求看，改革开放以来，全国公安机关通过改革创新解决了不少突出矛盾和问题，但也积累了不少影响公安机关职能作用发挥的体制性、机制性、保障性问题。这次改革聚焦问题，既有对管理体制、运行机制、警务保障的改进完善，也有对公安机关和广大民警责任、权利、义务的规范调整。

三、宁夏全面深化公安改革的现状

全面深化公安改革是宁夏公安工作发展进步的重大历史机遇。下面以宁夏全面深化公安改革实际工作为例，浅析宁夏深化公安改革现状特点、制约因素及对策建议。

（一）总体设想

全面深化宁夏公安改革旨在建立与全区经济社会发展相适应、与依法治区部署相呼应的宁夏警务运行机制和执法权力运行机制，加快推动宁夏公安事业和法治建设进程，进一步维护宁夏民族地区社会政治稳定，全力保障全区经济社会有序发展。根据中央"1+3"改革部署，紧密结合宁夏开放型战略和国家"一带一路"建设，自治区党委、政府把公安改革纳入自治区全面深化改革的整体规划，融入宁夏发展大局，明确到2017年，在全区基本形成系统完备、科学规范、运行高效的公安工作和公安队伍管理制度体系，逐步实现基础信息化、警务实战化、执法规范化、队伍正规化。

（二）改革现状

按照上述思路，宁夏从三个层面分类对待、分步实施、统筹推进。一是对中央事权的改革，积极主动做好沟通衔接、关注进展，坚决按照统一的政策、要求和时间节点落实到位。二是对地方事权的改革，推动自治区党委、政府出台《全面深化宁夏公安改革实施方案》，按照时间进度稳步有序推进。三是对公安内部的改革，按照时效性、紧急性和社会关注度，列出推进路线图和时间表，积极推进落实。

（1）社会治理机制改革多点突破。从宁夏在维护国家安全和社会稳定工作大局中的特殊定位与工作实际出发，着力突破"反恐维稳，打防管控"等治理重点难点，从源头上、机制上全面提升公安机关社会治理能力水平。一是健全完善维护国家安全工作机制。围绕维护民族地区社会政治稳定，推动自治区层面制定了一批制度文件，建立健全多项工作协作机制，特别是立足宁夏实施全面开放引领战略及国家"一带一路"建设实际，积极探索与阿拉伯国家执法安全合作交流，增强了开放动态社会条件下维护国家政治安全能力。二是完善社会治安治理机制。围绕重点人员、重点领域、重点物品管控三个薄弱环节，补齐城市公共安全管理短板，全面落实加油站实名登记、危险物品流向监控、邮件快件寄递实名制。推动"一村（社区）一警"社区警务全覆盖，在全区重点区域形成"五分钟控制圈"，不断健全社会治安防控体系。三是探索实践打击犯罪新机制。全面推行"科学指挥，合成作战，科技支撑，情报导侦"打击犯罪新模式，实现对刑事犯罪活动的精确打击、深度打击。牵头建成区、市两级反电信诈骗中心，形成全天候 7×24 小时快速接警、快速处置、快速止付的集成作战模式。四是健全信息资源共建共享机制。借力自治区政府民生信息化工程，加快建设全区公共视频综合应用平台、全区人口基础信息共享库，增强信息技术对公安工作的支撑作用。

（2）公安行政管理改革落地生效。主动适应宁夏经济社会发展需要，着力解决好管理服务"最后一公里"问题。一是持续深化行政审批制度改革。搭建"宁夏民生警苑"APP 手机平台，整合业务警种 100 多种行政审批事项和服务事项，让"群众少跑路、数据多跑路"。集中推出公安机关便民利民 30 项措施和服务经济社会发展 30 项措施，让更多经济主体和广大群众享受公安改革红利。二是稳步实施户籍制度改革。主动适应城镇一体化建设方向，出台宁夏户籍制度改革实施细则，推行居住证制度，推出无户籍人员落户政策，建成宁夏流动人口综合信息服务管理平台，推进实有人口"网格化"管理。三是大力落实交通管理改革。建立轻微交通事故快处快赔机制，推行网上办理交通违法处理、缴纳罚款、补换领牌证等多项

"互联网+"交通管理便民措施,有效提升交通安全综合服务管理能力。四是积极推进窗口建设改革。分警种制定服务型窗口建设达标标准,组织开展"最美窗口""最差窗口"评选,持续巩固公安窗口单位"建设标准化、服务亲民化,公示常态化,管理规范化"建设成果。

(3)执法权力运行机制改革成效显著。聚焦执法制度建设、执法过程监督、执法主体能力提升和执法公开等关键环节,推动规范执法工作整体走在全国前列。一是逐步健全执法制度规范体系。建立完善《宁夏公安厅行政职权运行流程图》《宁夏公安机关规范行政行为裁量基准》等30多项执法制度规范,形成标准化、流程化、精细化的执法管理模式。二是建立执法办案全程监管体系。强化信息化在执法监督管理中的应用,研发推广执法办案区智能化管理系统,全面运行宁夏公安执法办案系统和执法监督系统,完成全区246个派出所办案场所改造和57个办案中心建设。三是不断加大执法公开力度。2014年以来,向社会公开,全部行政裁决类文书90602件,网上办理行政审批、服务事项17343件,群众满意率100%。依托新媒体拓宽服务公开渠道,全区所有市县级公安机关全部建成网上公安局、网上办事大厅、微博、微信公众平台,保障了公众知情权、参与权和监督权。

(4)公安机关管理制度改革稳健推进。针对宁夏公安机关底子薄、基础差、警力短缺、人才匮乏的实际情况,着力优化警力布局,打牢公安工作根基。一是完善招录培养机制。立足宁夏没有公安院校的实际,通过向部属院校跨省招录,全面实行省级统一招警、"双轨"招警、分类招警和特殊招警等改革政策,建立公安院校在宁夏招生和全区招警协调机制,公安院校公安专业毕业生占招警比例从过去不足10%提升到近60%。二是优化机构编制管理。紧扣宁夏警力编制与人口配比低于全国平均水平、也低于周边及少数民族省区的实际,推动基层公安机关派出所整合、监管场所重组、大部制改革等,做精机关、做大基层、做强专业。三是健全公安保障机制。推动建立有别于其他公务员的公安保障机制,并列入自治区"十三五"规划项目,制定全区公安机关《重点装备"十三五"规划实施细则》和《基础设施建设"十三五"规划实施细则》,为公安工作发展提供了强有力的财力支撑。四是规范警辅人员管理。充分考虑全区警务辅助人员基础条件、工作情况和地区差异等因素，初步形成符合宁夏实际的实施意见，明确使用岗位、身份性质、职责权限、权利义务、待遇保障等事项。

（5）人民警察职业保障制度改革红利释放。把落实中央政策文件与发挥地方主观能动性紧密结合，着力从关爱、保障、服务等方面落实惠警政策。一是全面兑现警衔新标准。在全国率先全面落实警衔津贴，落实速度为全国前三家之一，属西部第一家。二是落实人身意外伤害保险。第一时间为全区民警购买了人身意外伤害保险，积极协调落实理赔事项，2015年落实理赔金额115.5万元。三是执行派出所民警"两项待遇"。推动出台派出所民警职级和补贴待遇"双提高"政策，全区2000余名派出所民警受益。四是完善惠警政策。从民警关心的休假体检、医疗保障、抚恤优待、功模休养、依法维权等内容入手，推动落实《宁夏公安机关十项从优待警措施》，尽力解除民警后顾之忧。

（三）制约因素

随着改革步伐的加快，改革任务的加重，目前宁夏全面深化公安改革在促进公安工作发展上还存在一些不适应的情况。一是民警职业精神与履职尽责要求不相适应。受涉警舆情、社会认同等因素影响，民警主动作为、敢于担当、敬业奉献的职业精神，与当前维护社会稳定、促进社会公平正义、保障人民安居乐业的新任务、新要求存在差距。二是警力资源配置与社会治安形势不相适应。当前宁夏反恐维稳形势严峻复杂，多发性侵财犯罪时有发生，各类社会矛盾交织叠加，非警务活动仍然比较频繁，现有警力资源难以适应形势任务发展。三是服务经济发展与社会需求期盼不相适应。在经济持续下行背景下，对如何有效服务社会、服务经济发展、服务民生有待于深入细致的调查研究，不断彰显公安机关在服务经济社会发展中的职能作用。

三、全面深化宁夏公安改革的路径思考

当前，公安改革已进入关键期、深水区，公安机关必须紧紧围绕经济社会发展需要，围绕"三大职责使命"，围绕人民群众期待，咬定改革不

放松，确保改革激情不衰、力度不减。

（一）把公安改革上升到维护政权的高度，努力打造安定团结的政治环境

近年来，国际环境复杂多变，我国社会结构和经济结构正发生深刻变革，党的执政理念随着形势变化不断创新发展。各类可预见和不可预见的风险隐患明显聚集增多。全面深化公安改革必须从维护政权安全、保障社会稳定和服务民生的高度，积极探索新形势下维护政治稳定、维护政府形象、维护人民利益的警务工作措施。要立足宁夏对外开放战略和国家"一带一路"建设，进一步深化维护国家安全特别是政治安全、政权安全，以及维护民族地区安全稳定的国内安全保卫工作长效机制。

（二）把公安改革融入全区经济社会发展大局，努力打造安全稳定发展环境

公安机关是护航经济社会发展的主力军，公安改革必须紧紧围绕经济建设中心，找准与经济社会发展的结合点、着力点。一要瞄准党委政府最关注的经济社会问题，调整改革思路，定位改革目标，大力推动户籍制度改革、完善人口服务管理，创新行政管理服务方式，构建社会治安防控体系，服务好党政中心工作。二要立足企业最关心的生产发展环境，掌握企业的所思所想、所需所盼，推出保障发展举措，为企业生产经营打造安全稳定的治安环境。三要紧贴人民群众的热切期盼，坚持管理与服务并重、维护秩序与激发活力相统一，从政策上、制度上推出更多服务经济社会发展和惠民便民新举措，提升管理效能和服务质量，不断提高人民群众满意度。

（三）把公安改革聚焦到打防管控的主业上，努力打造和谐有序的治安环境

经济要发展，社会稳定是关键。打击和防范犯罪，确保公共安全，是公安机关的第一主业。一要紧扣动态化、信息化时代特征，建立以情报信息为主导、动态勤务为依托、警务合作为支撑、专业规范为特征的智能化实战指挥体系，使警务部署更具科学性、巡逻防控更具针对性、侦查破案更具精确性、警务合作更具实效性。二要健全点线面结合、网上网下结合、人防物防技防结合、打防管控结合的立体化社会治安防控体系，实现防控

"全时空，全天候，全覆盖"，形成防控体系的合力，提升防控体系的效率。三要立足大数据、云计算、物联网等新技术，打造公安科技信息化"升级版"，加快推进"互联网+智慧警务"建设，为公安工作和公共事务提供强有力的科技信息支撑。四要不断完善人口基础信息库，加快落实以公民身份号码为基础的公民统一社会信用代码制度，健全重点物品、重点行业安全监管机制，努力做到让失信者、违法者依法受到有效监管和制约。

（四）把公安改革聚焦到规范执法的要求上，努力营造公正高效的法治环境

全面推进执法权力运行机制改革是确保公正、廉洁、规范执法的重要途径，是公安工作的生命线。一要全面完善公安机关行政职权运行路线图和流程表，细化、量化行政处罚裁量标准，明晰权力运行环节操作标准，形成完备的执法办案制度体系。二要全面推进县级公安机关案管中心建设，健全完善受立案规范和标准，解决"有案不立，立案不查，查案不实"等群众反映强烈的执法顽疾。三要全面推进以审判为中心的诉讼制度改革，建立完善行政执法与刑事司法衔接机制，防止"有案不移，移案不收，以罚代刑"等问题。四要全面建立执法责任清单、执法过错纠正和责任追究制度、冤假错案终身追究制度，落实领导干部干预执法办案活动、插手具体案件处理的记录、通报和责任追究制度，形成完善的执法责任制度体系。

（五）把公安改革聚焦到警力需求的实际上，努力打造科学高效的用警环境

在当前全区警力持续不足的背景和中央"财政供养人员只减不增"的红线政策下，公安管理体制改革要着力在挖潜、整合和优化上下功夫。一要坚持机制先行，推动挖潜警力资源从经验管理向制度管理转变。落实机关警力编制红线制度，科学设定区、市、县三级公安机关警力比例，合理调配警力资源，着力缓解基层一线警力不足的结构性矛盾。二要盘活现有警力，推动警力分布从增量管理向存量管理转变。坚持"警力随着警情走"的编制调整思路，通过深入推进"一村（社区）一警"警务模式、"巡处一体化"机制、"警力下沉"制度，实现警力编制向基层一线倾斜，使有限的警力资源发挥最大效能。三要重组基层机构，推动机构布局从对应管理向优势管理转变。探索"大部门，大警种"制改革，实现基层公安机关组织结构优化、警务资源共享、警种优势互补，凸显公安机关整体作战的原生力和驱动力。

（六）把公安改革凝聚到整体合力的生成上，努力打造齐抓共管的推进环境

全面深化公安改革关系到社会管理服务的方方面面，是一个全面、连贯的系统工程，必须要在有限的落实期限内形成最强大的推动合力。一要争取党委政府支持。始终把公安改革置于党委、政府的坚强领导下，推动公安改革的需求、内容、举措与地方经济和社会建设相衔接、相融合，着力破解影响公安事业发展的体制性、机制性和保障性问题。二要争取社会各界参与。最大可能凝聚政府部门、社会组织、社会团体、企业和群众的力量，以公安机关有意识地引导聚合社会关注支持。三要增强内部认同感。公安机关内部要始终坚持"一盘棋"思想，树牢大局意识、全局观念，不等不靠、不推不拖，聚全警之力、汇全警之智，全面推动各项公安改革任务落地生根。

概言之，全面深化公安改革事关国家长治久安、事关广大人民群众切身利益、事关国家治理体系和治理能力现代化，对于建设平安中国、法治中国具有重大的现实意义和深远的历史意义。全面深化公安改革，必须站在全局和战略高度，坚持把政策的顶层设计与分级对接、统一性与差异性、原则性与灵活性有机结合起来，以"啃硬骨头"和"钉钉子"的精神，真抓实干、务求实效，确保公安改革思路原则、目标方向、路径措施与中央精神相一致、与宁夏实际相衔接、与公安机关性质相契合，努力为开放富裕和谐美丽宁夏建设创造良好的社会环境。

宁夏"六五"普法绩效与"七五"普法工作创新研究

李保平

今年是"七五"普法的第一年，我国的普法工作已经走过三十年的历程，在新的历史时期，如何在继承原有普法经验的基础上创新普法工作形式、落实普法责任制、提升普法工作绩效，是摆在我们面前的重要课题，也是"七五"普法取得实效的关键。

一、宁夏"六五"普法工作基本情况

1985 年 11 月 5 日，中共中央、国务院批转了中宣部、司法部《关于向全体公民基本普及法律常识的五年规划》。同月，全国人大常委会做出《关于在公民中基本普及法律常识的决议》。"普及法律常识"简称"普法"，由此开启了我国六个五年普法的工作格局。截至 2015 年，我国共进行了六轮普法，具体时间为：1986—1990 年、1991—1995 年、1996—2000 年、2001—2005 年、2006—2010 年、2011—2015 年，分别简称"一五"普法、"二五"普法、"三五"普法、"四五"普法、"五五"普法、"六五"普法。从"一五"到"六五"，经过三十年持续不断的普法工作，全区国家机关、企事业单位、公民个人的法治观念和法律意识得到了较大的提升，为建设和谐宁夏、法治宁夏奠定了坚实的基础。"六五"普法开

作者简介　李保平，宁夏社会科学院法学社会学研究所所长，研究员。

始后，自治区党委、人大、政府高度重视，制定了《自治区党委、人民政府关于在全区公民中开展第六个五年法制宣传教育 深入推进依法治区进程的实施意见》和《自治区人大常委会关于进一步加强法制宣传教育的决议》，对"六五"普法进行总体部署。"六五"普法期间，适逢党的十八大召开，中国特色社会主义建设进入新的阶段。2013年召开的十八届三中全会和2014年召开的四中全会对我国改革开放和法治国家建设进行了总体部署，提出了新的治理理念和要求，进一步推动普法工作进入新的阶段。经过全区上下各级党委、人大、政府的共同努力，2015年底宁夏通过了"六五"普法工作验收，较好完成了"六五"普法工作。

二、宁夏"六五"普法绩效评价

（一）宁夏"六五"普法取得的成绩

2011年3月23日，中共中央、国务院转发《中央宣传部、司法部关于在公民中开展法制宣传教育的第六个五年规划（2011—2015年)》的通知，由此拉开了"六五"普法工作的序幕。"六五"普法规划共五大部分，包括指导思想、主要目标和工作原则、主要任务、对象和要求、工作步骤和安排、组织领导和保障等方面。"六五"普法规划还特别强调了坚持围绕中心、服务大局，坚持以人为本、服务群众，坚持分类指导、注重实效，坚持学用结合、普治并举，坚持与时俱进、改革创新等原则。"六五"普法规划提出了今后五年普法的十大主要任务，分别是：突出学习宣传宪法，深入学习宣传中国特色社会主义法律体系和国家基本法律，深入开展社会主义法治理念教育，深入学习宣传促进经济发展的法律法规，深入学习宣传保障和改善民生的法律法规，深入学习宣传社会管理的法律法规，加强反腐倡廉法制宣传教育，积极推进社会主义法治文化建设，继续深化"法律进机关、进乡村、进社区、进学校、进企业、进单位"主题活动，深入推进依法治理。"六五"普法规划指出，法制宣传教育的对象是一切有接受教育能力的公民。重点加强对领导干部、公务员、青少年、企事业经营管理人员和农民的法制宣传教育，把领导干部和青少年作为重中之重。"六五"普法以来，全区562.61万名普法对象中有551.71万名普法对象接受了不同程度的普法教育，占普法对象的98.51%，其中，就业人员339.8万人，青少年学生188.99万人，其他人员22.92万人。全区各类普法对象通过多种形式和途径，接受了以宪法法律知识为主要内容的60余部法律、法规的学习培训。全区27个市、县（区）开展了以提高社会法治化管理水平为目标的地方依法治理；139个区直部门及中央驻宁单位，开展了以"依法执政，依法行政，依法管理，公正司法"为重点的行业依法治理；2260个行政村、3127所学校、1026家国有集体企业、479个城市社区开展了以"依法建制，以制治理，民主管理"为基础的基层依法治理。

（二）从宁夏"六五"普法看存在的一些亟待解决的问题

1. 法治宣传教育的效果距离预期有一定的差距。我国的普法工作已经经历了三十年的时间，取得了一定的成绩，但通过经验观察我们也发现，普法效果的预期与现实之间还是有较大的差距，主要表现在：第一，人们的法律意识和法治观念并没有因为普法工作而有明显的提高，至少人们的主观感受不是很明显。第二，权利意识与义务观念的背离。有人曾说现代社会是一个权利的时代，法律成为人们维护权利的重要工具，但问题是对同为法律一体两面的义务意识许多人则有意回避，甚至不愿承认，"享受权利，拒绝义务"的法律实用主义盛行。第三，信权不信法的案件层出不穷，信访压力大，反映了法律根基的脆弱与无奈。第四，政府执法层面违法违规违纪事件频发，说明普法重点对象的法治意识和法治观念不强，法治政府建设还有许多问题需要解决。

2. 普法工作各地开展得不平衡，形成了较大的差异。从理论上讲，作为一项国家治理任务，全区各级党委人大政府对普法工作还是重视的，这从普法规划、政策制定、机构设立、人员编制、经费数额、检查验收等许多方面都可以看出。但这种重视具有不平衡性，表现在两个方面：一个方面是时间分布的不平衡，随着普法验收时间的临近呈现重视程度递增的现象，到了普法的最后一年，面临普法验收考核，重视程度最高；另一方面是地区之间的不平衡，主要表现在由于领导的重视程度不同，地方财力的的大小，对普法工作的投入也有较大的差异。如各市县普法经费人均0.5元，有的市县还不能保障足额到位，吴忠市将普法经费纳入市、县两级财政预算，分别按人均 0.5 元/年、1 元/年的标准足额保障，"六五"普法期间累计拨付经费 1900 万元，是"五五"普法经费的七倍。

3. 法制宣传教育工作的责任机制、执法检查机制欠缺。2011 年 4 月 22 日第十一届全国人民代表大会常务委员会第二十次会议通过了《全国人民代表大会常务委员会关于进一步加强法制宣传教育的决议》，《决议》要求要进一步完善法制宣传教育考核评估机制，加强年度考核、阶段性检查。各级人民政府要切实组织实施好法制宣传教育第六个五年规划，做好中期督导检查和终期评估验收，并向本级人民代表大会常务委员会报告。各级人民代表大会及其常务委员会要充分运用执法检查、听取和审议工作报告以及代表视察、专题调研等形式，加强对法制宣传教育工作的监督检查，保证本决议得到贯彻落实。相比较前五个五年普法规划的实施来说，第六个五年普法规划实施期间，更加关注对普法工作的检查和效果的评估，注重普法工作的实效。"六五"普法期间，依法治区领导小组制定了《普法依法治理年度考核办法》，建立了一年一考评的工作机制，并将考评结果纳入效能目标考核，推进了普法工作的开展。但由于政府既是普法主体，也是考核主体，这种考核机制科学性、规范性存在较大的缺陷，导致考核对普法工作的推动不足，考核结果的公信力也受到影响。另外，人大的执法检查和人大代表专题调研是弥补普法工作年考缺陷的重要方式，但从宁夏的实际情况看，该项制度没有常态化运作，作用发挥的不是很好。

4. 法制宣传教育工作的互动性、针对性还不强，流于形式。法治宣传教育要取得实效，就必须把普法者的法律普及与社会的法律需求有效地结合起来，形成普法工作者与法律需求者之间的良性互动关系，这就要求普法工作与社会实际需求有机结合，避免"两张皮"。长期以来困扰普法工作的一个重要问题是"普及什么"，实际上就是普法如何与实践结合的问题。在普法实际工作中，人们经常在法律知识、制度规范、法律意识、规范指引等方面难以选择，反映了普法工作与现实需求之间的不协调、不对应和相互脱节。香港廉政公署在普及有关法规时不是单纯宣传，而是深入企业政府，具体指导相关单位通过完善制度，防范廉政风险，把普及法律与具体指导工作有机结合起来，起到了非常好的效果，这种经验值得我们借鉴。

5. 法治宣传教育的评价体系单一且封闭运行。从"一五"到"六五"普法，检查验收基本上是在党委领导下，由党委、人大、政府组成联合检查验收组进行考评验收，实际上形成了一个从上到下单一的评价机制。它的优势是能够在较短的时间内完成考评验收，利用党委的权威推进普法工作；缺点是行政主导，结果基本上是人人满意。评价过程缺乏科学的数据分析，在没有第三方参与的情况下，公信力较差。另外，这种评价方式也发现不了问题，既使看到有一些问题，也缺乏对问题的剖析和深入研究，对推动普法工作作用有限。

6. 法治宣传平台和载体建设还存在一些问题。平台建设和普法载体的创作，在新的时期对普法工作意义重大。从宁夏目前普法平台建设看，人们习惯于将注意力集中在传统的机构设置和机制完善上，调研中许多市县反映要增加普法机构的编制人数，加强普法领导小组及其办公室的权威性，保证普法主体有效协调等，而对普法网站、"三微一端"等新媒体传播平台对普法工作的价值认识不够，平台建设滞后，许多县基本没有法治网站（普法网站），对普法作品的创作投入也不足，缺少高质量的普法影视新媒体产品，无法吸引广大群众。另外，对社会团体、社会组织在普法工作中的作用认识不够到位，没有建立起多元化的普法宣传教育主体格局。

7. 对党内法规的宣传教育不够重视。党内法规是有中国特色社会主义法律体系的重要组成部分，群众掌握党内法规，也便于加强对各级干部的监督制约。所以，对党内法规的普及与学习是普法工作的重要内容。长期以来，我们较为注重与老百姓关系较为密切的法律法规的学习，比如《婚姻法》《物权法》《侵权责任法》等，而忽视了对党内法规的宣传普及。中国社科院法学研究所研究员李忠将党内法规宣传教育概括为"七多七少"：一是从宣传主体看，缺乏专门机构，通常是谁发文谁负责，党口部门宣传多，媒体、专家等党外宣传少。二是从宣传内容看，党内法规文本宣传多，党内法规的定义、分类、效力、作用等基本知识宣传少；党内法规的条款宣传多，条款的背景、含义、意义宣传少；党章、准则、条例等位阶高的党内法规宣传多，规则、规定、办法、细则等位阶低的党内法规宣传少，现行有效的党内法规约 1800 件，多数党员干部只是对其中的党章、准则、条例较为熟悉。三是从宣传方式看，利用报刊、广播、电视等传统方式宣传多，利用微信、微博、客户端等新媒体新技术宣传少。四是从宣传对象看，主要限于党内，对党员干部宣传多，对普通群众宣传少。五是从宣传工作本身看，缺乏统筹规划，通常各自为战，宣传不统一、不规范，一般性宣传要求多，具体、可操作的宣传要求少。中共中央、国务院近日转发的《"七五"普法规划》，将深入学习宣传党内法规列为今后五年普法工作的七项主要任务之一。提出学习宣传党内法规，是"七五"普法规划的一大亮点，在我国法治宣传史上尚属首次。但对党内法规怎么宣传，由谁宣传，还需要我们深入进行研究。

8. 对普法工作的理论研究不够，影响了普法工作的有效展开。建国后特别是改革开放以来，我国的法学研究取得了辉煌的成就，为中国特色社会主义法律体系的形成奠定了坚实的理论基础。但我们也发现，在众多的法学研究成果中，专门研究普法工作的并不多，高质量的研究成果更是凤毛麟角。这种现状直接导致我国的普法工作虽然已经进行了三十年，但创新不足，进步不大。在新的一轮普法工作中，现实已经给我们提出了许多新的问题，如普法工作创新问题、普法绩效评估问题、党内法规的宣传问题、普法工作如何适应信息化问题、如何提高普法绩效、普法管理休制机制创新等等，加强普法理论研究已经刻不容缓。

三、宁夏"七五"普法工作中应注意的一些新内容、新变化

（一）习近平总书记系列讲话进入本轮普法内容的问题

中共中央、国务院转发了《中央宣传部、司法部关于在公民中开展法治宣传教育的第七个五年规划（2016—2020）》（以下简称"七五"普法规划）的通知。"七五"普法规划对第七个法治宣传教育五年规划实施的指导思想作出了明确的规定，其中与前六个五年普法规划不同的是，"七五"普法规划在指导思想上增加了"深入贯彻习近平总书记系列重要讲话精神"的要求，并且把此项要求具体化为第七个法治宣传教育五年规划实施期间法治宣传教育工作的一项具体任务。"七五"普法规划明确规定："深入学习宣传习近平总书记关于全面依法治国的重要论述。"党的十八大以来，

习近平总书记站在坚持和发展中国特色社会主义全局的高度，对全面依法治国做了重要论述，提出了一系列新思想、新观点、新论断、新要求，深刻回答了建设社会主义法治国家的重大理论和实践问题，为全面依法治国提供了科学理论指导和行动指南。为此，"七五"普法规划明确规定：要深入学习宣传习近平总书记关于全面依法治国的重要论述，增强走中国特色社会主义道路的自觉性和坚定性，增强全社会厉行法治的积极性和主动性。学习习近平总书记重要论述，是"七五"普法的重要内容和特色。

（二）要深刻理解从普法、法制宣传教育到法治宣传教育的发展历程及其内涵的嬗变

1985 年 11 月 5 日，中共中央、国务院批转了中宣部、司法部《关于向全体公民基本普及法律常识的五年规划》。同月，全国人大常委会做出《关于在公民中基本普及法律常识的决议》。"普及法律常识"简称"普法"，由此开启了我国六个五年普法的工作格局。从"一五"到"六五"，普法工作的性质已经发生了很大改变，但直至"六五"规划，"普法"二字一直习惯性沿用至今。1990 年 12 月制定公布的"二五"普法规划的名称叫《中央宣传部、司法部关于在公民中开展法制宣传教育的第二个五年规划》，开始正式使用"法制宣传教育"一词，普法工作的性质从"普及法律常识"拓展到"法制宣传教育"，无论是普法内容，还是普法对象、工作方式都发生了巨大变化。2014 年 10 月 23 日召开的党的十八届四中全会审议通过的《中共中央关于全面推进依法治国若干重大问题的决定》（以下简称《全面推进依法治国决定》）明确指出，要"坚持把全民普法和守法作为依法治国的长期基础性工作，深入开展法治宣传教育"。自此，普法工作的性质又由"法制宣传教育"转变为"法治宣传教育"。虽然只有从"制"到"治"一字的更改，但却使得普法工作的内涵发生了深刻变化，不仅要求继续大力宣传法律知识、法律体系和法律制度，更要注重宣传立法、执法、司法、守法等法治实践，强化法治精神教育，提高法律素质和素养，营造有利于法治国家建设的法治文化。

（三）"七五"普法对中国特色社会主义法律体系的宣传学习要求问题

与以往法制宣传教育主要任务不同的是，在"七五"普法规划中，提出要深入宣传中国特色社会主义法律体系，从具体法律知识的普及到对法律体系化的宣传要求，不单纯是法律数量的增加，更为重要的是对以宪法为核心的中国特色社会主义法律体系的整体性把握，特别是把党内法规纳入中国特色社会主义法律体系，凸显了依法治国、依法治党的决心和意志。

（四）"七五"普法对宣传与实践相结合，建设法治文化的新要求问题

"七五"普法规划指出：坚持法治宣传教育与依法治理有机结合，把法治宣传教育融入立法、执法、司法、法律服务和党内法规建设活动中，引导党员群众在法治实践中自觉学习、运用国家法律和党内法规，提升法治精神。总结既往六个"五年"普法规划实施工作的经验教训，普法和法治宣传教育工作要收到实效，必须要结合依法治理的实践，以解决实践中提出的各种法律问题为导向，使得普法和法治宣传教育具有更强的针对性。要从一般性教授法律知识向重点学会解决实际中的重大和复杂的法律问题转变。要真正通过法治宣传教育，树立宪法和法律的权威，努力避免人治因素的负面影响。要让人民群众通过普法和法治宣传教育，学会遇事找法的法治思维和行为习惯，要以普法为依托，形成依法治理工作的"合力"。

四、对宁夏"七五"普法工作创新的几点政策建议

（一）要适应多媒时代的特点，搭建多元化的法治宣传教育平台

注意利用互联网技术推动法治宣传教育方式转型。随着现代信息技术的发展与运用，以网络和移动互联网为代表的新兴媒体，已成为"六五"普法的一大工作亮点。借助互联网信息的便捷优势，各地积极运用微信、微博、微电影、客户端、手机报等新兴媒体开展法治宣传教育，创作播出法治电影、法治动漫、微视频等，既扩大了法治宣传教育的受众面，又极大地提升了普法宣传的感染力和社会效果。正是基于"六五"普法中新媒体运用的经验和效果，以及互联网和新媒体技术日新月异的发展，"七五"普法规划将普法载体创新作为推进法治宣传教育工作创新的一项重要内容，要求"充分运用互联网传播平台，加强新媒体新技术在普法中的运用，推进'互联网+法治宣传'行动。开展新媒体普法益民服务，组织新闻网络开

展普法宣传，更好地运用微信、微博、微电影、客户端开展普法活动"。可以预见，"七五"普法必将进入一个普法的"微时代"。新媒体普法有了新的形式还需要好的内容。应该说，加强新媒体平台建设是基础，为群众提供更多更好、权威便捷的法治宣传作品是新媒体普法持续发展的关键。目前，新媒体普法是各地普法工作的热点和亮点，各级法宣部门、各执法单位相继开通了大量的、各种各样的普法政务类微博、微信和手机客户端。但我们也要看到，目前的官方微博微信等宣传形式，普遍只是一种信息发布平台，适合新媒体宣传的精品很少，让人记忆犹新的宣传作品更少。新媒体在"七五"普法规划中的运用，应从形式的便捷性要求进一步转向对内容质量的要求，主要体现在普法内容的供需平衡，以及普法内容针对性与系统性的平衡。好的普法内容，需要专业的普法人才提供。因此，普法人才队伍专业化的不足将在一定程度上困扰新媒体法治宣传教育的发展，加强普法人才的培养，打造一支既精通法律，同时对基本的网络、视频、音频等要熟练，能够制作简易的动画，对文字、图片的处理、PPT 制作等能娴熟的操作，又要对普法教育要有感情，热衷于法制宣传教育，同时还需具备过硬的政治素质和敏锐的判断力的普法人才队伍已经势在必行。

（二）建立科学的党内法规普及宣传体制机制

"七五"普法规划首次把学习宣传党内法规作为一项主要任务，但是，党内法规普及宣传的体制机制还没有建立起来，一些在工作中容易碰到的问题急需予以明确。我国原有的普法制度安排是普法工作由司法行政部门牵头负责，拟订普法规划并组织实施，指导各地区各行业的普法工作和依法治理工作。党内法规宣传教育工作，是否还是由司法行政部门负责，如果回答是肯定的，那么如何协调与党委宣传部门之间的关系？如果考虑到宣传部门负责全党的学习宣传工作，党内法规也是学习的重要内容，与党内法规宣传教育的对象有重合，如何区别两者之间的分工？另外，党内法规是否应当面向社会公众进行宣传，也是容易引起争议的问题，需要予以明确。所以，建立科学的党内法规宣传体制机制，是推进"七五"普法工作的重要内容。中国社科院法学研究所李忠研究员建议应明确党委宣传部门为负责党内法规宣传教育的专门机构，承担拟订党内法规宣传教育规划并组织实施、指导各地区各部门开展党内法规宣传教育的职责。考虑到既有工作格局，除党委宣传部门承担拟订党内法规宣传教育规划并组织实施、指导各地区各部门开展党内法规宣传教育的职责外，建议将其他党内法规宣传教育职责一分为二，党委宣传部门负责对党员领导干部的党内法规宣传教育，司法行政部门负责对普通党员群众的党内法规宣传教育。我们认为这样的分工是可行的，也符合实际。党内法规的贯彻执行，离不开群众监督。我们党是一个长期执政的政党，是中国特色社会主义事业的领导核心，不是普通的社会组织。党内法规是管党治党的重要依据。人民群众是最强大的监督力量，是党内法规落到实处的重要保证。让人们群众知晓党内法规，才能更好监督党员干部的行为。十八大以来，大量违反"八项"规定的行为被曝光查处，正是得益普通群众的监督。

（三）要注意从"谁执法谁普法"的角度进一步理顺普法工作管理体制，创新普法机制

十八届四中全会提出"谁执法谁普法"的普法责任制，是对普法责任的进一步明确和深化，使普法不再是相关单位的附带性、兼职性工作，而成为本单位的基本的份内工作。"谁执法谁普法"虽然是就普法责任制而言，但权利与责任是联系在一起的，实际上，普法责任制也包含着普法管理体制机制的重大改革。如果说以前的普法是政府责任，司法行政部门承担普法全面工作，现在则具体化为普法责任主体的责任，司法行政机关的职能有所变化，直接参与普法的工作有所减少，对普法工作的组织、协调、指导、考核作用加强。所以，谁执法谁普法责任制的落实，不但有赖于党委政府的高度重视，而且必须要有新的管理体制与运行机制与之相配套，借鉴陕西等省市的做法，建议自治区党委出台《关于实行国家机关"谁执法谁普法"的普法责任制的意见》，进一步落实普法责任制的制度基础，确保"谁执法谁普法"落到实处。

（四）要注意搭建第三方法治宣传教育绩效评价平台，建立第三方法治宣传教育评估制度

普法效果是普法工作的生命线，是一切工作的目标。对普法工作的科学评价和考核是推进普法工作的重要手段。"七五"普法规划要求把法治宣传教育纳入综合绩效考核、综治考核和文明创建考核内容。这些要求对推进普法工作无疑会起到重要的作用。但我们也应看到，绩效考核、综治考核、文明创建考核都是政府自己进行的考核，程序封闭，过程重视情况汇报、材料完整性而对具体效果则不闻不问，有"走过场"之嫌。由于考核的程序性，也不易发现普法工作中出现的问题，对改进普法工作作用有限。建议借鉴国内其他省市做法，对普法绩效引入第三方评估机制，增强普法考核的公正性和公信力，也可以通过第三方评估，发现我们工作的不足，推动普法工作上台阶。

（五）要加强对法治宣传教育工作的理论研究

普法工作已经进行了三十年，我们也进行了许多实践探索，提出了许多新的普法理念与普法措施。但同法学研究的其他领域相比，明显可以看出法治宣传教育理论研究严重不足，主要表现为：各类普法文献介绍情况的多，理论研究性文章少，特别是缺少把普法工作作为法治理论的重要组成部分来全面和系统把握普法工作规律的理论成果短缺，导致普法"有实践，缺理论"的问题的长期存在。迄今为止，全国法学界尚未出版一本以普法工作为研究对象的专门理论著作，这在某种程度上反映了普法工作理论研究的不足，对普法工作中的一些基本规律缺少必要的理论阐述。普法实践中的许多问题，比如法治宣传教育工作的法律地位，如何理顺法治宣传教育领导体制和工作机制，明确一切国家机关、社会组织和公民个人在法治宣传教育活动的法律职责，建立法治宣传教育执法监督检查机制，建立稳定的法治宣传教育队伍，确定法治宣传教育实施效果第三方评估机制，建立上下级法治宣传教育组织和协调机构之间的法律联系，加强法治宣传教育的区域合作，明确法治宣传教育工作法律责任和考核机制，保证法治宣传教育活动的规范化、制度化和法律化等需要理论研究做出回答。当前，法治宣传教育部门和法学界都力推在"七五"普法规划实施期间出台《中华人民共和国法治宣传教育法》，这对普法工作无疑是一大利好，但要推动国家对法治宣传教育的立法，理论研究的不足无疑会成为一个重要的阻滞因素。

宁夏法律援助工作现状与机制创新研究

马 娟

　　法律援助是国家建立的保障经济困难公民和特殊当事人获得必要的法律咨询、代理、刑事辩护等无偿法律服务，维护当事人合法权益、维护法律正确实施、维护社会公平正义的一项重要法律制度。法律援助制度是一项重要的民生工程。近年来，宁夏把法律援助作为保民生、保稳定、促和谐的重要内容强力推进，自治区政府连续九年将法律援助纳入10项民生计划为民办30件实事之一。自治区司法厅不断创新工作机制，稳步推进法律援助标准化建设，实现了法律援助窗口服务便民化、案件办理专业化、基础设施规范化、矛盾纠纷解决法治化。法律援助在化解社会矛盾，维护社会公平正义方面发挥了积极作用。

一、宁夏法律援助工作现状

（一）基本概况

　　目前，宁夏在自治区、地市、县（区、市）共建立法律援助中心27个，在工会、妇联、残联等部门建立法律援助工作站共485个。法律援助服务网络纵向延伸至244个乡镇（街道）、2734个村（居），横向延伸至工

　　作者简介　马娟，宁夏回族自治区司法厅法律援助工作管理处副主任科员，国家二级心理咨询师。

会、妇联、部队等 241 个主要部门单位，法律援助服务网络实现城乡全覆盖。2010 年至今，全区共办理法律援助案件 67820 件，为 79877 名受援人挽回或避免经济损失 7.6 亿元，群众满意率达 95%。

自治区司法厅在 2015 年全国法律援助电视电话会议上以《五项措施确保法律援助质量》为题做了交流发言，在 2016 年 10 月 19 日全国完善法律援助制度工作推进会上，以《抓班子带队伍强素质树形象，提升法律援助工作发展水平》为题做了交流发言。2016 年，宁夏法律援助案件评查机制工作被自治区政法委评为"创新奖"，司法厅法律援助工作管理处被评为"全国老年法律维权工作先进集体"和"自治区老年法律维权工作先进集体"。

（二）主要工作

1. 法律援助列入"民生工程"，为困难群众提供无偿法律服务。自 2008 年以来已连续九年将法律援助纳入 10 项民生计划为民办 30 件实事项目。自治区司法厅也把法律援助作为司法行政系统的"一号工程"纳入全局谋划，与地市司法局签订目标责任书，建立层层抓落实的工作机制。2016 年，自治区司法厅将 4000 件为民办实事法律援助诉讼案件任务数分解到地市司法局，地市司法局将案件任务数再分解到各县（市、区）司法局，逐级抓任务落实。截至 11 月 15 日，全区法律援助中心工作人员、律师、基层法律服务工作者及法律援助工作志愿者共办理各类法律援助案件 8688 件，其中，为民办实事诉讼案件 7009 件，已完成 4000 件"民生工程"任务量的 175.23%，为 12895 名受援人挽回或避免经济损失 18518.04 万元，群众满意率 95%。各市（县、区）政府也将法律援助工作纳入"民生工程"，将便民主题活动纳入为民办实事项目，以"民生工程"带动和推进法律援助各项工作的全面发展，法律援助已成为保民生、保稳定、促和谐的重要支撑和"平安宁夏"建设不可或缺的一项重要工作。

2. 出台《关于进一步完善法律援助制度的实施意见》，进一步完善法律援助制度。2015 年，中办国办印发《关于完善法律援助制度的意见》（以下简称《意见》），自治区党委、政府高度重视，自治区政法委原书记李文章专门听取司法厅关于法律援助工作汇报，并深入司法行政系统进行调研指导，对贯彻落实《意见》精神提出具体要求；自治区党委常委、政府副主席李锐专程赴吴忠市、中卫市等地调研法律援助工作，现场协调解决法律援助机构工作人员少、办案补贴标准低等问题；自治区党委常委、固原市委书记纪峥调研固原市法律援助工作时提出，要打造固原法律援助品牌，更好地服务精准扶贫等中心工作。司法厅党委专门召开会议研究贯彻《意见》措施，由分管副厅长带队，组织人员深入各市（县、区）司法局及法律援助工作站调研，了解掌握基层实际情况，找准贯彻《意见》的着力点和宁夏实际的结合点，在此基础上，组织人员起草《关于进一步完善法律援助制度的实施意见》（代拟征求意见稿），把贯彻落实《意见》的具体措施写进代拟的征求意见稿中，并通过组织学习讨论、发征求意见函等形式，广泛征求全区各级司法行政机关、厅机关各部门，自治区政法委、高级法院、检察院、公安厅、财政厅、人社厅等部门的意见，多次协调修改，经司法厅党委会议审定后，报请自治区政法委同意，提请自治区党委办公厅、人民政府办公厅于 2016 年 3 月 31 日印发了《关于进一步完善法律援助制度的实施意见》（宁党办〔2016〕28 号，以下简称《实施意见》）。《实施意见》从指导思想、主要任务、工作措施、保障机制、组织领导五个方面对贯彻落实中办国办《意见》精神提出了具体措施和要求，对进一步扩大宁夏法律援助范围、完善法律援助制度、加强宁夏法律援助工作进行了全面部署。

3. 狠抓案件质量，为困难群众提供高质量法律服务。自治区司法厅建立三项制度，提高法律援助案件质量：（1）建立网上评查制度。对法律援助案件实行信息化管理，实行网上受理审查、网上审批指派、网上承办案件、网上定级分类。对律师在网上办理流程随时查看，适时掌握案件承办情况，出现问题及时提醒和纠正，对受援人和执法机关的意见及时查阅回访。（2）建立抽查回访制度。通过电话、走访、旁听等多种回访形式对法律援助案件质量进行监督。固原市抽调社会律师成立了重大疑难复杂法律援助案件指导小组，由资深律师负责对承办人员办案工作指导，并对案件跟踪回访。（3）建立案件奖励制度。固原市制定了优秀案件奖励办法，加大对法律援助案件承办人和评审人员的管理奖励力度，激励法律援助人员办优秀案、精品案，切实提高法律援助办案人员的责任性。

4. 落实便民服务，方便困难群众申请法律援助。宁夏司法行政内网、互联网两套法律援助系统数据同步交换，使法律援助案件受理、指派、办理、提交归档工作效率不断提高，极大地方便了群众申请法律援助。法律援助中心对失能老人、残疾人等提供"进出零障碍，受理零等待，工作零距离"的上门贴心服务，引导受援人尽可能通过调解等非诉讼方式解决矛盾纠纷，实现"定分止争，案息人和"的目的。银川市把法律援助纳入乡镇（街道）、村（居）、社区工作事项清单，建立法律援助困难群体数据库，定期更新城乡低保、残疾人、计生特困家庭、扶贫对象等困难群体相关信息，使符合法律援助的公民信息能在信息平台及时查到，免除了经济困难审查，为受援人提供快捷高效的法律服务；中卫市通过"一小时法律援助服务圈""农民工绿色服务通道"等措施打造法律援助惠民工程；吴忠市根据生态移民的法律需求特点，指导并协助办理了大批移民的入住协议、廉租房租赁合同及失地农民安置协议等涉及民生问题的法律援助公证事项，社会反响较好。截至 2016 年 11 月 15 日，法律援助案件代理（辩护）意见采纳率达 80%，群众满意率 95%，案件质量"零投诉"。

5. 加强服务窗口规范化建设，推进服务网络全覆盖。自治区司法厅积极开展创建规范化法律援助便民服务窗口建设活动。目前，全区 27 家法律援助机构全部建成法律援助便民服务窗口，其中，25 家已达到司法部规范化标准，占全区便民服务窗口建设的 92.6%。推进建立法律援助工作站，目前，全区建立各类法律援助工作站 485 个，其中，建立乡镇（街道）法律援助工作站 244 个，建立军人军属法律援助工作站 46 个，建立妇联、工会等单位法律援助工作站 195 个。固原市建成法律援助服务网，在全市律师事务所、公证处、基层法律服务所等 26 个法律服务机构统一设立法律援助接待窗口。

自治区司法厅印发《关于推进公共法律服务体系建设的实施意见》，有效整合法律援助服务队伍，突出"内部职能融合"和"横向联动拓展"两个重点，建立各项法律服务工作之间有机协调的工作机制，形成部门联动、要素集成、优势互补、相互促进的综合法律服务合力。建立法律援助便民服务大厅、工作站、联络点，全面推进"城市半小时，农村一小时"法律援助便民服务圈建设。"12348"法律援助热线平台和"110""12345""12315"等24条公共服务热线衔接联动，形成维权合力。完善法律援助参与处理公共突发事件、群体性事件、信访案件、舆情研判处置机制。拓展法律援助内外网网站功能，加强与微信公众号、微博、手机客户端等互联互通，解决南部山区和偏远农村群众法律服务难问题。

6. 动员社会力量参与，形成合力共同促进法律援助工作。动员社会力量广泛参与法律援助是中国特色社会主义法律援助制度的特点，宁夏各级法律援助机构在调动律师积极性的同时，注重动员引导人民团体、社会组织和志愿者积极参与法律援助工作，发挥其社会监督作用，及时吸纳社会人士意见建议，不断改进法律援助工作。充分发挥工会、妇联、团委、残联、人社、民政、教育局和军队等法律援助工作站职能作用，拓展法律援助工作。石嘴山市成立4支法律援助志愿者服务队，志愿者人数达102人，志愿者组织开展"巾帼脱贫在行动"，"青春扶贫助力行动"，"法治进社区，青春助扶贫"等大型系列宣传活动；银川市西夏区法律援助中心依托"大学城"优势与北方民族大学合作，把法律援助中心作为社会教学平台，开展法律服务；固原市聘请千名法律援助站（点）联络员，负责联系全市958个法律援助站（点）的法律援助工作；中卫市与律师事务所建立定期沟通机制，主动征求律师对法律援助案件办理的意见和建议，运用"点援制"突出律师专业特长，做到指派专业对口。

二、宁夏法律援助工作存在的主要问题

宁夏法律援助机构队伍及工作机制不断健全，基础设施不断加强，案件办理及咨询服务稳步增长，服务质量不断提高。与此同时，仍然存在一些影响和制约宁夏法律援助工作发展的突出问题，主要表现在以下四个方面。

一是法律援助规章制度建设不完善。尚未建立规范的经费管理制度、法律援助律师值班制度、法律援助参与刑事和解、死刑复核、申诉代理案件办理等工作机制。法律援助与相关部门的衔接机制仍待于进一步加强。

二是法律援助组织机构设置不统一。目前，27个法律援助管理机构，

其中，有 21 个为行政性质，6 个为事业性质。全区 27 个法律援助管理机构和法律援助案件审核承办部门未能分设，法律援助管理处（科）和法律援助中心"两块牌子，一套人马"，集裁判员和运动员于一体。自治区法律援助中心设在自治区政务大厅，受理高院或高检指派的刑事案件，并由政务大厅工作人员代办，而民事、行政案件需到法援处进行审查，不便于受援群众申请。同时，人员配备较少，缺乏法律专业人才。部分市（县、区）法律援助机构中大多只有 1 至 2 名在编人员，乡镇（街道）法律援助工作站工作人员一般由司法所人员兼任，且大多系非法律专业人员。

三是法律援助案件补贴标准相对较低。法律援助补贴标准仍然较低，法律援助律师的案件补贴与社会律师办案同类案件收费相比，杯水车薪，致使法律援助律师工作积极性不高，流失严重。法律援助工作经费保障也不足。

四是法律援助案件质量有待精益求精。由于案件补贴较低，有经验的律师不愿办理法律援助案件，同时 80% 的律师集中在银川地区，部分县（区）律师较少，一些经验不足的法律服务工作者参与办理法律援助案件较多，加之监督管理不到位，案件质量难以保证。现有法律援助申请程序较复杂，法律援助工作站专业人员较少，业务知识不熟练，法律援助"一卡通"调取数据不完整，群众申请仍存在不便利的情况。

三、创新宁夏法律援助工作机制的对策建议

法律援助制度是维护困难群众合法权益、维护法律正确实施、保障社会公平正义的一项重要法律制度。党的十八届三中全会明确将完善法律援助制度作为推进法治中国建设、完善人权司法保障制度一项重要内容；党的十八届四中全会对全面依治国做出全面部署，明确提出要："完善法律援助制度，扩大援助范围"。习近平总书记多次对法律援助工作做出重要指示，强调要加大对困难群众的法律援助，在不断扩大法律援助范围的基础上，紧紧围绕经济社会发展的实际，注重提高法律援助的质量，努力做好公共法律服务体系建设。2015 年，中办、国办印发《关于完善法律援助制度的意见》，对进一步加强法律援助工作、完善法律援助制度的形势、目

标、任务和要求作出了全面部署。宁夏围绕贯彻中办国办《意见》精神，不断创新工作机制，进一步加强法律援助工作。

一要完善制度扩大范围，使更多困难群众获得无偿的法律服务。2016年3月31日，自治区党委、政府两办出台的《关于进一步完善法律援助制度的实施意见》，在国务院《法律援助条例》和《宁夏回族自治区法律援助条例》规定范围的基础上，进一步扩大了全区法律援助的范围，让更多的困难群众能够获得无偿的法律服务。（1）扩大民事、行政法律援助范围：《实施意见》将九种情况涉及人员纳入经济困难人群申请法律援助的范围：①因签订、履行、变更、解除和终止劳动合同或未缴纳社会保险导致劳动者合法权益受到侵害的；②因移民合法权益受到侵害的；③职工因企业改制、重组或兼并合法权益受到侵害的；④因劳务关系、雇佣关系请求劳动报酬和损害赔偿的；⑤残疾人、老年人、未成年人、妇女请求确认继承权和请求人身损害赔偿的；⑥因配偶重婚或与他人同居，实施家庭暴力或虐待、遗弃家庭成员，赌博、吸毒恶习屡教不改等原因要求解除婚姻关系的；⑦女职工因"四期"（经期、孕期、产期、哺乳期）劳动保护权益受到伤害的，职工因工伤认定、工伤待遇或伤残等级1~4级、职业病等案件，提起行政复议或行政诉讼的；⑧军人及军属因购买经济适用房及廉租房产生纠纷的；⑨不服司法机关生效民事和行政裁判、决定，再次进入诉讼程序聘不起律师的。将四类情形的法律援助申请免于经济状况审查：①农民工请求支付劳动报酬、工伤赔偿以及解决劳动保障、社会保险、劳动合同纠纷；②年龄在70岁以上以及患有重大疾病的人员；③义务兵、供给制学员及军属，执行作战、重大非战争军事行动任务的军人及军属，烈士、因公牺牲军人、病故军人的遗属；④公民因病致贫、因支付基本教育费和因突发性灾害、不可抗力因素导致生活困难以及正在接受民政部门救助的。（2）加强刑事法律援助工作：明确加强司法行政机关与法院、检察院、公安机关等办案机关的工作衔接，畅通刑事法律援助申请渠道，切实履行侦查、审查起诉和审判阶段法律援助工作职责。试点开展为不服司法机关生效刑事裁判、决定的经济困难申诉人提供法律援助工作。建立法律援助值班律师制度，法律援助机构在看守所、法院、检察院等派驻法律援助值班律师。积极推进全区 15 个看守所法律援助工作站全覆盖，在人民法院建立法律援助工作站 11 个，在人民检察院建立法律援助工作站 12 个，5 个监狱法律援助工作站全覆盖，在戒毒场所建立法律援助工作站 2 个。截至2016 年 11 月 15 日，全区安排 487 名律师到看守所、法院、检察院法律援助工作站值班，咨询解答各类法律问题共计 5727 个，为 669 名犯罪嫌疑人提供咨询服务或办理法律援助手续，收效较好。

二是积极探索谋求发展，使机构设置和人员队伍更加专业化科学化配置。宁夏 27 个法律援助管理机构有工作人员 82 人，其中，47 人通过司法资格考试，占比 57.3%；62 人系法律专业毕业，占比 75.6%。为加强法律援助服务窗口人员力量，通过政府购买服务的方式，先后配备 32 名律师在"12348"法律咨询热线及全区各法援中心、看守所等值班。并补充了 374名社会工作者和 22 名"1+1"中国法律援助志愿者律师到各法律援助中心、站（点）帮助开展法律援助工作。同时，仍在积极探索努力实现全区法律援助机构更加科学化设置。

三是动态增长案件补贴标准，使律师办理法律援助案件积极性提高。按照自治区司法厅与财政厅联合出台了《宁夏法律援助案件质量评估及补贴管理办法》中明确的"案件补贴每 2 年在原有基础上上浮 20%"的动态增长机制。2016 年 4 月 1 日，宁夏法律援助案件补贴标准根据其疑难程度、律师工作量、承办结果、社会效果和受援人评价等因素，由原来的一、二、三类对应的 1100 元、800 元、400 元补贴标准分别调整为 1300 元、1000 元、500 元。按年度向财政厅报送案件办理及经费发放情况，经审核通过后，直接将经费拨付各地财政部门，由司法局发放给承办人。2016年，全区法律援助经费由往年 100 万元增加至 970 万元，全区中央彩票公益金和自治区法律援助办案经费合计达到 1470 万元，有力保障了全区法律援助案件办理的需求。吴忠市政府自 2012 年起，从当地财政划拨法律援助案件补贴专项经费 80 万，并形成了每年以 20 万元标准递增的常态化制度，极大地激发和调动了律师办理法律援助案件的积极性。

四是同行评估提升案件质量，使更多专业律师参与法律援助服务工作。宁夏被司法部列入法律援助质量同行评估 10 个试点省（区）之一。自治区司法厅从全区近 1600 名律师中筛选聘任 20 名律师（专家），建成宁夏首个法律援助同行评估律师（专家）资源库，同行评估律师（专家）经过培训后，以专业办案的标准，对各地法律援助案卷进行同行评估，找出法律援助案件质量问题，督促法律援助律师认真整改，促其不断提升办案水平，确保法律援助案件的办案质量。2016 年 7 月，自治区司法厅举办全区法律援助案件管理培训班，邀请全国在民事和刑事法律援助案件办理、同行评估方面的知名专家来宁授课，现场开展模拟演练，对全区法律援助同行评估工作有积极的促进作用。

五是加强军人军属法律援助，使更多军人军属能够申请到法律援助。按照自治区政府与宁夏军区《关于进一步加强军人军属法律援助工作的通知》精神，自治区司法厅与宁夏军区政治部联合印发《宁夏回族自治区军人军属法律援助工作站实施办法》，规范了军人军属法律援助工作站全覆盖的建设工作。目前，全区办理军人军属法律援助案件 6 件，军人军属法律援助工作站的建立受到了军人军属的好评和肯定。

今后，法律援助工作将面对全区 58.1 万农村贫困人口的脱贫任务，法律援助服务精准扶贫工作，为困难群众提供法律援助任重而道远。宁夏法律援助更要适应新形势新要求，更要注重在制度建设、规范管理、新媒体应用、信息化建设等方面的不断创新。

民族区域自治制度在宁夏的实践

——民族法制建设视角的考察

陈凤林

　　中国的民族区域自治，是中国共产党对我国多民族国家结构符合历史文化传统和国情的创制。我国共有 155 个民族自治地方（5 个自治区、30个自治州、120 个自治县/旗），55 个少数民族中 44 个实行了区域自治。①宁夏是我国五大民族区域自治区之一，本文从区域自治立法和民族区域自治法律法规的执行两方面就民族区域自治制度在宁夏实践做一梳理。

一、民族区域自治法律法规在宁夏的贯彻落实

　　宁夏回族自治区成立以来，把民族区域自治制度的实践重点放在贯彻落实《中华人民共和国宪法》（以下简称《宪法》）、《中华人民共和国民族区域自治法》（以下简称《民族区域自治法》）和《国务院实施〈中华人民共和国民族区域自治法〉若干规定》（以下简称《若干规定》）等法律法规、推进本地区各项事业发展进步上。宁夏依据法律所规定的法定职权，推进本地区政治民主建设，自主发展本地经济、文化、社会事业，在各领域实施了一些列具有本地地方特色和民族特点的政策，这些具有鲜明地方

作者简介　陈凤林，宁夏社会主义学院民族宗教理论教研室副主任，教授。

①中华人民共和国国务院新闻办公室《中国的民族区域自治》，原载于 2005 年 3 月 1日《中国民族报》。

特色的政策的实行,使民族区域自治在宁夏的实践结出了累累硕果。

(一) 坚持不懈推进民族区域自治制度贯彻落实,为宁夏提供了强有力的组织制度保障

宁夏落实民族区域自治制度最关键的一条,就是认真执行《宪法》《民族区域自治法》和《若干规定》的有关规定。自治区高度重视自治机关建设,大力培养选拔少数民族干部,真正发挥其在自治机关中的主体作用。自治区成立以来,历届人大主任、政府主席都由回族公民担任,自治区历届人民代表大会的回族代表与回族人口比例基本适应,目前回族聚居地区的各市、县政府主要领导均由回族公民担任。采取定向公开选拔、竞争任职等方式选拔少数民族干部。有计划选派少数民族干部到中央国家机关和发达地区挂职锻炼。重视少数民族后备干部选拔培养,选拔应届优秀高校少数民族毕业生到乡镇、街道、村和社区工作,选派少数民族年轻干部担任村党支部书记或农村指导员。近年来在公务员、事业单位工作人员、大学生"村官"等招录中对少数民族考生给予笔试加 10 分的优惠政策。截至2013 年底,全区各级党政机关共有少数民族干部 1.14 万人,占干部总数的比例由 1981 年的 13.5% 提高到 27.3%,33 个区直部门班子有 28 个配备了少数民族干部,其中 13 个是主要负责人。5 个地级市和 22 个市、县(区)中 21 个党委或政府主要负责人是回族干部。少数民族干部担任省级领导职务的有 10 人,担任厅级职务的达 213 人。①

(二) 坚持不懈推进回汉各民族共同繁荣发展,奠定了民族区域自治的物质基础

宁夏贯彻落实民族区域自治法律法规的另一个重点,就是落实经济发展自治权,自主发展地方经济。从本土资源禀赋和产业优势出发,在经济领域自主制定实施符合地方实际的经济社会发展战略。坚持把调结构、转方式作为经济工作的重点,制订《自治区产业转型升级和结构调整实施方案》,推进产业升级,经济发展的质量和效益进一步提升,高耗能产业比重下降。截至 2015 年,粮食生产实现"连续十一年丰收",特色农业增势良

---

① 数据来源于新华网 2014 年 9 月 27 日张亮的文章《宁夏多渠道培养少数民族干部》。

好，占农业总产值比重达 85.7%，金融、旅游、电子商务均保持 15% 以上增速。城乡居民收入增幅高于经济增幅，城镇居民和农村常住居民人均可支配收入分别达 23285 元和 8410 元，分别较上年增长 8.4% 和 10.7%，人民生活持续改善。[1]2016 年自治区十一届人大常委会第二十三次会议审议通过了《宁夏回族自治区农村扶贫开发条例》，这是中央扶贫工作会议后全国出台的首部地方性扶贫开发法规，推动了精准扶贫工作在法治轨道上运行。

（三）坚持不懈实施文化发展战略，为民族区域自治营造了开放包容的人文环境

以社会主义核心价值观为引领，繁荣发展民族文化，塑造和而不同、多元共生、开放包容的人文环境，是宁夏民族区域自治的又一关键举措。宁夏立足本土文化资源特色，以培育和践行社会主义核心价值观为主线，实施多元文化战略，出台《宁夏回族自治区人民政府关于进一步繁荣发展少数民族文化事业的意见》，在文化精品、群众文化、传统文化、公共文化基础设施建设及文化交流等方面均取得了长足发展。实施文化精品工程，充分发掘黄河文化、回族文化、红色文化、西夏文化内涵，推出歌舞剧《月上贺兰》、影片《同心》等优秀文化精品。实施文化惠民工程，加强文化基础设施建设，已建成 75 座博物馆，26 个公共图书馆，28 个群艺馆和文化馆，224 个乡镇街道文化站，2146 个农村社区文化室，全区公共文化馆全部免费开放。建立健全民间文化保护体系，回族器乐、服饰等 8 个项目被确定为国家级少数民族文化遗产保护名录。

（四）坚持不懈推进民生社会建设，各民族人民共享发展成果，为民族区域自治营造了良好的社会环境

宁夏始终把民生社会建设作为民族区域自治的基本着力点。始终坚持民生为先，每年将 70% 以上的新增财力用于改善民生，每年实施 10 项民生计划、为民办 30 件实事。坚持把扶贫开发放在突出位置，从 2011 年开始实施 35 万生态移民工程，五年间，已经搬迁安置移民 32.96 万人，占移民

---

[1]刘慧《在自治区第一届人民代表大会第四次会议上的政府工作报告》，见《宁夏年鉴2015》，宁夏人民出版社 2015 年版，第 20 页。

搬迁规划的 95.26%。群众搬迁后的生产生活条件得到极大改善。

（五）坚持从生命线高度谋划民族宗教工作，民族团结宗教和顺，为民族区域自治建构了和谐稳定的社会环境

积极推进宗教事务管理的制度化、规范化。出台《宁夏回族自治区宗教事务若干规定》《宁夏回族自治区宗教活动安全管理暂行办法》，坚持寓管理于服务，建立领导干部联系宗教人士制度，制定宗教教职人员生活补助办法，依法加强对大型宗教活动的管理，严格按程序做好教职人员认定和选聘工作，实现对人员、场所、活动的管理全覆盖；建立制定教职人员社会保障办法和生活补贴办法，落实有计划、有组织的朝觐政策。深入开展社会主义核心价值观、国旗、党报党刊、农家书屋进清真寺"四进"活动。注重发挥宗教界人士的积极作用，建立教职人员培训学习制度，教育引导信教群众既念教义经、也念致富经。妥善处理民族宗教领域矛盾纠纷，严格区分矛盾性质。坚持抓早、抓小、抓苗头，坚决制止非法宗教势力和宗教极端思想，切实维护现有宗教格局。

二、宁夏民族法制建设的成就

（一）单行条例的制定成绩突出

目前，颁布实施的单行条列有《宁夏回族自治区人民代表大会和人民委员会组织条例》《宁夏回族自治区民族教育条例》《宁夏回族自治区清真食品管理条例》《宁夏回族自治区人口与计划生育条例》《宁夏回族自治区乡镇人民代表大会工作条列》《宁夏回族自治区旅游条例》《宁夏回族自治区农村扶贫开发条例》等，在五大自治区中宁夏出台的单行条例数量最多。

（二）注意突出民族地方特色，尊重少数民族的风俗习惯

1980 年《婚姻法》颁布施行后，1981 年宁夏回族自治区颁布实施《宁夏回族自治区执行〈中华人民共和国婚姻法〉的补充规定》等。《若干规定》颁布后，宁夏认真落实《若干规定》的有关规定，自主制定和实施了一系列具有民族特点和地方特色的地方法规和政府规章，如《宁夏回族自治区殡葬管理办法》《宁夏回族自治区人民政府关于尊重少数民族风俗

习惯的规定》《宁夏回族自治区宗教事务若干规定》《宁夏回族自治区宗教活动安全管理暂行办法》《关于进一步加强宁夏宗教活动场所建设安全管理工作意见》《宁夏穆斯林出国朝觐网上报名排队办法》等。截至 2014 年底，由自治区政府提请自治区人大常委会审议并现行有效的地方性法规有 170 件，自治区政府制定实施的政府规章有 164 件；银川市人民政府提请市人大常委会审议并现行有效的地方性法规有 63 件，市人民政府制定实施的政府规章有 55 件。这些地方性法规和政府规章的制定实施，标志着宁夏初步建成了与中国特色社会主义民族法制体系相衔接、具有本地特色的地方民族法制体系框架。

三、宁夏民族法制建设存在的问题

一是民族法制建设总体滞后，难以适应民族区域自治制度发展和完善的要求。宁夏至今尚未出台自治条例，在单行条例、法律变通和补充及落实《自治法》的地方法规、规章的制定上，立法进展仍然比较缓慢。

二是立法的技术水平有待提升。从自治区单行条例和落实《民族区域自治法》和《若干规定》的地方法规的制定上看，有些法规条款内容空洞，缺乏可操作性。行文规范上，不同程度存在条文表述不规范的现象，由于立法者主观上对"法"与"政策"的界限、特征认识模糊，导致在自治法规的表现形式上，存在法条语言政治化、法条表述政策化的趋向。一些法规形式与内容脱节，尤其是综合法规，往往贪大求全，结构臃肿。

三是已经出台的地方自治立法质量不高，上位法"复制"现象突出。法律条文"复制"，可以说是民族自治地方自治立法中的"中国特色"，存在新法抄旧法、下位法抄上位法的现象，脱离地方实际，缺乏针对性，实践中无可操作性。导致立法质量问题因素比较多。比如：法的制定者缺乏对自治立法基本理论的深入研究，对自治条例、单行条例、法律变通补充规定等地方自治法规的法律地位、法律特征，对地方自治立法与基本法之间的关系没有形成科学的认识，对体制转型过程中民族自治地方自治立法的现实需要缺乏客观的把握，立法前缺乏理论准备，起步后缺乏理论的指导。

四是不同程度存在重制定、轻落实的问题。由于法律监督乏力，有的法律条文难以从"写在纸上的法"变成"落在实处的法",花费大量人力、物力、财力制定出来却难以真正产生实践效益。

四、完善宁夏民族法制的对策建议

(一)完善《民族区域自治法》配套法规

中央国家机关要逐步健全《民族区域自治法》实施的配套法规、规章体系,为民族自治地方法制建设创造良好的制度环境。应尽快完善《民族区域自治法》的配套法规。自治区人大及其常委会要加强对《民族区域自治法》的研究,建立健全切实可行的法律制度,明确民族区域自治法律关系主体的权利和义务,提升基本法的规范性和权威性。

(二)科学制订立法规划

要建立科学合理的民族法治建设规划,立法规划要立足当前,着眼未来。规划要突出自治机关经济方面的自治权,优先考虑围绕经济自治权应制定哪些单行条例,然后再设定地方法规的制定规划。要依据民族自治地方的具体情况,全面审查行政法规、部委规章、地方法规对民族自治地方的适应、适用情况,对某些法规、规章不适应民族自治地方经济社会发展的实际情况,依据自治权进行"变通""补充"。纵观以往民族自治地方立法,经济立法比重小,现阶段要把立法重心放在规范市场主体行为、完善市场经济体制上。民族自治区必须紧紧围绕经济建设中心,进一步加大经济立法力度,逐步扩大经济立法的范围和领域,着力解决民族自治地方市场经济发展中的各种问题。

(三)建立较完备的地方民族法规体系

国务院2008年颁布了《关于进一步促进宁夏经济社会发展的若干意见》,为理顺宁夏与上级国家机关的关系、制定地方法规提供了充分的政策依据。

在自治条例出台条件还不成熟的情况下,可以把自治立法的重点转移到制定单行条例上来。根据民族自治地方现实的经济社会发展需要,将认识一致、比较成熟的问题,先以单行条例的形式出台,待条件成熟时,再以法典编纂的形式对这些单行条例进行加工和提升,或者使他们成为自治条例的一部分，或者使他们与较为成熟的自治条例相协调。要坚持慎立多修，法贵在精，贵在管用。立法要精、要集中，但也要勤修、多修，"立、改、废、释"相结合，该清理的清理，该废止的废止，不能让法律"打呼噜""睡大觉"。

发挥地方立法和政府规章制定程序上的优势，加快地方法规和地方政府规章的制定。党的十八届四中全会《决定》指出，"加强和改进政府立法制度建设，完善行政法规、规章制定程序，完善公众参与政府立法机制"，要着力建立健全政府立法工作机制。结合西部大开发和"一带一路"战略的推进，可以在经济结构调整、生态环境保护、基础设施建设、科技教育、引进人才、招商引资方面制定系统的地方性法规和规章。

（四）提高立法质量

提高立法质量应注意以下几个问题：（1）注意克服法案起草中的部门主义倾向，维护法制的统一性；（2）注意吸收法律专家参与立法，以保证立法质量；（3）注意突出地方的特点，避免照搬《民族区域自治法》而失去立法的真正价值；（4）立法条款应当注意克服原则性过强和操作性不够的弊病；（5）要加大立法公众参与度，尝试引入第三方评估机制，坚持开门立法，建立立法项目征询和论证制度，加强立法项目前期论证工作。

（五）加强民族法学和立法理论的研究

自治机关应当把立法理论研究作为经常性工作来开展，加强对经济社会发展问题的研究，密切与从事民族法学理论研究的专家、学者的联系。重视提高立法人员素质，通过学习、培训等方式，使他们熟悉本地区民族风俗习惯等方面的情况。建议自治区建立民族法学研究所，专门研究民族法学理论和自治立法理论，为立法提供咨询服务。可以在自治区人大设立自治立法咨询委员会，调动全国有关专家资源，为民族法制建设服务。

（六）注重法规的实施

法律的权威和生命在于实施。首先，要完善实施系统。进一步提高行政机关及其工作人员依法行政水平，确保各类行政行为在法治轨道上运行。深化行政执法体制改革，严格规范公正文明执法，依法惩处各类违法行为，特别是要通过加强基层依法治理，强化社区自治功能等措施，使依法治理畅达"末梢神经"，解决法治建设"最后一公里"失灵问题。其次，要强化监督制约。从改革和消除现行监督机构的弊端着手，加强监督机构之间的联系，建立职权行使转换程序，形成联络畅通、协调有序的监督网络。特别是通过保障人民群众参与司法活动，完善人民陪审员制度，充分发挥人民群众的监督力量,以公开促公正，使司法机制在阳光下运行。

宅基地使用权流转问题的司法对策研究

银川市中级人民法院课题组

宅基地于我国而言有着独特的政策与法律地位，在我国土地及法律框架内，经历了不同的阶段，每个阶段给予了它不同的定义与内涵。随着我国物权法律体系的不断完善，对于宅基地相关的法律概念，也会朝着有利于保护权益人权益的方向加以修正。

一、我国现行宅基地立法及最新试点工作

（一）我国现行宅基地的立法制度

我国现行宅基地制度主要由《宪法》《土地管理法》《物权法》以及国务院、各地方人民政府的行政法规、规范性文件构成。在《物权法》中，宅基地使用权被认定为一种用益物权。但《物权法》仅对宅基地的权利内容、宅基地使用权的重新分配以及宅基地使用权的变更（注销）登记作了原则性规定，而把最重要的宅基地的取得、行使和流转指向土地管理法等法律和国家有关规定。《土地管理法》确立了"一户一宅"原则，构建了

　　课题组成员　石新军，银川市中级人民法院副院长；安宁，银川市中级人民法院执行一庭庭长；李慧琴，银川市中级人民法院民三庭庭长；周景元，银川市中级人民法院审判管理办公室主任；高卫国，银川市中级人民法院民二庭副庭长；李山山，银川市中级人民法院民三庭副庭长。

我国宅基地基本制度。

由于国家法律、法规对宅基地及宅基地使用权的规定较为原则，许多具体规定都体现在国家相关政策之中。2004 年国务院在《关于深化改革严格土地管理的决定》禁止城镇居民在农村购置宅基地。2007 年国务院办公厅在《关于严格执行有关农村集体建设用地法律和政策的通知》强调农村住宅用地只能分配给本村村民。

（二）全国宅基地改革最新试点工作情况

十八届三中全会做出《中共中央关于全面深化改革若干重大问题的决定》，对深化农村改革做出了全面部署，会议决定赋予农民更多的财产权利，保障农户宅基地用益物权，改革完善农村宅基地制度，选择若干试点慎重稳妥推进农民住房财产权抵押、担保、转让，探索农民增加财产性收入渠道。2015 年，中办、国办联合印发《关于农村土地征收、集体经营性建设用地入市、宅基地制度改革试点工作的意见》，从而开启了宅基地的改革序幕。

2015 年 2 月 27 日，全国人大常务委员会审议通过了《关于授权国务院在北京大兴区等 33 个试点县（市、区）行政区域暂时调整实施有关法律规定的决定》，为依法推进农村土地制度（包括宅基地）改革确立规范。2015 年 12 月 21 日，全国人大常委会授权北京市大兴区等 232 个试点县（市、区）行政区域暂时调整物权法、担保法关于集体所有的宅基地使用权不得抵押的规定，允许以农民住房财产权（含宅基地使用权）抵押贷款。

二、当前在基地使用权流转形式及宁夏的实践

我国的部分地区开展了宅基地使用权流转的有益探索和创新，并设立了一些宅基地使用权流转的试点。本文主要研究属于民事纠纷领域且在司法实务中遇到最多、争议最大的宅基地使用权流转形式主要有以下几种。

（一）出租

出租是农民将闲置的宅基地、农房或附属的生产用房全部或部分出租给承租人，以获取租金收益的流转形式。实践中，在城中村农民较多选择将其农房出租给城市外来人口或无住房的城市人口以获取租金收益，此类

租赁一般用以生活，租期一般较短；在城郊地段，农民多数将其宅基地农房出租给商人以获取租金，也有将宅基地出租，由承租人根据自己的需要在宅基地上加盖房屋或厂房。

（二）转让

转让是指农民将其宅基地使用权或农房以一定的价格出售给他人的一种流转形式。此类流转方式又可以分为以下几种：一是"裸卖"即农民将其依法取得的宅基地使用权直接卖给他人。二是"合作建房"农民将一部分宅基地使用权出售给投资者以获取资金支持，投资者则在获得的宅基地上建起属于自己的房屋。三是"混合买卖"即农民将其宅基地使用权和农房所有权一并出售给他人。四是"打包买卖或流转"即农民将其宅基地使用权、农房以及承包地三者打包卖（流转）给他人。

（三）抵押

抵押是农民将其宅基地使用权或农房作为担保物向银行等金融机构申请贷款，并以宅基地使用权或农房作为抵押物的流转形式。在宅基地使用权抵押流转中，主要有二种抵押方式，一是宅基地使用权直接抵押，二是宅基地上的农房作为标的物进行抵押贷款。

（四）继承

继承是指宅基地使用权人正常死亡后由其继承人按照法律规定继承其宅基地使用权和农房的一种流转形式。其继承人可能是本集体经济组织成员，也可能是其他集体经济组织的农民，甚至是城镇居民。

三、宅基地使用权流转立法及司法实践中存在的问题

（一）宅基地使用权立法制度中存在的问题

我国现行的农村宅基地立法内容不全，没有形成专门和系统的制度规范体系，缺少统一性和权威性。[①]随着经济社会的发展，特别是农村人口的城镇化，现行宅基地立法中存在的问题进一步凸显，可以归纳为以下两点。

---

①参见王小莹《我国农村宅基地使用权制度研究》，中国民主法治出版社 2014 年版，第 51 页。

1. 现行宅基地立法过于倚重行政管理手段且存在朝令夕改现象。立法对于宅基地的规定是原则性的，许多操作性的规定在国务院以及国务院部委的规章、决定中。如宅基地的申请、审批等都依据行政管理手段处理。再如宅基地使用主体，历经几次变化，从最初的农户，演变为城乡居民，最后又回到农户。宅基地行政管理力度不断增强，宅基地管理的禁令越来越多，但宅基地违法事件却屡禁不止，导致宅基地行政管理制度再三修改。由于宅基地行政管理手段针对性太强，缺乏系统考虑，往往变为对具体违法行为的应对政策，无法让宅基地使用权人产生稳定的预期，管制效果也难以体现。①

2. 现行宅基地流转的相关立法不统一，基本法与行政规章相互矛盾。在法律层面主要有：《物权法》《土地管理法》，这些法律层面的规定对宅基地使用权流转做了三个方面的限制：一是宅基地不得出让、转让或者出租用于非农业建设；二是出卖、出租住房后，再申请宅基地的不予批准；三是违反"一户一宅"，再申请宅基地的不予批准。在行政层面，2004 年、2007 年国务院的决定禁止城镇居民在农村购置宅基地。《物权法》《土地管理法》是基本法，是上位法，上位法并没有禁止宅基地使用权及农房的流转，而国务院的《决定》等是行政规章，是下位法，其效力远不及基本法，并且其限制的仅仅是禁止城镇居民购置宅基地和农房，对宅基地及农房能否在农民之间流转并未涉及。根据民事法律行为"法不禁止即可为"之法理，宅基地使用权在农民之间流转是没有法律限制的。

（二）宅基地使用权制度在司法实践中存在的问题

1. 农民合法财产权益难以维护，存在损害农民财产权益的情形。宅基地使用权及农房是农民所享有的重要财产权益。宅基地对于农民而言具有居住保障功能，直接关系到农民居住权问题，农民通过自己的劳动，将辛苦积累的资金物化为宅基地上的房屋。农民在宅基地上建造的农房应属于农民所有，必然具有经济价值。当农民"农转非"后，缺乏处置农房及宅

---

① 参见向勇《中国宅基地立法基本问题研究》，中国政法大学出版社 2015 年版，第175 页。

基地的有效途径，其不仅会造成土地资源的浪费而且损害农民的合法财产权益。如陕西省延安市洛川县某村的宅基地或房屋的交易全部发生在本村村民之间且交易价格极低。当地村民形容农房的价格犹如白菜。①

2. 宅基地使用权流转市场秩序混乱，流转纠纷日益增多。随着大量的农民定居城镇，许多农民将其宅基地以及农房以出卖等方式流转。农民在出卖宅基地时考虑的是其经济价值，一般情况下，谁出价高就卖给谁。实践中，出价较高的往往是非本集体经济组织成员或城镇居民。农村宅基地及农房大量流转到非本集体经济组织成员之手，甚至城镇居民之手。由于宅基地使用权流转监管制度缺失，导致宅基地使用权流转纠纷案件日益增多。如宁夏永宁县人民法院近几年因城镇化发展水平的提高及中心村建设的影响，受理的涉及宅基地的案件逐年递增。②

3. 宅基地使用权流转属于疑难问题，无效和有效判决均存在。在司法实践中，针对经常出现的宅基地使用权及农房买卖、抵押问题的法律适用是多数法官面临的法律疑难问题，同类案件，由于援引不同的法律，甚至援引同一部法律的不同条文，判决结果截然不同。当认定农房买卖合同无效时，主要理由是违反法律行政法规的强制性规定，其主要依据有《土地管理法》第六十三条、国务院的《决定》；当认定农房买卖合同有效时，依据《合同法》认定农房是农民的合法财产，法律没有禁止农村宅基地使用权的流转，不存在《合同法》第五十二条无效合同情形。③

四、宅基地使用权有限流转效力的法理分析

关于宅基地使用权及农房的流转，无论是理论界还是实务界早有争论，有人主张严禁流转，也有人主张自由流转，还有人主张限制流转。基于对

---

① 参见印子《农村宅基地地权实践及其制度变革反思》，《中国农村观察》2014 年第 4 期。
② 永宁县受理的涉及农村房屋买卖合同纠纷的案件，有的案件案由确定为确认合同效力纠纷，有的确定为农村房屋买卖合同纠纷，有的因为还涉及承包地一并流转案由定位农村土地转让转包纠纷。
③ 参见周晖《农村住房及宅基地利用法律问题的初探》，《北京农业职业学院学报》2014 年第 7 期。

现行法律、法规的分析以及对司法实践的调研,本文作者认为现价段应坚持宅基地使用权的有限流转,随着社会经济以及宅基地所有权、使用权以及地上附着物所有权"三权"确定,逐步实现宅基地使用权的自由流转。

1. 社会发展水平需要宅基地使用权有限流转。在 20 世纪 60 年代的人民公社时期酝酿的宅基地制度是以"城乡二元户籍制度"为基础限制城乡人口流动为初衷、实现重工业优先发展战略为最终目标而做出的一种制度安排。①宅基地制度充分考虑了其原始取得的身份性和保障性的功能,是对农村保障制度不足的一种补充。但随着市场经济和城乡一体化建设,农业人口就业的非农化和兼职化增多,非农收入的逐年增长以及农村社会保障体系的逐步建立致使宅基地的保障功能逐步弱化。现阶段,宅基地使用权人更加看重宅基地或农房的经济价值。充分实现宅基地及农房的社会经济价值,符合市场经济的特征,农民可以以转让所得投入生产或生活,在市场经济中反而提高了宅基地的社会保障功能。

2. 当前政策的变化需要赋予宅基地完整的用益物权。2011 年,国家对宅基地使用权进行确权,目前全国的确权登记工作进入收尾阶段。2013 年党的十八届三中全会《决定》明确提出,保护农户宅基地用益物权,改革完善农村宅基地制度,选择若干试点慎重稳妥推进农民住房财产权抵押、担保、转让。2015 年中办、国办联合印发《关于农村土地征收、集体经营性建设用地入市、宅基地制度改革试点工作的意见》。2015 年 12 月 21 日,十二届全国人大常委会授权北京市大兴区等 232 个试点县(市、区)行政区域调整实施物权法、担保法中关于集体所有的耕地使用权不得抵押的规定,允许允许以农民住房财产权(含宅基地使用权)抵押贷款。2016 年 8 月 30 日,中央全面深化改革领导小组第二十七次会议通过了《关于完善农村土地所有权承包权经营权分置办法的意见》,指出深化农村土地制度改革,实行所有权、承包权、经营权"三权分置",将此作为我国今后基本土地政策向全国推开。国家政策日益注重土地的财产权益,发挥农村资源的

---

① 参见崔红志《关于赋予农民宅基地使用权更加完整权能的探析》,《农村经济》2015年第 3 期。

经济效益，提高农民收入。

3. 宅基地使用权与地上权角度分析。《物权法》将宅基地使用权归入用益物权，用益物权当然包括地上权。地上权将土地所有权和地上附着物的所有权相互分离。宅基地使用权与地上权具有相似之处，二者都对土地所有权具有限制作用，且同样具有取得地上建筑物所有权之效力。宅基地使用权一经取得，宅基地使用权的身份性和保障性就物化在了特定的宅基地使用权之上。对于农民来说，宅基地使用权虽无所有权之名，却有着所有权之实。利用传统地上权理论，理解宅基地及农房所有权时，可以得出当农房所有权让与他人时，宅基地使用权本身不必随之让与，仅需为取得房屋所有权之人设立一定的地上权。如此，宅基地使用权人不至于因为转让农房而失去宅基地，亦不必为保有宅基地而听任宅基地上闲置农房破败凋敝，可谓两全之策。①

4. 宅基地使用权流转不影响宅基地的社会保障功能。宅基地使用权制度具有社会保障功能，实现居者有其屋的社会理念。申请宅基地使用权的权利与集体经济组织成员资格密切相关，城市居民或外村村民不享有集体经济组织的宅基地申请权，村民也不能将其宅基地申请权有偿或无偿转让给他人。村民一旦取得宅基地使用权，其宅基地申请权就转化为一项财产性权利。农民处分其依法取得的宅基地使用权后，依据《土地管理法》第六十二条第四款之规定就不能再申请宅基地。但如果该户农民由于人口增长而分户，符合再次取得宅基地使用权的条件时，新增农户可以再次依法申请宅基地。宅基地使用权的社会保障功能不因流转而减弱。

五、关于宅基地使用权有限流转的司法对策

通过以上分析，我们对宅基地所有权、宅基地使用权以及宅基地上农房所有权有一个清晰的认识，在对当前中国社会经济基础、国家政策以及相关法理问题分析之后，得出宅基地使用权及农房有限流转有充分的法理

---

① 参见王卫国、朱庆育《宅基地如何进入市场？——以画家村房屋买卖案为切入点》，《政法论坛》2014年第3期。

和法律依据。

（一）宅基地使用权转让行为的司法对策

从《合同法》第五十二条的规定来看，城镇居民受让宅基地或农房不符合该条前四项的规定①。国务院的决定禁止城镇居民在农村购置宅基地。然而《合同法解释一》规定确认合同无效应以全国人大及其常委会制定的法律和国务院制定的行政法规为依据，不得以地方性法规和国务院规章为依据。由此可见，依据现行法律规定城镇居民是可以受让宅基地使用权或农房的。但从我国具体的农村体制来看，《决定》的目的是为了保护农民利益，保持农村社会稳定发展，与《合同法》第五十二条第四款"损害社会公共利益"立法目的相同，可以在"扩张解释"理论的指导下，以此认定城镇居民购买宅基地使用权或农房的合同无效。

现行法律、行政法规均未限制农民购买宅基地使用权或农房。唯一相关联的法律条文是《土地管理法》第六十二条规定的"一户一宅"原则，该规定是对申请宅基地的限制。至于农民是否可以通过购买、赠与、继承等其他方式取得宅基地使用权，法律并未加以限制。这就意味着，在当事人通过买卖方式转让宅基地使用权或农房时，受让人无论是本村村民还是外村村民，也无论其是否已拥有宅基地使用权，转让合同都是合法的。②裁判依据可以援引《合同法》第四十四条、五十二条之规定。

（二）宅基地使用权抵押行为的司法对策

《物权法》第一百八十四条规定宅基地使用权不得抵押，但法律规定可以抵押的除外。该法第六十四条规定私人对其合法的收入、房屋、生活用品、生产工具、原材料等不动产和动产享有所有权；第一百八十条规定建筑物或者其他地上附着物可以抵押。按《物权法》的规定农房应为农民个人所有，当然包括占有、使用、处分、收益四项权能，农房的抵押不应受

---

①《合同法》第五十二条规定，有下列情形之一的合同无效：（一）一方以欺诈、胁迫的手段订立合同，损害国家利益；（二）恶意串通，损害国家、集体或者第三人利益；（三）以合法形式掩盖非法目的；（四）损害社会公共利益；（五）违反法律、行政法规的强制性规定。

②参见魏华、戴孟勇《论宅基地使用权的转让》，《法律适用》2014年第10期。

到约束。①从现行规定来看，法律允许农房进行抵押，即不禁止以农房显性抵押宅基地使用权隐性附随其中，但禁止将宅基地使用权直接抵押。由于农房和宅基地使用权的不可分割性，当农房作为抵押物抵押后，将农房变卖、拍卖以实现抵押权时，依据"地随房走"的原则，宅基地使用权必然一并转让，进而出现以农房抵押隐性附随宅基地使用权抵押的结果。

从全国各地的实践来看，基本上都允许农房所有权抵押贷款，极少数的省市要求对此设定一定的条件，如成都市要求所抵押的农房需取得房屋所有权证。但从上述法律规定来看，现行法律对农房抵押没有任何限制性规定。农房所有权抵押应当办理抵押登记，不动产登记管理局应当受理此项登记。在实现抵押权时，依据"地随房走"的原则，折价、拍卖或变卖农房时，农房所占的宅基地使用权随之转移。

从全国各地的实践来看，允许宅基地使用权直接抵押的省市较少。目前，除全国人大授权的试点之外，宅基地使用权单独抵押尚不符合《物权法》第一百八十四条的规定，宅基地使用权单独抵押应认定为无效行为。

（三）宅基地使用权继承的司法对策

《物权法》第六十四条规定私人对其合法的收入、房屋等不动产和动产享有所有权。《继承法》第三条规定遗产是公民死亡时的合法财产，包括房屋。农民在宅基地上建设的房屋是其合法的财产，依据物权法和继承法，该财产也属于可继承的范围。

在宅基地使用权人去世后，其继承人有以下几种：一种是本集体经济组成成员，另一种是非本集体经济组织成员的农民，还有一种是城镇居民。2011 年，国土资源部、财政部、农业部联合下发了《关于加快推进农村集体土地确权登记发证工作通知》第六条"严格规范确认宅基地使用权主体"，规定已经拥有一处宅基地的本集体成员、非本集体成员的农民或城镇居民，因继承房屋占用宅基地的，可按规定登记发证，在集体土地使用证记事栏记"该权利人为本集体原成员住宅的合法被继承人"。由此可见，宅基地使用权可以随着农房所有权的继承而继承，也可以办理权属登记，只

---

①参见张洁《宅基地抵押贷款模式》，《调查研究》2015 年第 7 期。

不过登记的宅基地使用权人为原取得人而非继承人。依据《物权法》第三条，《继承法》第三条之规定以及《物权法》第一百四十六条确立的房地一体主义，不论继承人的身份如何，其均可以依法继承宅基地使用权和农房，其享有的权利和本集体经济组织成员享有同等的权利，土地管理部门也应向继承人发放集体土地使用证。

调研篇
DIAOYANPIAN

宁夏毒品问题调研报告

李永红

宁夏毒品问题始于 20 世纪 80 年代末，起初是同心县个别人在广东、云南等地从事皮毛、发菜等土特产生意时，受贩毒高额利润的诱惑，将海洛因带入宁夏并逐步"开拓"出数十人的毒品消费市场。随后，吸、贩毒问题以同心县为中心迅速向全区发展蔓延，时至今日，全区 22 个县区无一幸免，其危害有目共睹。笔者力求通过实地调研，对比 2011 年至 2016 年 10 月大收戒工作开展前后数据变化，展示毒情现状特点，分析原因，揭示问题，提出对策建议，以供相关部门参考。

一、宁夏毒情形势变化情况分析

戒断三年未复吸人数、社区戒毒康复执行率、吸毒人员管控率上升，新滋生吸毒人数增幅、毒品价格下降"三升两降"。

一是新滋生吸毒人数增幅呈下降趋势。2011 年至 2016 年 10 月，宁夏登记入库吸毒人数由 14902 名增至 29479 名，年均增长 16.9%。增幅于 2013 年达到 25.4%的峰值后，下降至 2015 年的 11.4%，增幅明显下降。2016 年 10 月吸毒人数比 2015 年底增加 1697 人，增幅仅为 6.1%，预计全年不会超过 10%（见图 1）。

作者简介　李永红，宁夏回族自治区公安厅禁毒总队情报信息支队支队长。

图1 2011—2016年10月吸毒人数增幅变化曲线

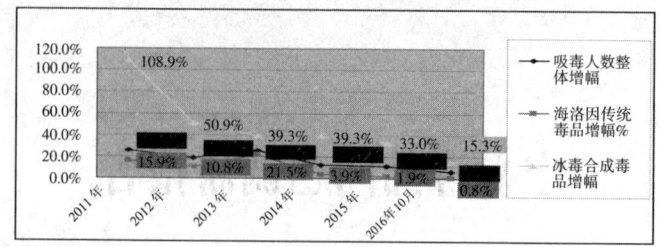

二是社区戒毒康复执行率、吸毒人员管控率大幅提升。2011年，社区戒毒康复应执行2202人，实际执行814人，执行率37.0%；在控吸毒人数4734名，管控率为31.8%。2015年，社区戒毒康复应执行9651人，实际执行8306人，执行率增至86.1%；在控吸毒人数14517人，管控率增至52.3%。两项指标在2015年全国禁毒工作综合考核中均排名全国第一。2016年10月，社区戒毒康复应执行10087人，实际执行8988人，执行率增至89.1%；在控吸毒人数18473名，管控率增至62.7%（见图2）。

图2 2011—2016年10月社区戒毒执行率和吸毒人员管控率变化曲线

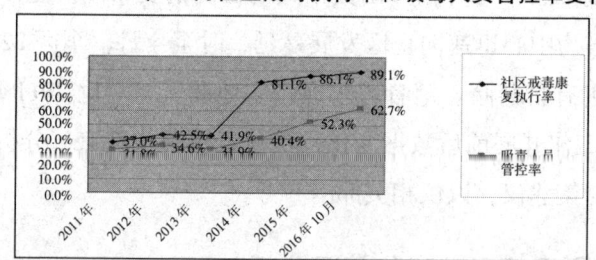

三是吸毒人员戒断三年未复吸人数稳步增加。2011年，全区戒断三年未复吸人数4040人，2015年增加到5696人，增幅41%。2016年10月达到7012人，创历史新高（见图3）。

图3 2011—2016年10月三年戒断数变化曲线

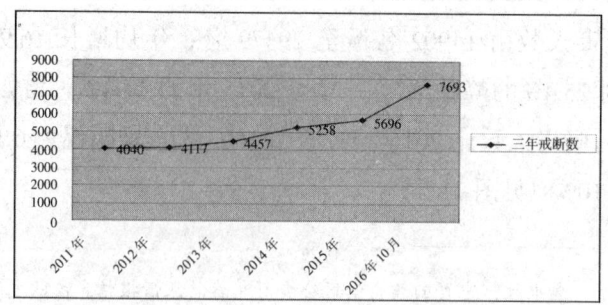

四是毒品价格逐年下降。宁夏海洛因、冰毒两类主要毒品批发价格自2012年分别达到693元/克、531元/克高点之后，逐年分别下降，至2016年10月为370元/克、259元/克（见图4）。

图4　2011—2016年毒品价格变化曲线

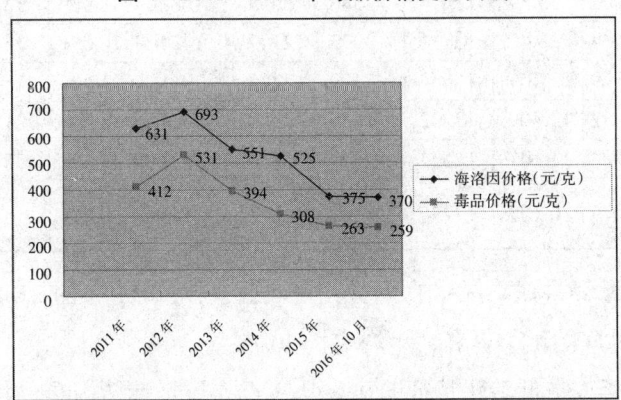

二、宁夏毒情特点

毒品问题的关键是毒品消费需求以及由此延伸出的毒品贩运问题，其核心是不断增加的毒品消费群体，既是毒品犯罪暴利产生的根源，也是毒品犯罪屡禁不绝的直接动力。

一是吸毒人员基数较大，占比高于全国平均水平。截至2016年10月，宁夏吸毒人数达到29479名，占到总人口数的万分之四十一，排全国第四，超过云南、四川等毒品问题严重省区。22个县区全部涉毒，已有14个县区超过千人。

二是海洛因吸食者占多数，但增幅明显减缓。从吸毒人员占比看，海洛因吸食人数占吸毒总数的比例由2011年的82.3%，下降至2016年10月的60.3%。从增长态势看，其增幅已由2011年的15.9%降至2016年10月的0.8%。主要原因：其一，经过多年的打击宣传，大众对海洛因的危害已有充分认识。其二，海洛因吸食者改吸冰毒的情况日益增多。2011年仅有236名海洛因吸食人员吸食冰毒，2016年10月达到2801名，增长12余倍，使吸食海洛因群体增幅和占比下降（见表1）。

表1　2011–2016年10月吸毒群体变化情况表

年份	总数				新增吸毒人员数				
	合计	增幅	海洛因	合成毒品	新增总数	海洛因数	增幅%	合成毒品	增幅%
2011年	14902	25.8%	12314	2588	3058	1688	15.9%	1370	108.9%
2012年	17644	18.4%	13711	3933	2742	1424	10.8%	1318	50.9%
2013年	22129	25.40%	16652	5477	4485	2941	21.5%	1544	39.3%
2014年	24932	12.70%	17302	7630	2803	650	3.9%	2153	39.3%
2015年	27782	11.40%	17633	10149	2850	331	1.9%	2519	33%
2016年10月	29479	6.10%	17776	11703	1697	143	0.8%	1554	15.3%

三是冰毒等合成毒品吸食人数增速迅猛。从2011年的2588名，增至2016年10月底的11703名，年均增长40.7%。

四是吸毒人员低龄化特征明显。从吸毒人员年龄结构看，45岁以下吸毒人员居多，占79.7%。从吸食毒品种类看，海洛因吸食群体年龄偏大，36岁以上占74.2%；冰毒等合成毒品吸食群体年龄偏小，35岁以下占74.7%。从查获情况看，2011年至2016年10月查获的46382人次中，45岁以下40141人次，占86.5%，其中未成年人1054人次，占2.3%，最小的仅有12岁（见表2）。

表2　吸毒人员年龄分布统计

分类年龄	合计	17岁（含）以下	18到25岁	26到35岁	36到45岁	46到59岁	60岁（含）以上
合计	29536	179	3717	8905	10241	6257	237
海洛因等	17753	10	561	3675	7888	5402	217
冰毒等	11783	169	3156	5248	2353	855	20
查获时年龄	46382	1054	9172	14465	15450	5943	298

五是吸毒人群身份多元化。从吸毒人员职业看，无业人员占57.1%，农民占19.6%，工人占12.8%，个体和自由职业者占5.9%，专业技术、企业管理及职员等占4.0%，公职、学生、军人等占0.6%。

六是银川市已经成为宁夏合成毒品主要集散地。从吸毒人员分布看，银川市有吸毒人员8500名，其中合成毒品吸食人员4500名，占52.9%，是宁夏唯一合成毒品超过海洛因等传统毒品的消费市场；从查获情况看，

2016 年 1—10 月全区共查获合成毒品吸食人员 2099 人次，其中在银川查获 1644 人次，占 78.3%；从案件查破情况看，近 5 年全区查破的 34 起千克以上冰毒案件，与银川有关（银川籍人员参与、破案地在银川）的案件达 31 起，占 91.2%。

七是成瘾吸毒人员对毒品的需求是刚性需求。吸毒人员日均吸食次数小于 1，即不是每个吸毒人员每天都需要吸食毒品；大于等于 1，说明每天都要吸食，是刚性需求。据抽样调查，宁夏吸毒人员日均吸食毒品 1.54 次，刚性需求的直接后果，就是毒品贩运活动的不断高发（见表 3）。

表 3   吸毒人员吸毒花费测算表

年份	2012 年				2013 年				2014 年			
项目	样本人数	日均吸食次数（次）	每次花费（元）	日均花费（元）	样本人数	日均吸食次数（次）	每次花费（元）	日均花费（元）	样本人数	日均吸食次数（次）	每次花费（元）	日均花费（元）
男	1959	1.73	159	275	1365	1.59	168	267	1370	1.33	135	180
女	248	1.6	180	288	179	1.45	217	315	269	1.34	186	249
合计	2207	1.71	162	277	1544	1.58	173	273	1639	1.33	143	190

三年日均吸食 1.54 次，每次花费 159 元，日均花费 246 元。数据来源：自治区药物滥用监中心通过国家药物滥用监测平台统计得出，共计发放《药物滥用监测调表》5390 份。

八是欺骗教唆引诱是吸毒人员不断滋生和复吸的主要因素。据抽样调查，94.5% 的人在初次尝试或复吸毒品时受到他人欺骗、引诱、教唆。虽然初次吸食和复吸毒品的原因是多方面的，但他人的引诱、教唆和欺骗因素不可或缺。

九是毒品犯罪活动高发。2011 年至 2016 年 10 月，全区共破获毒品犯罪案件 3514 起，抓获犯罪嫌疑人 4108 名，缴获各类毒品折合海洛因 656 公斤，破案数从 2011 年的 347 起，猛增至 2015 年的 1294 起，增加近 4 倍（见表 4）。

表4　2013年—2016年1—10月毒品犯罪案件统计

年份	案件数（个）	嫌疑人数（名）	缴获各类毒品（克）				
			海洛因数（克）	冰毒数（克）	氯胺酮（克）	大麻数（克）	折合海洛因（克）
2011年	347	435	30250	24780	0	597000	55627
2012年	500	622	71067	18908	0	1018816	90993
2013年	613	747	129157	25273	3716	461019	158607
2014年	1006	1145	79325	74427	3115	1549808	158416
2015年	1294	1505	99333	18095	1840	373452	119642
2016年1—10月	601	711	69016	3490	0	141400	72647
合计	4361	5165	478148	164972	8672	4141495	655933

十是毒品流入数量较大，毒品来源相对固定。近五年，从缴获毒品数量看，整体呈增长趋势，年均在100公斤以上。从外省查破案件毒品流向上看，准备流向或可能流向宁夏的毒品达551.2公斤，年均近100公斤。从毒品来源地看，宁夏查破的72起千克以上海洛因案件，海洛因均来源于云南省，查破的50起冰毒等合成毒品案件，36起毒品来源于广东，14起来源于四川（见表5）。

表5　2013年—2016年1—10月毒品犯罪案件统计

年份	流向宁夏毒品（公斤）			流出宁夏毒品（公斤）		
	海洛因	冰毒	合计	海洛因	冰毒	合计
2011年	55.4	8.6	64	9.1	1.6	10.7
2012年	77.2	17.7	94.9	7.6	0.5	8.1
2013年	93	21.3	114.3	8	1	9
2014年	78.2	55.2	133.4	8.1	2.5	10.6
2015年	75.7	11.5	87.2	6.5	1.2	7.7
2016年1—10月	51.3	6.1	57.4	3.3	0.8	4.1
合计	430.8	120.4	551.2	42.6	7.6	50.2

十一是毒品向周边省区渗透流出已呈常态化。流入宁夏毒品除供本地消费市场外，还向周边省区渗透流出。五年间，内蒙古、甘肃、陕西等周边省区共查破毒品来自于宁夏的案件1423起，缴获毒品50.2公斤（海洛因42.6公斤、冰毒7.6公斤），平均每年240余起案件、9公斤多毒品。

十二是同心县依然是宁夏海洛因主要集散地。2011 年至 2016 年 10 月，全区共破获千克以上海洛因案件 72 起，缴获海洛因 403.3 公斤，与同心县有关（破案地为同心县，或有同心籍人员参与，或毒品去向地为同心县）的案件 68 起，缴获海洛因 385.5 公斤，分别占千克以上海洛因案件数和缴获量的 94.4%、95.6%。同心县虽然被国家禁毒办摘掉外流贩毒严重地区的"帽子"，但作为宁夏乃至周边省区海洛因集散地和中转站的地位并未改变。

十三是大宗毒品贩运依然较多。从近年来查破大要案件情况看，个案缴获毒品屡创新高，以前超过公斤即为大案要案，近年来几公斤、数十公斤的大案已不鲜见。2013 年，银川市公安局查破的李金明运输毒品案，一案缴获海洛因 36.3 公斤。2016 年 5 月，同心县公安局蔡国生查破的贩毒案缴获海洛因 30.3 公斤。近五年，宁夏共查破千克以上案件 122 起，缴获毒品折合海洛因 538.2 公斤，年均 22 起 95 公斤海洛因，毒贩向宁夏筹运毒品的"能力"依然很强（见表6）。

表6　2011—2016 年 1—10 月千克毒品犯罪案件

年份	千克以上毒品案件数			缴获各类毒品（公斤）			
	总数	海洛因案件	冰毒等案件	海洛因数	冰毒数	氯胺酮	折合海洛因
2011 年	15	10	5	21.8	13.5	9.7	45
2012 年	27	15	12	39.7	13.6	0	53.3
2013 年	21	13	8	121.9	17.3	1	140.2
2014 年	29	12	17	69.6	63.7	0	133.3
2015 年	17	13	4	85.3	14.4	1.7	101.4
2016 年 1—10 月	13	9	4	65	0	0	65
合计	122	72	50	403.3	122.5	12.4	538.2

十四是合成毒品犯罪呈上升态势。2011 年至 2015 年，查破合成毒品案件分别为 60 起、93 起、131 起、576 起、650 起，分别占当年破案总数的 17.3%、18.6%、21.3%、50.4%、57.3%。2016 年 1—10 月，查破合成毒品案件 309 起，占案件总数 51.4%。由此可见，自 2014 年起，冰毒等合成毒品在消费市场的流通和需求已超过海洛因。

十五是跨境贩毒人货分离、钱货分离特点明显。从查破的 109 起千克以上的涉案行为看，均为运输，无法认定其贩卖行为。从追缴毒资及毒品犯罪收益情况来看，这些案件均未收缴毒品交易资金。犯罪嫌疑人为规避风险，采取"货钱分离"，以及利用金融、互联网便捷汇款转账支付渠道，错时空交易，阻断了毒品与毒资、毒品与"货主"、"货主"与毒资的关联性。

三、宁夏毒品发展蔓延原因

（一）毒品贩运暴利因素

据测算，1 克纯度 60% 的海洛因，在云南境外每克 60 元左右，经长途贩运、层层掺假后至吸毒人员手中，纯度变为 20% 左右，1 克变成 3 克，价格涨为每克 600 元，即每克 60% 纯度的海洛因最终价格涨至 1800 元，暴涨30 倍左右，如此暴利是宁夏毒品贩运活动屡打不止、屡禁不绝的根本原因。

（二）毒品供给和需求共生的内在因素

目前，宁夏已形成消费需求与贩运供给紧密相联的毒品消费市场。一是毒品消费市场对毒品的需求因吸毒人数增加及吸食次数的增加而增加，刺激毒品供给；二是毒贩为获取暴利会不遗余力地通过欺骗、引诱、教唆甚至强迫等手段增加吸毒人群，扩大毒品需求市场；三是执法部门的打击会减少毒品供给量，促使毒品价格上涨，进一步刺激原植物种植、易制毒化学品流失、毒品制造、走私、贩运等毒品上游犯罪的扩张，增加毒品供给。

（三）国外毒源因素

近年来，濒临云南的西南境外"金三角"地区，因政局不稳，罂粟种植面积有所反弹，达到 60 余万亩，可产 600 吨鸦片或制成 60 余吨海洛因。该地区海洛因已与宁夏毒品消费市场紧密相连，毒贩可根据宁夏毒品价格及需求，利用便捷的金融交易支付系统和交通物流，将"金三角"地区的海洛因贩运回宁夏销售。

（四）国内毒情因素

一是国内及周边省区存在巨大且不断扩张的毒品消费市场。截至 2015年底，全国现有吸毒人员 234.5 万名，宁夏周边的陕西延安、榆林，甘肃白银、庆阳、平凉及内蒙古阿拉善、乌海、鄂尔多斯等地也已形成具有近

6万余吸毒人员的巨大毒品消费市场，超过宁夏吸毒人数1倍多；二是国内制造冰毒、氯胺酮等合成毒品问题突出。2015年，全国破获制造毒品案件602起，涉及广东、四川等26个省区，国产合成毒品占全国缴获总量的77.3%。此种环境下，宁夏难以独善其身。

四、宁夏打击毒品犯罪存在的问题

(一) 对毒品问题复杂性、艰巨性、顽固性认识不足

宁夏毒品问题形成、发展蔓延有其自身规律特点，并不以人的意志为转移，现阶段国际、国内毒情大环境及毒品犯罪长期形成的暴利条件，使毒品问题在数年甚至更长时间内完全遏制或根治几乎不可能。一是毕其功于一役、急功近利的思想普遍存在；二是认为解决毒品问题的根本在于阻断毒品供应，没有认识到需求决定供应的事实，宁夏毒品源头在外、消费在内的格局，加上巨大利差，纯粹依靠打击、堵截或其他单一措施，完全解决毒品问题根本做不到。

(二) 部分考核指标让基层基础工作"空心化"

一是考核机制不稳定、缺乏连续性。今年考核这个，明年考核那个，一年一个样，指标调整随意性大。二是个别考核指标不切实际。如2012年前后，国家禁毒办制定的吸毒人员就业安置率，要求当年各省区阿片类吸毒人员就业安置率达到70%以上，三年内达到90%以上，在目前经济环境下，这样高的就业率，很难达到。三是以吸毒人员为基数下达任务指标的做法，一定程度上影响到基层禁毒部门排查登记隐性吸毒人员的积极性。

(三) 禁毒工作一盘棋格局尚未形成

目前，以暴利为纽带的毒品消费，已在宁夏乃至全国形成了成熟的市场，全国各地都存在不同规模、类似同心县的毒品集散地，使毒品可以通过这些集散地被贩运至任何地方。但禁毒工作却只能按照属地原则，各自为政。各地之间虽有各种各样的跨境协作模式，但难以适应灵活多变的毒品犯罪活动。表现在实际工作中就是某一地区毒情通过强有力打击整治，形势有所好转，但周边地区各项措施不跟进，这种成果往往昙花一现，难以有效巩固和持续。

（四）打击方向上存在偏差

一是重缴毒，轻毒资及毒品犯罪收益的调查与收缴。毒品犯罪的动机是获取巨额经济利益，但在缉毒执法工作中，收缴毒资及毒品犯罪收益成效不大。二是重大案，轻零包案件。各地公安机关对本地大量零包贩毒活动不重视，集中大量人力、物力，赴云南等毒源地经营大案、要案的情况较为普遍。三是对教唆引诱欺骗他人吸毒行为打击不力。尽管大量已戒断毒瘾及未吸食过毒品的人员，被吸贩毒分子通过这种方法"拉下水"，但宁夏多年来仅中宁县破获过2起此类案件。

（五）强制隔离戒毒场所管理体制不顺

一是9个强制隔离戒毒所分别由各地公安机关和自治区司行政部门管理（五市及同心县公安机关各有1个，自治区司法行政部门管理3个），使有限的强制隔离戒毒资源分散，实行由公安戒毒所执行3—6个月后转送司法戒毒所的机制，增加了收戒成本。同时，各戒毒所在执行转送机制时，经常发生推诿扯皮的情况，难以根据毒品消费市场的变化，提出戒毒场所整体扩建或新建规划，存在重复建设的问题。

（六）社区戒毒和社区康复工作基础不牢

一是一些经济条件差的市县，禁毒专干工资保障迟迟不到位，缺乏专干长期成长考核机制，无法拴心留人，队伍稳定性差；二是组织领导各级社区戒毒与社区康复工作的禁毒办"实体化"不实，所设专职副主任和工作人员不专，大多数为兼职。

（七）群众对合成毒品的危害性认识不足

近年来，冰毒等合成毒品在宁夏毒品消费市场异军突起，消费急剧升温。除戒断症状与海洛因等传统毒品相比不明显的原因外，很多人对其危害还存在模糊认识，在毒贩的教唆、引诱和欺骗下，将冰毒等合成毒品作为普通的提神、减肥、壮阳药来使用。

五、加强宁夏打击毒品犯罪的对策建议

（一）坚定信心，牢固树立持久作战思想

立足宁夏毒情关键是以毒品消费及由此延伸出的各类毒品贩运问题这

个实际，长远规划，从萎缩毒品消费需求入手，全面落实"四禁并举，预防为主，综合治理"的禁毒工作方针，脚踏实地，稳步推进。

（二）因地制宜，制定科学合理稳定的禁毒工作考核体系

跳出国家禁毒办禁毒工作考核指标的限制，制定适应宁夏实际毒情和禁毒工作体制的考核体系。

（三）调整思路，举全区之力围剿毒品问题

一是10个毒品问题重点地区尤其是同心县、兴庆区党委、政府要承担起整治毒品问题的主体责任，守土有责，举全县区之力整治当地毒品违法犯罪，在局部首先营造出全民禁毒的氛围。二是区、市两级党委、政府要在全区范围内动员行政、司法、教育、宗教、宣传等社会资源，从萎缩毒品消费需求入手，全力配合重点地区的集中整治工作，使重点地区的毒贩有毒难卖、有利难图。三是破解区内跨市县办理毒品案件移交难题，实现区内情报共享，调动全区禁毒执法资源围剿重点地区毒品问题。

（四）立足本地，将打击重点调整到围绕吸毒人员延伸打击零包贩毒与收缴毒资及毒品犯罪收益上来

一要在全区实行收缴毒资及毒品犯罪收益激励机制，调动司法机关收缴毒资及毒品犯罪收益的积极性，使毒贩们人财两空。二要进一步完善大收戒工作体制，围绕吸毒人员，全力打击零星贩毒尤其是引诱、教唆及欺骗他人吸毒行为，最大限度减少吸毒人员获取毒品的渠道，减少新滋生吸毒人员，降低复吸率。

（五）整合资源，理顺强制隔离戒毒场所管理体制

一是将目前分别由公安、司法行政部门分别管理的9个强制隔离戒毒所进行资源整合，统一移交一家管理，同时，强制隔离戒毒执行职能也移交该部门。二是由承担强制戒毒执行职能的机关整体规划强制隔离戒毒所新建、扩建、改造工程，优化宁夏强制隔离戒毒所资源，降低建设和收戒成本。

（六）夯实基础，进一步强化宁夏46号文件贯彻落实力度

一要进一步完善区、市、县三级禁毒专干工资保障机制，确保专干工资按照足额发放。二要制定科学合理的禁毒专干工作绩效考核和成长机制，使禁毒专干岗位能够拴心留人。三要进一步完善社区戒毒康复工作机制，形成社区戒毒、强制隔离戒毒、社区康复"三位一体"、无缝衔接的戒毒工作格局；四要协调编制部门，实现区、市、县三级禁毒办真正"实体化"。

（七）加大投入，进一步强化毒品预防教育工作力度

一要搭建群众喜闻乐见、传播效率快的互联网、手机客户端等新媒体平台，及时推送禁毒战果和毒品预防教育知识。二要制定和发布检举揭发毒品违法犯罪活动奖励办法，鼓励群众参与禁毒斗争，开展一场有人民群众真正参与的禁毒人民战争。三要收集吸食合成毒品危害案例，有针对性地向社会介绍合成毒品的危害，逐步扭转部分人员对合成毒品错误的认识。

禁绝毒品，功在当代，利在千秋。多年来，特别是 2013 年大收戒开展以来，宁夏毒品问题快速发展蔓延的势头得到强力遏制，毒情形势向积极方向发展，得到自治区党委、政府的高度肯定和广大人民群众的广泛赞誉。国务委员、国家禁毒委主任、公安部部长郭声琨两次做出重要批示肯定"宁夏禁毒工作经验"，在全国禁毒工作会议、全国社区戒毒康复工作推进会上，宁夏分别做经验交流发言。在 2015 年全国禁毒工作综合考评中，宁夏取得排名第八的优异成绩，跨入全国先进行列。当前，宁夏毒品犯罪活动在境外毒源未绝、国内毒品问题严峻局面未得到有效遏制，区内吸毒人员基数大且仍在持续增长的情况下，受毒品犯罪暴利直接驱动，毒品向宁夏大量渗透和流入的趋势不会在短期内有所改变，巩固和扩大既有成效面临更大挑战和考验，扫除毒患，任重道远。

2016年宁夏社会稳定形势调研分析

王 军

一、宁夏社会稳定形势基本情况

2016年，宁夏民族团结、宗教和顺，安全形势和社会政治大局持续稳定。法治建设工作理念在转变、格局在完善、能力在增强，平安宁夏建设取得新成效，社会治安形势持续好转。全年杀人、抢劫等严重暴力犯罪和非正常上访分别下降30.4%和62.4%，全年未发生500人以上较大规模群体性事件和影响民族团结和宗教领域稳定的重大事端，人民群众安全感始终保持在90%以上。特别是在国内外各类恐怖袭击和个人极端事件频发的背景下，宁夏成功举办了"环青海湖"国际自行车赛等一系列国际体育赛事，配合完成了G20峰会等重大活动安保工作，实现了"大事没出，小事也没出"的工作目标。法治建设取得了明显成效。

但在国际政治、经济格局深刻变动，世界权力重心由西向东持续转移，美欧实力下滑，新兴大国群体性崛起，特别是我国的国际地位和影响力不断提升的大背景下，我国社会结构和利益格局深刻调整，各种思想文化交流交融交锋，各种社会矛盾交织叠加，宁夏面临的社会稳定形势复杂多变。特别是随着宁夏和全国一样，逐步进入"经济增长速度换挡期、经济结构

作者简介　王军，宁夏回族自治区公安厅维稳办主任科员。

调整阵痛期、前期经济刺激消化期、深化改革与探索的攻坚期",传统与创新、国内与国际等多种因素相互交织、震荡叠加,宁夏社会矛盾相对集中频发,维护稳定形势不容乐观。一是境外敌对媒体频繁与宁夏个别利益诉求群体联系,煽动开展群体性维权活动。煽动个别利益诉求群体集体到各级政府部门维权。并炒作一些信访个案,不断抹黑党委、政府。二是宁夏反恐形势日趋复杂。新疆一些负案在逃危安人员时常流入宁夏活动潜藏,高校个别少数民族学生涉嫌从事暴恐嫌疑活动,个别人员还下载传播暴恐音视频。三是伊斯兰教领域矛盾纠纷时有发生。因教权教务教民纷争,引发的各类矛盾纠纷较上年同期相比有所上升,甚至发生了群体性斗殴,呈现矛盾原因多元、对抗冲突激烈化的特点。一些非法宣教活动虽有所收敛,但仍长期活动。四是各类利益诉求群体维权上访活动多发。一些信访重点人进京非访的意图强烈,个别人还在国内重要政治活动期间上访滋事,扬言采取极端行为索要欠款、解决债务纠纷等(案)事件也呈多发态势。一些在建、改建项目因资金断裂,造成延期交房,也引发了大量矛盾问题。五是群体性事件在连续三年下降后,又呈逐步上升态势。且出现了因经济问题引发的群体性事件相对集中,因建筑领域拖欠农民工工资、房产物业纠纷、债权债务纠纷、拆迁未安置引发的群体性事件相对集中,银川市发生的群体性事件相对集中的特点。六是各类涉众型经济犯罪案件引发的涉稳问题开始显现。一些利益受损人员不断聚集上访,提出多种诉求向政府施压,呈现出经济领域的不稳定问题向政治领域传导的迹象。

二、当前宁夏维护社会稳定工作中存在的薄弱环节

一是不稳定问题排查工作还存在空白点。突出表现在各级政府及相关部门对不稳定问题排查工作重视不够,工作仅限于发文件和报材料,没有真正把排查工作落实到人、覆盖到社会管理的方方面面。特别是在建筑工程领域、民族宗教领域的矛盾问题以及一些个人极端行为不能及时排查出来,更不能发挥预知预警作用,导致一些"神不知鬼不觉现象"的发生。

二是忽视重大决策社会稳定风险评估工作,不稳定问题源头化解不力。主要体现在一些地方党委、政府没有严格执行中央和自治区有关"科学决

策"的要求，在做决策、上项目前，没有开展重大决策社会稳定风险评估，导致一些存在高风险的决策事项没有及时发现，导致"决策一出台，矛盾跟着来"等现象的发生。

三是维稳责任落实不到位，存在推诿扯皮现象。主要是一些三跨三分离矛盾问题化解上，由于大都涉及多个地区、多个部门，且矛盾问题的成因复杂，化解难度、稳控难度极大。涉事相关部门和地区均不愿承担化解、稳控责任，导致一些矛盾问题长时间不能得到有效化解。致使涉事人员多次到相关部门非访，仍不能得到有效解决，继而采取极端行为报复社会。

四是统筹协调不够，没有形成维稳合力。维稳工作涉及面广，必须要与有关部门协调联动，不能由任何一家涉事单位单打独斗。在现实工作中，各地、各部门都在持续开展矛盾纠纷排查化解，都在全力开展维护社会稳定工作，但实际效果并不理想。主要原因是各相关部门各行其是，没有形成维护稳定工作的整体合力，导致一些影响稳定的问题不能得到及时化解。

三、对做好宁夏社会稳定工作的建议

做好维护稳定工作，首在预警，重在化解，难在处置，必须坚持"打早打小""打防并重"的原则，加大工作力度。

（一）牢固树立依法维稳，强化维护稳定工作的法治化建设

从目前情况看，影响宁夏社会稳定的突出问题仍然是各类群体性事件多发，各类扬言采取极端行为、报复社会、危害公共安全的案（事）件多发的问题。对此，必须坚持在党委、政府的统一领导下，协调各相关职能部门进行综合治理，把群体性事件和扬言采取极端行为、报复社会、危害公共安全的行为纳入法治轨道，开展依法打击。对各地、各部门排查出的不稳定因素，逐一进行分析研判，逐一确定风险等级，逐一落实责任领导和责任人，并不间断地开展督导检查，督促各地逐一化解责任和稳控措施落实，达到事要解决的目的。要做好教育疏导工作。各级党委、政府和基层党政组织要对排查出来的重点群体和重点人员，逐一建立专班，开展教育疏导和转化工作，使其知晓其行为的违法性，逐步走上依法维权的渠道。要加强依法维稳的顶层设计。针对各地对处置各类违法上访活动不敢出手、

不会处理的情况，要组织有关部门对宁夏 2015 年出台的《依法处理信访活动中违法犯罪行为的指导意见》进行修改完善，着手制定《关于依法打击扬言采取极端行为报复社会、危害公共安全行为的指导意见》，使各地处置各类影响稳定违法信访行为过程中能够有法可依，进一步统一相关部门的意见，形成打击非访违法活动的整体合力。

（二）把握关键环节，掌握维护稳定工作主动权

一是建立健全"预警"机制。建立健全各地区、各部门内"反应灵敏、预警及时、配合密切、应对有力"的监控预警工作体系，切实做好防范预警工作。特别是对扬言采取极端行为报复社会、危害公共安全，以及建筑领域等引发不稳定问题多发的行业，主动开展风险排查，防止风险累积、问题叠加。对可能发生危害公共安全的行为线索，以及群体性聚集活动动向，积极采取相应的管理、控制措施。二是紧紧抓住"关键"环节。坚持把群众利益放在首位，把维护大多数群众的利益作为工作重点，将依法维护群众利益作为工作的关键。各地党委、政府在处置具体涉稳事件中，必须明确要专人负责，以事要解决为目标，灵活运用政策法规，最大限度地解决好群众的实际困难。同时，靠实各级领导的维稳责任，强化督导检查和责任追究。对发生的影响稳定问题，相关职能部门要逐一进行分析，理清责任和原因，适时在全区进行通报，以进一步明确相关部门和基层党政组织的职责，强化责任落实。三是注重社会效果。加强社会舆情引导，积极开展信息公开，缓解因信息不对称造成的维稳压力。要通过建立健全涉稳舆情应对机制，加强网上信息监控和舆论引导，在受害人群体中发展信息员，及时沟通了解群体动向，多渠道主动出击、澄清事实，全面掌握舆论导向控制权，引导受害群众依法、合规、有序反映自身诉求，缓解疏导维稳压力。

（三）防微杜渐，进一步深入推动预警查控工作

各级党委、政府应进一步强化信息化、数据化、合成化理念，强力推动重大决策社会稳定风险评估工作，着力抓好维稳工作预警查控机制建设。坚持抓早抓小。立足各类不稳定问题产生发展的初始阶段，强化重大决策社会稳定风险评估，紧盯重点群体、重点区域、重点领域和风险行为，网上与网下相结合、人力与技术相结合，充分运用各种手段，全面监测不稳定苗头，全面开展排查收集研判，准确发现风险隐患，及时稳妥化解处置，实现关口前移、主动攻防，更早地化解案、更好地控发案、更多地破小案，防止案件风险坐大成势、失控蔓延，防止发生系统性、区域性经济风险和重大群体性事件。明确查控重点。对各类涉稳苗头、线索早期监测，紧盯高风险行业，监控易发风险主体，关注各类维权活动实施与参与人员，主动排查处置线索。特别是针对银川市群体性事件多发频发、建筑领域乱象引发的群体性事件集中的情况，采取自治区领导约谈或问责谈话等方式，对银川市及建设等部门负责人进行约谈，并开展重点整治，切实遏制宁夏群体性事件持续增长的势头。

宁夏"六五"普法依法治理工作调研报告

常 虹 李 勇

一、宁夏普法工作历史回顾

宁夏，自古以来就是汉唐文化、西夏文化、黄河文化、回乡文化等各种文化相互交融的地方，下辖银川、石嘴山、吴忠、固原、中卫 5 个市、22 个县（市、区）、245 个乡镇街道，现有人口 661.54 万人，其中回族236.14 万人，普法对象 562.61 万人，分别占总人口的 35.70% 和 98.51%。1986 年至 1990 年的"一五"普法，是普法历程的伊始，一场由政府组织开展的法制宣传教育活动，从此有领导、有计划、有步骤地轰轰烈烈地开展起来了。

（一）"一五"普法为全民普法拉开帷幕

1985 年 3 月，在政法工作会议上，自治区对普及法律常识工作提出了明确要求。同年 4 月，自治区司法厅向自治区人大常委会做了《关于向全区公民基本普及法律常识的报告》，会议就此做出决议："各级人大常委会和各级人民政府都要把这项工作列入重要议事日程，当作法制建设的一件大事来抓，按照全国、全区普及法律常识的五年规划，切切实实地抓好此

作者简介　常虹，宁夏回族自治区司法厅法制宣传处处长；李勇，宁夏回族自治区司法厅法制宣传处干事。

项工作。分布在全区各条战线的人民代表、各级领导干部和全体政法干警，都要带头学习、普及法律常识，模范地遵守、执行宪法法律，为普及法律常识发挥应有的作用。"

当年8月，自治区党委常委会决定成立自治区普及法律常识领导小组，要求加强对全区普及法律常识工作的组织和领导，从实际出发，讲究方法，注重实效，制订规划，把五年的时间安排好，真正做到切实可行。12月28日，自治区党委、人民政府转发自治区普法领导小组《关于向全区公民普及法律常识的实施规划》，普法教育在宁夏正式展开。

这是在"文化大革命"后拨乱反正的特殊时期和计划经济体制下开展的全民活动，具有启蒙式的扫盲运动性质。其对象为工人、农（渔）民、知识分子、干部、学生、军人及其他劳动者和城镇居民中一切有接受教育能力的公民。普法内容主要为"十法一条例"，即宪法、民族区域自治法、刑法、刑事诉讼法、民法通则、民事诉讼法、婚姻法、继承法、经济合同法、兵役法、治安管理处罚条例。

当年，自治区司法厅组织编印《普及法律常识读本》73.2万册，《中华人民共和国法律选编》6.5万册，《民法通则学习材料》8.6万册，用于全区各地普法教育；宁夏法学会推荐会员70人，组成自治区普法讲师团，分赴全区各地开展普法讲座和法制宣传教育；全区中小学统一开设法制教育课，高等院校和中等专业学校开设社会主义法律基础教程课。"一五"普法，宁夏法制宣传教育有两个重点：一个是干部，特别是各级领导干部必须承担起带头和领导作用；另一个是青少年，全区在校的85万名大、中学校学生和青工、青年农民、社会青年都将参与普法教育。为让党员干部主动积极学习法律知识，宁夏采取了考试的形式，每年对各级党员干部进行普法内容、法律常识等方面的闭卷考试，如果考试不及格，将通报批评，影响评先评优。

当广大人民群众第一次知道自己还有那么多权利时，学法的热情不断高涨，成千上万册普法宣传读本被一抢而空，普法宣传资料成为"抢手货"。1990年底，全区参加普法学习的人数达209万人，其中干部149233人，工人351337人，农民1485767人，居民72352人，全区7所大专院校均开设了法制课，491所中学和中等技校开设法制课，3154所小学在思想品德课中开设法制课。虽然"一五"普法教育在内容和形式上都稍显"稚嫩"，但在当时，普法却让万千群众第一次近距离触摸到了法律。1988年，宁夏推进律师体制改革，律师被纳入国家专业技术职务序列，律师行业进入长足发展期。同时，基层法律服务工作发展迅速，人民调解委员会进一步向基层延伸、向经济领域延伸，朝着更加贴近群众、服务群众的方向发展。

（二）"二五"至"五五"普法落地生根

"一五"普法，以宪法为核心的"十法一条例"得到了全面普及，填补了全区干部群众法律知识的空白，初步树立了依法办事的观念。

"二五"普法树立了市场经济就是法治经济的全新理念，依法管理、依法行政提上重要议程，为全面开展依法治区工作积累了经验。

通过"三五"普法，以领导干部、司法和行政执法人员、企业经营管理人员、青少年为重点的全民法制宣传教育进一步深化，法制宣传教育的针对性和实效性进一步增强，地方、行业、基层依法治理网络初步形成，作为依法治国方略区域实践的依法治区工程全面启动，"三五"普法期间，宁夏重点学习宣传了40多部法律法规，318万普法对象接受了普法教育。

"四五"普法初步实现了由提高全民法律意识向提高全民法律素质的转变，由注重依靠行政手段管理向注重运用法律手段管理的转变，宁夏法制宣传教育走上了法制化管理轨道，全区500.83万名普法对象中有490.06万名普法对象接受了不同程度的普法教育，占普法对象的97%。

"五五"普法在法律进机关、进企业、进乡村、进社区、进学校、进单位的基础上，大胆开展法律进宗教场所的探索研究，加强社会主义法治理念教育，不断推进法治城市、法治县（市、区）创建活动的全面展开。

"一五"到"五五"，宁夏的普法进程始终和全国保持同步，并体现出了民族区域的鲜明特色。宁夏普法依法治理工作实现了由量的积累向质的提高的全面转变；公民的法律素质不断提高，实现了从法律知识普及向法律素质提高的跨越；社会法治化管理水平逐步提升，实现了由单一的依法行政，向全方位、宽领域、多层面的推进依法治理的跨越，宁夏城乡的法治状况发生了巨大变化。

(三)"六五"普法工作开花结果

时光的脚步匆匆，时针缓缓指向当前。2011年至2015年，是宁夏全民普法第六个五年时期。600多万人口的富饶宁夏，面对不同阶层有不同的发展需求及利益主张，各种矛盾不可避免的新形势新局面，如何增强公民法律意识，提高社会法治化管理水平，担负维护社会和谐稳定的职责成为重中之重。

"六五"普法，宁夏结合民族区域自治特点，认真贯彻党的十八届三中、四中、五中全会精神，切实加强顶层设计，从立法、司法、行政执法，到公民的法治教育、全社会的依法治理，一一部署，一步步推进。

2014年11月21日，自治区党委在十八届四中全会召开28天后，随即出台了《关于贯彻党的十八届四中全会精神，全面推进依法治区进程的实施意见》，从6个方面26个路径179项措施，全面部署了依法治区工作。2015年1月，宁夏率先在全国一次性集中出台《法治政府建设指标体系》《行政程序规定》《重大行政决策规则》"三部规章"，加快了法治政府建设的步伐。2014年12月4日首个"国家宪法日"，自治区党委书记、人大常委会主任李建华，自治区主席刘慧，自治区政协主席齐同生，自治区党委副书记崔波等领导亲切接见了首届宁夏"守法好公民"，引起了社会强烈反响。在"六五"普法中期督导和总结验收中，宁夏组成了21个工作组，由6名省级领导带队，对全区五市和区属部门进行现场督导点评，率先在全国启动省级"六五"普法验收"第三方测评"，推动了普法工作健康高效发展，真实反映了普法依法治理工作的社会效果和法治效果。

"六五"普法，宁夏全面落实了普法依法治理"一把手"负责制，将普法依法治理工作纳入各级党委、政府年度目标效能考核中，全区各地以年人均0.5元为标准将普法经费列入财政预算，保障了全区"六五"普法工作顺利开展。五年中，全区近百个"六五"普法讲师团，上万名义务普法宣传员、法律志愿者，4000余名中小学法治副校长、法治辅导员，1000余位普法依法治理联络员，成为全区法治宣传教育的中坚力量。宁夏先后开展了"全区十大法治人物""全区十佳法制文艺节目""宁夏守法好公民"等评选表彰活动，涌现出了"托举哥"周波、司法所所长虎久桐、维权英雄杨静明这样的时代先锋，调动了全社会参与普法宣传教育的积极性。

五年中，宁夏普法工作一年一个主题活动，一年一个重大创新，一年一个"关键词"。2012年，全区"法治文化建设年"拉开帷幕。投入资金2598万元，先后建起法治史馆、公园、广场等101个不同类型的法治文化基地，组织开展全区法治文艺汇演，全面展现宁夏法治文化建设成果；2013年，"法律进社区"活动遍及全区，法治宣传咨询平台、法治学校、法治讲座、法治电影、法治文艺演出活动、问卷调查"六个一"活动推动社区居民学法，提高法律素质；2014年，"法律进机关、依法办实事"活动深入推进，《大理寺》《领导干部法治思维、法治方式系列讲座》，"两观看一讨论"把法治思维深植于领导干部心中；2015年，"法治宁夏·宪法塞上行"掀起学法热潮，开展宪法入村进户"百千万"活动、领导干部征文活动、青少年法治手抄报大赛，将宪法学习内容纳入"宁夏党校网络学院授课内容"，宪法的学习更加生动形象。

宁夏率先在全国研究下发了《"法律八进"建设标准》，从"定义、主体、内容、成效"四个方面规范了普法依法治理工作，较好地解决了进什么、怎么进、谁来进、不进怎么办的问题。

狠抓国家工作人员法治教育，举办领导干部法治讲座24728场次，理论中心组学法18893场次，举办国家工作人员学法培训班7540余期，开展各类法律知识考试、竞赛5130余次，领导干部参与的规模和深度较"五五"普法有了显著提高。

强化"法律服务进村居"活动，开展"送法下乡入户"活动5877场次，举办法治培训班4686场次，培养法律明白人12.3万余人，印发法律知识读本226万册，散发法律知识传单520余万份，基本实现了村村都有法律服务者、户户都有法律明白人，人人都能接受法治教育。

丰富"关爱明天，普法先行——青少年普法教育活动"内容，全区各学校购买法律图书21万余册，举办学生法治讲座11315场次，征集法治文化作品2.4万件，受教育学生达125万余人次，占全区114.98万中小学生的110%。

狠抓企业经营管理人员和职工法治教育。大力开展"诚信守法企业""和谐企业"等创建活动，全区企业职工法律知识培训累计 8365 场次、法律知识考试累计 4312 次，受教育人数累计 23 万余人，占全区总人口的 5%。

推进"法律进宗教场所"，树立信教群众法治信仰。举办宗教人士法律知识轮训、培训 2750 余期，培训骨干 8 万余人，发放普法教材、宣传材料 120 余万份（册），学法用法登记卡 8.87 万余本。

与此同时，宁夏高度重视宣传工作，利用中央、自治区、市县（区）各级媒体进行法治宣传。在《进一步加强公益性法治新闻宣传实施意见》的推动下，全区电视、广播、报刊、网络开辟了"法治视线""律师维权""普法基层行""大家说法"等不同类型的法治栏目 80 余个，在楼宇广告、公交车载电视、户外显示屏中传播法治警句，扩大社会影响。

在新媒体建设中，"宁夏法治"网站和"宁夏法治""固原阳光法治"微信平台、银川法律援助官方微博形成了立体式全覆盖的法治宣传教育阵地。

"六五"普法，全区 98.51% 的普法对象接受了以宪法为核心的法律法规的学习和宣传教育，其中，就业人员 339.8 万人，青少年学生 188.99 万人，其他人员 22.92 万人。全区 27 个市、县（区）开展了以提高社会法治化管理水平为目标的地方依法治理，139 个区直部门及中央驻宁单位开展了以依法执政、依法行政、依法管理、公正司法为重点的行业依法治理，2260 个行政村、3127 所学校、1026 家国有集体企业、479 个城市社区开展了以"依法建制，以制治理，民主管理"为基础的基层依法治理。

二、宁夏普法工作存在的问题

（一）法治宣传教育工作还存在薄弱环节

主要表现在城乡发展不平衡，流动人口及一些偏远山村农民、学校的法治宣传教育任务落实还不够好，普法的方式方法还不能适应新时期的要求。法治宣传教育工作的形式还不够丰富、创新性、实效性还不够强。

（二）法治宣传教育工作机制和制度需健全完善

有效的检查监督、考核激励机制还不健全，国家工作人员学法用法制度有待完善。部分公民法律意识依然比较淡薄，少数公职人员的法治素质还不适应法治宁夏建设的新形势、新任务和新要求。

（三）协调配合、共同参与的工作格局还需进一步完善

个别部门、单位对法治宣传教育工作的重要性、长期性及普法责任认识还不到位，普法责任制落实还需进一步强化。

（四）保障工作还不到位

全区法治队伍力量整体还较为薄弱，法治人才还比较缺乏，法治工作人员的职业素养和专业水平还有待于进一步提高，普法经费还不能满足工作需要，在一定程度上制约普法依法治理工作的开展。

四、对加强宁夏普法工作的思考与建议

2016 年是"七五"普法的开局之年。8 月 1 日，自治区党委 2016 年第 23 次常委会议审定了《关于在全区公民中开展第七个五年法治宣传教育深入推进依法治区进程的实施意见》，规划了未来 5 年宁夏法治宣传教育工作创新发展路线图，提出了加强法治宣传教育工作的一揽子举措。

（一）五个计划绘制法治宣传教育蓝图

1. 以宪法为核心的法宣计划。深入学习宣传习近平总书记关于全面依法治国的重要论述，突出学习宣传宪法，深入宣传中国特色社会主义法律体系，深入学习宣传党内法规。

2. 领导干部学法用法计划。完善国家工作人员学法用法制度，将宪法法律和党内法规列入党委（党组）中心组学习主题内容，严格落实党委（党组）书记履行学法用法第一责任人责任。把法治教育纳入全区各级干部教育培训总体规划。健全完善日常学法考核监督制度、年度述法制度、政府法律顾问制度、干部任前考试制度、定期法律考试、重大决策合法性审查等制度。

3. 青少年法治教育计划。切实加强中小学生的法治教育，把法治教育纳入国民教育体系，列入中小学教学大纲，在中小学设立法律课程。加强分管法治教育副校长、法治课教师、法治辅导员培训。建立学校、家庭、社会一体化的青少年法治教育网络，充分利用第二课堂和社会实践，组织

开展青少年喜闻乐见的法治教育活动，增强青少年法治教育的吸引力、感染力。

4. 特色法治文化建设计划。把法治文化建设纳入现代公共文化服务体系，加强法治文化品牌建设，彰显地方特色，形成一市一特色、一县（市、区）一品牌、一乡（镇、街道）一主题、一部门一重点的多层次法治文化建设体系。构建市到村四级法治文化阵地体系，建设不同类型、不同规模、不同特色的法治公园、广场、街区、长廊等法治文化阵地。推动法治文化与地方特色文化、民族文化、宗教文化、行业文化、乡村（街区）文化、企业文化融合发展，鼓励、支持和引导各级各类文化艺术表演团体创作群众喜闻乐见的法治文化作品，开展法治文艺作品评比活动，打造法治文艺精品。

5. 多层次法治创建计划。坚持法治宣传教育与法治实践相结合，进一步健全完善创建工作机制和考核评估体系，切实抓好法治城市、法治县（市、区）、民主法治示范村（社区）、学法用法示范机关、诚信守法企业"五大创建"，促进社会治理法治化水平的提升。

（二）五项举措推进法治宣传教育工作提质增效

1. 深化"法律八进"活动。制定《"法律八进"建设标准》考评体系，结合实际，突出特色，创新主题活动，推进基层普法全覆盖、常态化。按照"分阶段评比，五年全覆盖"的原则，对"法律八进"示范点进行命名。将法治宣传教育与民族团结进步、和谐寺观等创建活动结合，支持宗教场所建立健全各项民主管理制度，推进民族宗教事务管理法治化。

2. 开展年度主题实践活动。围绕自治区"十三五"规划确定的目标和党委、政府年度重点任务，以倾向性法治问题为导向，每年确定一个主题，有针对性地开展年度主题法治宣传教育实践活动。各地、各部门（单位）、行业利用法律宣传日、宣传周、宣传月等载体，深入开展法治宣传活动，营造浓厚的宣传氛围。持续开展区、市、县三级"守法好公民"评选表彰活动，充分发挥典型的示范引领作用。

3. 拓展法治宣传教育渠道。着力打造广播、电视、报纸、网络、移动终端"五位一体"法治宣传教育平台，完善并落实媒体公益普法制度。依托基层人民法庭、公安派出所、司法所和法律服务机构建立"法律服务超市",形成法律服务机构"组织联建、业务联帮、工作联动、服务联合"的公共法律服务体系。做好与国家"一带一路"建设相关的法律服务和法律保障工作,适应宁夏深化对外开放新形势的需要。

4. 推动建立以案释法制度。建立法官、检察官、行政执法人员、律师等以案释法制度,探索媒体庭审直播、群众旁听庭审、巡回法庭等普法形式,推动形成长效机制,使立法、司法、执法、法律服务、矛盾调解等法治实践的过程成为向广大群众普及法律知识、弘扬法治精神的过程。

5. 推行"互联网+法治宣传"。加强普法网络集群建设,鼓励、支持和引导各级各类文艺团体、新闻媒体、研究机构创作、传播适应新媒体传播的广告、动漫、微电影等法治文化作品。将新媒体普法与服务群众相结合,通过咨询服务,全方位、多角度、宽领域向群众普及法律知识。

(三)五大保障为法治宣传教育工作助力

1. 健全普法工作领导机制。健全完善党委领导、人大政协监督、政府实施、普法依法治理机构牵头、各部门落实、全社会共同参与的工作机制。要求各级党委、政府把法治宣传教育纳入当地经济社会发展规划,与经济社会发展各项工作同规划、同部署、同落实、同检查,各级各部门、各单位主要领导要定期听取法治宣传教育工作情况汇报,及时研究解决工作中的重大问题。各级人大、政协要定期开展视察活动,加强对法治宣传教育工作的监督检查。

2. 健全完善普法责任机制。坚持依职普法,落实责任。制定《宁夏回族自治区关于全面落实普法责任制的实施意见》,进一步明确和规范各部门、各行业和社会单位在法治宣传教育中的职责,建立普法责任清单制度,建立法治宣传教育联席会议制度和各级依法治理领导机构成员单位年度述职制度,各成员单位按照要求定期向依法治区协调小组汇报履行职责和完成任务情况。建立定期通报制度,每年对各普法责任单位职责履行情况进行通报。

3. 建立普法经费保障机制。各级财政部门要将法治宣传教育经费列入财政预算,保障全区法治宣传教育工作有效开展。各级国家机关、社会团体、企业事业单位和其他组织也要保障开展法治宣传教育工作所需经费。

4. 健全完善考核奖惩机制。各级党委、政府要把法治宣传教育纳入年度综合绩效考核之中，提高考核赋分权重，切实加大考核力度。各级党委宣传部门要把各地各部门法治宣传教育开展情况和干部群众学法尊法守法用法情况作为文明城市、文明单位、文明村镇、文明行业等精神文明创建的重要指标。各级普法依法治理机构要建立完善法治宣传教育工作考评指导标准和评估机制，开展年度考核，为党委、政府绩效考核、精神文明等创建活动及法治宣传教育评先选优提供重要依据。

5. 加强法治宣传队伍建设。加强各级法治宣传教育工作组织机构建设。各部门、各行业加强法治宣传教育专门队伍建设，把法律专业人才充实到法治宣传部门和岗位，加大业务培训力度，提高工作能力。大力加强区、市、县（区）三级普法讲师团建设，建立有效的保障和激励机制，充分调动讲师团开展法治宣传教育的积极性和主动性。大力加强普法志愿者队伍建设，培养普法志愿者品牌团队，组织开展有特色、有实效的法治宣传教育活动。

展望未来五年，宁夏的法治宣传教育机制必将进一步健全，法治文化建设必将进一步繁荣，法治宣传教育实效必将进一步增强，依法治理工作必将进一步深化，执法司法公信力必将进一步提升，全民法治观念和全体党员党章党规意识必将进一步增强，全社会厉行法治的积极性和主动性必将有新提升，守法光荣、违法可耻的社会氛围必将更加浓厚，法治宁夏建设一定会呈现出新气象，取得新的更大的成绩。

宁夏社区矫正工作现状、问题与对策

穆风山

社区矫正是一项非监禁刑罚执行制度，是指将管制、缓刑、假释、暂予监外执行的罪犯置于社区内，由专门国家机关在相关社会团体、民间组织和社会志愿者的协助下，在判决、裁定或决定确定的期限内，矫正其犯罪心理和行为恶习，促进其顺利回归社会的刑罚执行活动。

全国社区矫正工作自 2003 年启动至今，已在全国 31 个省（市、区）全面推进。宁夏实施社区矫正的作用和效果是积极显著的。作为以回族为主体的少数民族自治区，宁夏社区矫正工作与全国既有共性之处，又具独特情况。本文拟以宁夏视角对全区社区矫正工作现状、问题及对策做一探究，以期对今后的工作有所启发。相关学者对社区矫正的基本属性、构架原理、实践意义等理论问题已做过全面论述，故本文不再探讨。

一、宁夏社区矫正工作现状

（一）经济社会概况

2015 年底，宁夏总人口 667.88 万人，其中，回族 240.74 万人，川区439.33 万人，山区 228.55 万人；GDP 总量 2911.77 亿元，人均可支配收入17329 元；5 个地级市、22 个县（区）、192 个乡镇、44 个街道、2271 村委

作者简介 穆风山，宁夏回族自治区司法厅社区矫正管理局调研员。

会、50 个居委会，家庭总数 210.48 万户，学校总数 2842 所；在监狱服刑人员占总人口比 0.14%，在社区服刑人员占总人口比为 0.06%。

（二）社区矫正历程

宁夏社区矫正工作经历了"五步走"重大跨越。第一步，试水走，探索可行性。2004 年，以欧盟合作项目为契机，在银川市兴庆区胜利街司法所进行前期探索。第二步，试点走，摸着石头过河。2009 年 7 月，按照"先启动运行、重点突破，后逐步规范、全面推进"的原则，先行在两市三区试点，次年将试点范围扩大到 5 市、5 个县（区）。第三步，健步走，助推全面试行。2011 年 7 月，召开全区社区矫正工作推进会，5 市、21 个县（市、区）、243 个司法所当年底全部实施社区矫正。第四步，加速走，实现规范管理。2012 年至 2014 年，先后部署开展"规范管理年""示范点建设年""规范化建设标准落实年"活动，工作规范化水平渐进提升。第五步，稳步走，初步实现有序联动。2015 年 4 月，自治区两办印发专门意见，年底召开协调小组会议，审定六项工作制度，建立互通联动工作机制。"五步走"思路的实践，呈现出示范有力、积极稳妥、逐步规范、整体工作上台阶等鲜明特点。

（三）社区服刑人员数量

截至 2016 年 9 月底，全区累计接收社区服刑人员 15421 人，累计解除11096 人，在册社区服刑人员 4235 人，约占全区监狱服刑人员总数的 44%。

（四）社区矫正基本保障

1. 机构建设。2012 年 1 月 12 日，自治区机构编制委员会批复成立自治区司法厅社区矫正和安置帮教工作管理局，核定编制 8 名。目前，五市均已成立专门机构，其中四个市在基层科室加挂"社区矫正管理局"牌子；县（市、区）级司法行政机关除石嘴山市大武口区、惠农区司法局加挂"社区矫正管理局"牌子外，其他均无专门机构。

2. 队伍建设。全区从事社区矫正专兼职工作人员共计 877 名，其中专职 101 人（司法厅 5 人、市县司法行政机关 64 人、社区矫正警察 32 人），兼职 741 人；有 217 名社会工作者、3893 名社会志愿者参与此项工作。自2009 年宁夏实施社区矫正以来，司法厅开始先后 6 批选派监狱戒毒人民警察 158 人次派驻县区司法行政机关，参与协助开展社区矫正工作，2015 年第六批选派人数为 32 名，工作至今。

3. 制度建设。业已建立了四个层面的基本制度。一是制订实施方案，2009 年印发了《全区社区矫正实施方案》及实施细则。二是制定业务规范，印发了《宁夏社区矫正适用前社会调查评估暂行规定》《宁夏社区矫正规范化建设标准》等规范性文件。三是制定联系衔接制度，2015 年 12 月印发了《社区矫正工作制度》。四是制定人员管理办法，2009 年印发了《宁夏社区矫正警察管理办法》。

4. 项目建设。将社区矫正纳入自治区政法重点项目建设规划，2010 年至 2012 年度建立了"两个平台（手机定位平台和心理矫正平台）、一个数据库、一套定位系统、两个矫正室（社区矫正室和心理矫正室）"社区矫正信息基础平台，初步实现了区、市、县、乡四级全覆盖和对重点社区服刑人员的手机定位监管。

5. 经费保障。省级统一工作经费保障标准，2011 年 11 月建立了由三级财政共同保障的宁夏社区矫正工作经费制度，纳入区、市、县三级财政预算。即按照全区当年社区矫正人员每人每年山区 2000 元、川区 2500 元的标准分级列入财政预算予以保障。

二、宁夏社区矫正存在的问题

（一）存在的问题

截至 2016 年 9 月底，全区社区服刑人员在矫正期间再犯罪累计 62 人，再犯罪率 0.4%，高出全国 0.2 个百分点，反映出宁夏社区矫正存在一定的问题。

1. 支撑乏力。《中华人民共和国刑法》《中华人民共和国刑事诉讼法》明确了社区矫正刑罚执法的根本属性，但未明确赋予司法行政机关刑罚执行权。在《社区矫正法》尚未出台之日，基层司法行政机关的执法主体、执法身份受到质疑，尤其在遇到社区服刑人员拒不服从管理甚至公然对抗监管时，依托公安机关采取强制措施存在协调过程长、安全隐患大、时效性不强等问题。

2. 体制短板。宁夏虽在省级和五市成立了社区矫正专门机构，但县级司法行政机关社区矫正机构尚未建立健全，开展社区服刑人员日常监管、规范社区矫正执法行为、凸显社区矫正刑罚执行严肃性的体制构建亟待完善。

3. 保障虚弱。一是队伍量少质弱。宁夏社区服刑人员在以年均 15% 的速度递增，目前全区 243 个司法所所均管理对象 18 人，最多的近百人，所均 2 名专职司法助理员，要承担包括社区矫正以内九项职能，而监狱警犯比则为 1:18，两者相比，在人员配置上反差巨大。全区社会工作者和社会志愿者量少质弱且发展极不均衡的现状，使短板效应更加突显。二是工作经费保障不到位。区、市、县三级财政划拨社区矫正工作经费占应保障标准的 68%、59%、40%，均未全面落实、足额到位。

4. 平台老化。一是随着社区矫正监督管理、教育矫治和困难帮扶工作量的剧增，对实施管理、教育、帮扶三大任务的阵地需求日益凸显，建立一个融监管、教育、帮扶、沟通、交流、指导、指挥为一体的多面工作平台——社区矫正中心，已显得十分必要而迫切。二是单一的手机定位系统已无法适应与国家电子政务外网对接和与政法各部门互联互通的形势需要，工作方式依然主要依赖"老牛拉车"，"巧实力"应用严重滞后，彻底升级改造宁夏社区矫正信息管理系统势在必行。

5. 联动乏术。社区矫正刑罚执行的根本属性与教育帮扶的社会属性决定了必须形成党政领导、司法主管、部门协作、社会各界共同参与的工作格局。从党政层面来说，宁夏社区矫正工作联动机制业已建立，但在社会层面尤其充分发挥社区、村居、家庭、学校、宗教场所的作为方面，尚需法律赋予其权利与义务，亦需行政强力推动运转。

（二）宁夏社区矫正存在问题原因分析

1. 认知因素。社区服刑人员是罪犯，只是因其接受改造的场所在社区而已。社区矫正因其具有对罪犯进行惩罚的性质而具备刑罚的根本属性，因其将罪犯置于开放的社区进行教育管理而具有其社会属性。两种属性决定了社区矫正既非简单的刑罚执行而与监禁刑罚执行画等号，亦非单纯的行政执法而忽视其根本属性。社区矫正是一种法律制度的创新，是刑罚执行与行政执法和社会治理的高度融合，需要诸法并行、多策并施、不可偏废。但在立法、司法、执法工作实践中，一些观点与主张恰恰忽略了这一点，往往定位失偏。

2. 背景因素。宁夏地处中国西部，地域面积小、人口总量小、山川齐备、经济基础相对薄弱、人文背景独特（民族杂居）。一是属于内陆小省，管理层级单一。"一竿子插到底""一声喊到底"，便于统一部署、落实、督查、指导工作，具有小省区的优势。但同时有思想保守、"唯上"是从、创新动力不足的现象，瞻前顾后、谨小慎微、畏首畏尾、小心翼翼，成为困扰创新发展的主观根源。二是经济基础薄弱，保障能力有限。宁夏经济社会发展水平处于社会主义初级阶段的较低层次，这是基本区情。由此，社区矫正保障不到位或保障水平只能在低位徘徊，难以完全适应和满足工作需求，在客观上已成为制约社区矫正工作健康发展的一大瓶颈。三是人文背景独特，多元文化并存。神秘的西夏文化，流长的黄河文化，厚重的黄土文化，璀璨的回族文化，多元的宗教文化，与时俱进的时代文化，共同构成了宁夏特有的地域文化，这是尤为重要的人文因素。不同文化孕育了不同价值观念和生活方式，这既给社区矫正工作带来了机遇，也带来了管理和教育帮扶方面的多种挑战。

3. 现实因素。从运行机制中的掣肘因素来看。社区矫正运行涉及三个层面：一是执法层面，涉及法、检、公、司等部门；二是管理层面，涉及党政相关部门；三是教育帮扶层面，涉及家庭、社会、部门等多个层面。突出问题在于衔接与联动，症结在于机制尚未得到全方位完善，因此，工作运行中存在卡壳现象亦是难免。从工作方式及巧实力应用来看。主要依靠人工管理一对一、面对面，甚至硬对硬地来做工作，现代信息技术应用和管理服务中心建设停留在表层实践和酝酿升级改造阶段，工作方式依然是"老牛拉车"，"巧实力"应用严重滞后，工作效率、效能未能显现最大化。从社会力量参与的瓶颈因素来看。社会参与度总体不高。究其主因，一是专门机构和专职社工量少质弱且分布不均。目前全区尚无注册从事社区矫正工作的社会组织，自治区民政厅注册的民办社工机构为13家；持证社工477人，仅占全区总人口0.07‰，且分布严重失衡，集中在银川市。

二是社会工作发展投入资金不足。

三、解决宁夏社区矫正问题的路径

全面科学客观系统地解决一系列问题已是刻不容缓，最为有效的办法就是以创新的理念直面问题，以创新的办法解决问题。具体来说，应当做到五个方面的创新，即制度创新、体制创新、机制创新、效能创新、理念创新。

（一）制度创新

党的十八届三中、四中全会提出要"完善社区矫正制度""制定社区矫正法"，习近平总书记也明确指出要持续跟踪完善社区矫正制度，加快推进相关立法进程。《社区矫正法》的出台已指日可待，这一法律的出台，将会使面临的诸多问题尤其是一些瓶颈问题从法律层面得以解决，亦使社区矫正工作真正能够实现有法可依、有法必依、执法必严、违法必究。在翘首以待《社区矫正法》新规的同时，我们依然需要努力的就是进一步加大制度创新力度，尽快研究制定《社区矫正工作责任追究办法》，明确失职漏责应当承担的相应责任，这是当下工作的一个着力点，也是制定《社区矫正法》的实践所需。

（二）体制创新

一是社区矫正工作领导体制和组织构架。"党委政府领导，司法行政主管，政法各部门各司其职，社会力量积极参与"的领导体制和工作机制已表明领导核心是党委政府，实施主体是司法行政，关键在于政法各部门有机联动，支撑点还在社会层面。

宁夏社区矫正工作领导机构即自治区社区矫正工作协调小组于2009年成立，先后两次进行调整，现有成员单位16个。鉴于社区矫正工作特殊属性，应将发展改革、住房城乡建设、卫生计生、金融主管、组织宣传及文化等部门一并纳入，以畅通协调解决问题大通道。

二是社区矫正工作的三级执法机构。全国98%的地市、98%的县区均已建立社区矫正工作机构，27个省（区、市）抽调3300多名司法行政人民警察从事社区矫正工作，其中60%的地方通过"队建制"建立了专门的执法队伍。北京、上海、湖北、新疆和内蒙古的做法值得学习借鉴。从各省、市的创新做法来看，机构设置有三种模式：A模式为具有刑罚执行功能和行政职能的"局建制"模式，即成立三级"社区矫正管理局"；B模式为突显执法功能的"队建制"模式，即逐级成立社区矫正总队、支队和大队；C模式为"混编型"模式，即"局建制"加"队建制"，在"管理局"加挂社区矫正总队的牌子，在市、县司法局相关科室（局）加挂支队、大队牌子。社区矫正的工作重心在县级司法行政机关，对宁夏来讲，机构设置难度也在县级。就目前的情况看，"混编型"模式更符合宁夏实际。

（三）机制创新

1. 工作机制。社区矫正工作运行机制主要涉及三个方面，即部门协作、社会联动以及内部运转。

（1）部门协作。业已制定实施的工作制度，表明我们工作的基本链条已形成。从纵向讲，相关制度已基本建立，眼下主要问题还在于内外联动。按职责分工，检察机关、人民法院、公安机关、司法行政分别司"察""判""处""矫"，瓶颈在于运行中存在"卡链"现象。要确保不掉链子，就必须理清职责、明确责任、加鞭履责，因此，全面细化工作职责并建立考评机制应是机制创新的一个着力点。

（2）社会联动。从社会层面来讲，通过社区矫正小组、社区矫正中心等形式，将家庭、学校、社区、寺庙、单位等动员起来，搭建"立交桥"，构筑立体平台，全方位联动，以期实现有机运转。一是构筑家庭平台。家庭是社会的"细胞"组织，也是将社区矫正工作做到"家"的得力抓手。因此，要把创建"和谐家庭"作为一项基础工程和群众工作抓到手上，以期培育底蕴，增强免疫力，激发正能量，同谱健康文化，共筑和谐基础。宁夏200多万个家庭协力释放正能量，将会产生一种"蝴蝶效应"。民政、教育、群团等部门应共同牵头做好此项工作。二是构筑学校平台。全区在册社区服刑人员中未满18周岁的未成年人140多名。要切实把"法律进校园"落到实处，并将在校学生犯罪纳入教育工作效能考评体系之中。不难想象，全区近3000所学校144.5万学生，遍布每个家庭，这将是最得力的普法宣传员，也是社区服刑人员的帮教员，极具辐射效应。司法、教育、群团等部门应牵头做好此项工作。三是构筑社区平台。社区是实现社会治理的基本单元，也是公民实现自我管理教育服务的基本单位。开放式刑罚执行离不开全社会有效参与，全区2000多个社区是一个遍布城乡涉及千家万户的大平台，扭住它，就意味着占领了社区矫正工作主阵地。因此，要把社区服刑人员管理教育帮扶职责明确纳入到社区职责之中，通过社区落实矫正小组职责、保证人制度、网格员管理职责。要制定专门工作标准，建立专项工作制度，并将此项工作纳入和谐社区考核体系之中。民政部门应牵头做好此项工作。四是构筑寺庙平台。寺庙是信教群众进行自我教育的一个特殊学校。宁夏的宗教活动场所几乎遍布城乡各个区域，尤其是清真寺居多，这个特殊的阵地直接与千家万户的信教群众相连相通。让宗教爱国人士和开明人士出面做社区服刑人员的教化工作，将是一件事半功倍的事情。因此，将社区矫正相关职责纳入宗教管理部门职能之中，既体现了民族地区工作特色，也将大大增强社区矫正社会效果。宗教管理部门应牵头实施好此项工作。五是构筑单位平台。这里所说的单位特指社区服刑人员所在单位，包括党政机关、事业企业单位、群众团体、社会团体、学校等，社区矫正工作协调小组成员单位理所当然也涵盖其中。要建立专门制度，明确其义务与职责，并辅以相应考评办法，以此督促履责。综治办应牵头做好此项工作。

（3）矫正发力。司法行政社区矫正机构在全面履行工作职责中必须做到全视角、全方位、全时段指导、管理、协调、督查。在制定规则上必须吃透上情、挖透下情、研透内情、搞好结合；在工作中必须牢固树立法治意识，牢牢把握工作方向和工作规律；要盯住大事、要事、急事、关键事及时出手；在协调工作上要"用尽脑""跑断腿""磨烂嘴"，把问题抓在手上，解决在当下；切实加大创新力度，迎难而上，找准瓶颈，破解难题。

2. 保障机制。保障机制主要涉及执法力量和工作经费两个方面。

一是队伍保障。社区矫正工作队伍，包括社区矫正工作的执法力量、社会工作者、志愿者"三支队伍"。关于执法力量配备，根据实践探索和专家论证，可预期"三种模式"：A模式侧重于刑罚执行，专门执法力量由人民警察担任，实行警务化管理，这需要《中华人民共和国警察法》和《社区矫正法》来支持；B模式即根据社区矫正特有属性，专门执法力量由专门的社区矫正官来担任，其角色定位目前尚难定论，但此模式可实现队伍管理专业化；C模式即混编型模式，即既有执法队伍，又有管理队伍，前者专事刑罚执行，后者侧重管理教育，抽调和派驻司法行政人民警察已为建立三级执法队伍提供了实践基础。社会工作者配备，要统一纳入政府购买计划，借鉴北京、上海、江苏、湖北经验，可按10:1比例进行购买配置，宁夏应达到约500人。志愿者队伍组建，应充分撬动各方积极力量，以期在各个工作环节中发挥积极作用。

二是经费保障。应当以三个标准来确定保障水平，即本地经济社会发展总体水平、参照监狱服刑人员管理标准、社区矫正健康发展实际需求。社区矫正工作经费必须按相关要求纳入各级财政预算，并统一纳入自治区综治考核。宁夏地域虽小，但山川差距较大，确实无力保障的山区县（区），可考虑由自治区财政统一保障兜底。

（四）效能创新

1. 信息化。社区矫正信息化建设应是今后项目建设的重中之重，业已制定的《宁夏社区矫正信息化三年规划（2016—2018年）》做出顶层设计，热望通过三年的铺开建设，得以实现全区社区矫正工作信息数据的纵横交汇、互联互通，即下贯市县乡、上通自治区政府和司法部、左联公检法、右通监狱和看守所，覆盖贯穿调查评估、交付接收、管理教育、考核奖惩、收监执行、解除矫正各环节，规范执法行为，实施对社区服刑人员网上监管、网上教育、网上服务帮扶，进行分析研判、突发事件应急处置和网上指挥。

2. 实战化。社区矫正管理服务中心建设是社区矫正工作得以健康发展的现实需求，实践表明，管理服务中心建设对提高管理质量、教育效果、帮扶质量可起到事半功倍的效应。其功能定位可确定为集中教育、技能培训、档案管理、入矫解矫宣告；为有需求的社区服刑人员提供救助、社会适应指导、心理咨询和心理辅导；同时可召开视频会议和进行分析研判，具有突发事件应急处置和信息指挥中心的功能，是一个区、市、县、乡四级贯通实战平台。当下和今后，一要做好协调争取工作，二要做好项目规划与储备工作，三要做好项目建设工作，四要做好管理指导。

（五）理念创新

1. 夯实经济基础。经济基础是人类生存生活的基础，也是社会发展进步的基础。宁夏是一个欠发达地区，因生计问题导致犯罪的人群比率较大。国家战略及宁夏目标已为宁夏经济发展绘就了蓝图，相信通过不懈努力，宁夏经济会有一个质的飞跃，城乡居民生活会更加向好，因生活现状导致的犯罪比率也将大大降低，工作的基础条件和保障水平也将会得到根本改善，社区矫正工作水平也将会随之得到极大提升。因此，要将社区矫正工作纳入经济发展大格局来统筹考虑。

2. 发展社会事业。社会组织要健全、要成熟、要成型；社区管理构架要合理、服务理念要入时；教育基础要夯实，理念导向要与时俱进；基层卫生基础设施要加强，就医条件要改善；交通基础设施要完善，出行条件要满足需求；养老政策要跟进，基本保障要完善。随着经济与社会发展，一切问题都将随之得到解决。届时，各类矛盾纠纷导致的刑事案件也将大大降低，社区服刑人员管理大环境也将会得到极大改善。因此，发展社会事业是社区矫正工作健康发展的前提。

3. 构建主流文化。一是大普法格局。法治说到底是一种文化，理想状态就是使人们自觉做到不踩"红线"，这也是法制教育的使命和法制文化的价值观。普法依法治理开展 30 年来，法制观念和守法意识明显增强，这就是一种软力量。因此，要创新法治"七进"活动，十年初见效，五十年见大效，一百年或许将改变人们的思维方式、生活方式，由此，法制观念将深入人心。二是大文化引领。文化引领的实质是价值观引领。以国学为代表的传统文化与以网络文化为标志的时代文化在今天相互交织。因此，要切实强化网络思维，把握网络强国建设的历史契机，充分利用互联网扁平化、交互式、快捷性优势，更好地畅通沟通渠道、提升引导和驾驭能力，提升社区服刑人员对优秀传统的认知高度与自身修养，使传统文化与时代文化接轨，使管理者与被管理者相融。互联网、QQ 群、微信群都是传播平台，我们应当"借力发力"，通过尝试建立社区服刑人员微信圈、QQ群及社区矫正交流群等，实现网上互动，打造线上线下双通道，提升管理服务智能化水平，实现管理服务形式最优化、效果最大化。

宁夏刑罚执行监督工作调查报告

自治区政协课题组

当前，社会各界对刑罚执行，特别是对刑罚变更执行活动涉及的公平公正和司法严肃性、权威性关注程度之高前所未有，刑罚执行监督工作难度和压力之大前所未有，中央领导对刑罚执行监督工作的批示之多和要求之高前所未有。党的十八大和十八届三中、四中、五中全会对加强刑罚执行监督、规范减刑假释暂予监外执行程序、完善刑罚执行制度和改革刑罚执行体制等做出重大战略决策和部署，特别是四中全会通过《中共中央关于全面推进依法治国若干重大问题的决定》对刑罚执行检察监督工作提出了新的更高要求。近年来，宁夏检察机关紧紧围绕刑罚执行关键环节和重点部位，秉持高检院提出的"四个维护（维护刑罚执行和监管活动公平公正、维护监管场所安全稳定、维护在押人员合法权益、维护社会和谐稳定）"工作理念，不断规范监督行为，完善监督机制，提升素质能力，强化监督力度，刑罚执行监督工作取得了新进展。

课题组成员 张学武，宁夏回族自治区政协副主席；周建军，宁夏回族自治区政协社会和法制委员会主任；张锐，宁夏回族自治区政协社会和法制委员会专职副主任；乔克奇，宁夏回族自治区政协社会和法制委员会办公室主任；黄峰，宁夏回族自治区政协社会和法制委员会办公室干部。

一、宁夏刑罚执行监督工作取得的成效

目前，宁夏有监狱 5 所、看守所 16 所、派驻检察室 21 个、社区矫正检察办公室 24 个。截至 2016 年 5 月底，全区狱内服刑罪犯 9644 人，看守所在押人员 3200 人（留守服刑罪犯 220 人），社区服刑罪犯 4414 人。每年提请减刑 3600 余人、假释 10 余人、暂予监外执行 35 余人，分别占在押犯总数的 34%、0.09%、0.3%。总体看，呈现出押犯总数、假释、暂予监外执行案件逐年下降，"三类罪犯"、涉毒罪犯逐年上升的特点。

（一）刑罚变更执行的同步监督不断加强

2011 年以来，宁夏检察机关共纠正提请不当减刑案件 163 件次；监督法院撤销减刑或变更减刑幅度 89 件次；纠正提请假释案件不当 9 件次；纠正提请暂予监外执行案件不当 7 件次；纠正监狱管理机关、公安机关、法院暂予监外执行决（裁）定 2 件次；对 6 名保外就医逾期未归罪犯追逃收监，从中深挖职务犯罪案件线索 3 件；对 11 名不具备暂予监外执行条件的罪犯收监执行。派员出席减刑、假释法庭庭审 659 件次，纠正提请或裁定不当情形 270 件次。2015 年，又连续开展了"社区服刑人员脱管漏管专项检察"和"特赦部分罪犯专项检察"等工作，有效防止和纠正了违法减刑、假释、暂予监外执行等执法过程中的司法腐败问题，取得了良好的法律效果、社会效果和政治效果。同时，在全国率先开展在押人员投诉处理机制试点，驻吴忠看守所检察室被评为 11 个"全国检察机关派驻监管场所示范检察室"之一。

（二）刑罚交付执行活动的监督进一步强化

各级检察机关不断加强对不及时交付执行、违法留所服刑、违法拒绝收监等问题监督。2011 年以来，共纠正交付执行违法情形 84 件次；对不符合留所服刑条件的 16 名罪犯予以清理；对审前未羁押判实刑未交付执行案件 21 人予以清理。目前，正在开展清理判处实刑罪犯未执行刑罚专项活动落实工作。

（三）社区矫正执行的监督有序推进

根据《社区矫正实施办法》《宁夏回族自治区社区矫正实施细则》及

相关监管规定，先后组织召开全区社区矫正法律监督工作推进、现场观摩会、联席会 14 次，发出检察建议 39 份、纠正违法通知书 5 份、纠正脱漏管 9 人、虚管情形 70 余件，监督收监执行重新犯罪罪犯 3 人，有力促进了监外执行人员交付社区矫正的进度和规范化管理。同时，在全国省（区、市）级首家设立了社区矫正管理局，先后选派驻监狱戒毒警察 6 批次 157 人次到基层司法所参与社区矫正工作，为社区矫正执法和专职警察队伍建设探索了路子，积累了经验。社区服刑罪犯脱管率从 2011 年的 0.21% 下降到 2016 年的 0%。

（四）财产刑执行法律监督工作有序推进

2013 年修改实施的《刑事诉讼法》和《人民检察院刑事诉讼规则（试行)》，将财产刑执行监督纳入刑事执行检察工作范围，但监督的程序、内容和方式等方面的法律法规或司法解释尚未出台，缺乏成功的经验和有效的手段。为此，自治区检察院针对近年来宁夏财产刑执行率低、底数不清等问题，采取将财产刑执行作为罪犯是否"确有悔改表现"的重要依据，完善对履行能力的评估考察，对具有履行能力而未积极履行财产刑和附带民事赔偿义务的罪犯，自治区检察院建议执行机关及法院在适用减刑时从严掌握，拓展了检察监督途径、方式和手段，促进了罪犯履行财产刑和民事赔偿义务的积极性和主动性。2013 年以来，共对 2836 件不执行财产刑和不履行附带民事赔偿义务的减刑案件，自治区检察院建议法院从严适用减刑或从严掌握减刑幅度，均被法院采纳。

（五）刑罚执行中的职务犯罪得到有效预防和查办

"花钱买刑""提钱出狱"、徇私枉法、玩忽职守等腐败渎职案件在刑事执行领域屡有发生，查办和预防该领域职务犯罪案件是刑事执行检察部门一项重要职责，也是实现有效监督的有力手段。自治区检察院注重发挥派驻检察室前沿优势，紧紧围绕被监管人员考核奖惩、会见、通讯、劳动岗位安排、服刑场所调换等重点环节，通过各类专项检察和日常检查，持续加大查处索贿受贿、徇私舞弊等职务犯罪，2013 年以来，共立案查处监管场所职务犯罪案件 13 件，其中，贪污贿赂案件 4 件，渎职侵权案件 9 件，切实维护了刑罚执行和监管活动公平公正。

二、宁夏刑罚执行监督工作存在的问题

（一）刑罚执行对等监督机制落实有待进一步健全

一是两个市院的派出检察院分别在辖区监狱、看守所设立驻狱（所）检察室，具体承担对狱（所）检察监督职责。但因减刑假释案件由中级人民法院或高级人民法院管辖，作为履行县级院职责的两个派出检察院无法实现对此项工作的对等监督。二是各监狱系自治区监狱管理局直属管辖的正处级单位，各驻狱检察室均为科级单位，监督级别不对等，影响监督力度和效果。

（二）刑罚交付执行监督有待进一步完善

一是财产刑交付执行和执行监督机制不畅，存在部分财产刑"空判"现象。如，2015年银川中院财产刑执行率为9.6%，固原中院为8.5%，不同程度影响司法权威。二是法院判处缓刑或直接决定暂予监外执行案件交付执行环节存在漏洞。尤其是外地法院判处缓刑需异地执行案件的判决书、执行通知书向司法执行机关送达不及时，造成被判缓刑罪犯交付执行脱节。三是审前未羁押判实刑案件交付执行环节存在漏洞。由于侦查机关对犯罪嫌疑人采取非羁押性刑事强制措施时并不受检察机关监督，检察机关公诉部门也只对判决（裁定）的程序是否合法、定罪量刑是否准确进行监督，对于是否交付执行并不实行监督，刑事执行检察部门又因事先不掌握案件诉讼进展情况，造成此类案件在交付执行环节存在监督漏洞。

（三）刑罚执行机构设置队伍建设检务保障有待进一步加强

一是有13个基层县区检察院无刑事执行检察部门，对县区司法局社区矫正的监督工作只能采取巡回检察或指定基层院某科室代为履行。二是刑事执行检察部门新增职能较多，但人员编制却没有增加。多数刑事执行检察部门干警年龄偏大，新进年轻干警流失较多，业务培训力度不够，各项新增业务发展不平衡问题突出。三是各驻狱检察室还没有与监狱完全实现联网协同办案。相当一部分检察室还达不到"规范化检察室"建设标准，需进一步加大软硬件设施投入。

（四）刑罚执行监督一些亟待解决问题需进一步明确

一是检察机关还没有与刑罚执行机关建立减刑、假释网上协同办案平台和社区矫正信息共享平台，监督手段仍停留在"数据靠手填、监督人盯人"的落后状态。二是部分罪犯患病或吞噬异物被取保候审，判决生效后监管部门以执法不规范、法律文书不全等暂缓收押或拒绝收押，罪犯不能依法交付执行的问题一定程度存在。三是假释率为 0.09%，与全国 6%~8%相比明显偏低，造成监狱老弱病残罪犯较多，加之医疗经费保障不足和未将罪犯纳入全民医保范畴，给监狱监管安全和医疗费用支出带来压力。

（五）社区矫正工作有待进一步规范

一是全区社区矫正工作者大部分为司法所工作人员兼职，只有 49 人为专职。司法所本身任务重、力量弱，难以承担社区矫正职责。空编人员又难以补充。如，银川各县区司法行政部门空编 53 个。二是现行法律规定司法行政机关为社区矫正执法主体，实践中由基层司法所负责社区矫正工作，但社区矫正作为一项刑罚执行工作，司法所工作人员没有司法警察身份，执法合法性存疑。三是由于部门间信息交流不畅，外地法院、监狱送达法律文书不及时等，容易出现社区服刑人员脱管漏管情况，检察机关不能及时跟踪监督到位。

三、对完善宁夏刑罚执行监督的对策建议

十八届三中、四中全会强调要完善刑罚执行制度，统一刑罚执行体制，严格规范减刑、假释、保外就医程序，强化监督制度，这为做好刑罚执行监督工作指明了方向。加强和改进宁夏刑罚执行监督工作，必须吃透中央精神，了解宁夏实际，立足机制创新，突出问题导向，强化基础保障，提升监督能力和水平。

（一）要进一步健全刑罚执行监督工作机制

一要进一步健全刑罚执行监督程序机制，明确检察机关监督的介入和实施程序，规范各环节的权限、方式和内容，推动监督工作规范化、制度化。二要进一步探索刑罚执行问题发现机制，推动由"办事"模式向"办案"模式转变，着力解决虚假立功、违法减刑等问题，提升检察机关监督

的权威性。三要进一步完善刑罚执行通报沟通机制，加强法院、检察、公安、监狱等部门协调配合，健全信息共享、案情通报、案件移送制度，解决财产刑执行难等问题。四要进一步完善刑罚变更执行衔接机制，明确法检、刑罚执行等部门职责，统一规范"减假暂"标准，严格提请、审批、决定程序。

（二）要进一步推进刑罚执行监督队伍建设

一要规范机构设置和人员配备。建议借鉴山西、内蒙古等省份经验，将两个派出院划归自治区检察院派驻，落实对等监督原则和同级派驻要求。进一步加快推进各市县区检察院监所检察部门更名，在原没有设立刑事执行检察部门的县区院，尽快成立刑事执行检察局（科）或社区矫正检察办公室。编制部门要根据刑事执行检察机构法定职责增加编制、定编定级，以解决人少事多问题，提高干警积极性。二要提升检察干警的能力素质。优化刑事执行检察人员结构，进一步加强岗位练兵和业务培训，定期开展案件质量评查、轮岗交流、业务技能竞赛等活动，培养检察干警开展新增业务的能力。

（三）要进一步解决刑罚执行监督中的难题

一是建议自治区党委政法委牵头协调，建立法院、检察院、司法及监狱管理等部门定期联席会议制度，共同解决刑罚执行及监督中存在的问题。如，协商完善管理办法，规范患病和吞噬异物罪犯交付执行衔接。二是建议自治区党委政法委借助政法云项目，牵头推进法院、检察院、公安、司法行政等部门刑罚执行信息系统联网，尽快建成减刑、假释网上协同办案平台和社区矫正信息共享平台，实现互联互通、信息共享。三是建议监管部门加强与人社、财政部门沟通协调，将监狱罪犯就医纳入医保，参保费用纳入财政预算。同时，探索建立老病残罪犯社区服刑保障制度，逐步提高保外就医和假释率。

（四）要进一步夯实刑罚执行监督工作基础

一要强化派驻检察室规范化建设。加大力度协调监狱、公安等部门，解决驻固原监狱、海原看守所等检察室办公用房问题，推进检察室与监管场所监控联网，提升检察室规范化水平。二要进一步加大检务保障力度。

根据新刑诉法对刑事执行检察新增业务的实际，财政部门要在基础设施、办案装备等方面加大保障力度，有条件的市县要研究落实最高检规定的派驻检察津贴，解决派驻检察人员工作生活实际困难。三要加大刑罚执行工作保障力度。自治区相关部门要争取将吴忠、固原监狱等迁建、改扩建列入自治区大项目库中；各县区要严格执行自治区相关规定足额拨付社区矫正经费；等等。

（五）要进一步促进社区矫正工作规范发展

一要推进司法行政体制改革，着力解决执法人员不足和执法身份难题。如，借鉴西藏、内蒙古等省区队建制经验，将部分空缺政法编收归司法厅管理、公开招录司法警察，对部分司法所人员授予司法警察身份，建立区、市、县三级社区矫正执法机构队伍。二要创新社区矫正方式方法，深入推行"一帮一""多帮一"帮教模式，提高社区矫正实效。结合"党员干部下基层"等活动，在政法机关推行优秀党员帮扶社区服刑人员工作机制。三要完善社区矫正衔接配合机制，明确相关部门在监督管理、教育矫正等环节的职责，检察机关要重点加强对矫正对象移交执行、收监押送等执法环节监督。

宁夏青年律师生存状况调查研究报告①

宁夏律师协会课题组

　　青年律师是律师队伍的未来。培养一支政治坚定、法律精通、维护正义、恪守诚信的青年律师队伍，关系到我国律师事业的健康和持续发展，也关系到我国民主法制建设的进程。青年律师已成为宁夏律师行业的主力。在十二五期间，广大青年律师忠实履行中国特色社会主义法律工作者职责使命，服务党和政府中心工作，全面参与法律服务生态移民、中阿博览会、"两区"建设等工程。青年律师积极履行社会责任，积极开展公益事业，涌现了一批热爱公益的优秀律师，树立了良好社会形象。但调研发现青年律师生存和发展面临不少困难，这是无法回避的客观问题。为使政府、行业协会、律所、律师更加全面客观了解宁夏青年律师生存状况，更有效地从全局出发，采取有效措施，教育、培养、扶持、帮助青年律师，为青年律师成长创造有利条件，促进律师行业又好又快发展。

　　课题组成员　左孝祺，宁夏律师协会副会长；高凤江，宁夏律师协会副秘书长；王树忠，宁夏律师协会青工委主任；杨梓，宁夏大远律师事务所律师、法学教授；陆江芬，宁夏律师协会工作人员；王欢，宁夏辅德律师事务所律师；刘章竞，宁夏大远律师事务所律师。

　　①本报告系 2016 年度中华全国律师协会青年课题"律师事务所在培养青年律师中的责任"阶段性成果。

一、调研数据来源与基本情况分析

为获取第一手资料，课题组面向全区 40 岁以下执业律师，五市律师协会发放了调查问卷。宁夏 40 岁以下执业青年律师名共 1001 名。参与本次调查的共计 719 人，受访律师占宁夏青年执业律师的 72%。调查围绕个人基本情况、执业状况、收入状况、执业环境、教育培训、业余生活、执业期待等方面进行。

（一）律师个体基本概况

受访律师中，女律师占 53%，男律师占 47%；在年龄分布方面，25~30 周岁占 41%，31~35 周岁占 32%，36~40 周岁占 17%，25 周岁以下占 11%；持 A 证的为 68%，B 证为 4%，C 证为 28%；96%为专职律师；青年律师中绝大部分执业时间较短，执业 5 年以上的占 20%，3—5 年的占 18%，1—3 年的占 34%，1 年以下的占 28%；14%的青年律师已成为律所合伙人，31%的担任律师助理，其余部分为普通律师；14%为少数民族。

（二）执业状况

44%的律师自己有案源、独立执业，22%依靠指导律师办理案件，30%由指导老师或团队律师提供案源，2%其指导律师也没有案源；从事诉讼业务的占 50%，而从事非诉业务的仅占 7%，33%的从事诉讼业务和非诉业务，剩余 10%根据律所和指导老师的分配决定；律师所接触的客户类型中 93%为境内客户，仅有 7%为境外客户；在境内客户中，个人类客户占 63%，中小企事业单位占 16%，大型企事业单位占 5%，政府机构占 1%，各种类型客户均有的占 14%。律师具有工作时间不固定性的特点。40%的律师每天工作时间超过 8 小时且经常加班加点，26%每天工作时间一般不超过 8 小时，8%工作时间较为宽裕，26%时忙时闲；12%认为"工作强度很高，自我感觉过劳"，34%认为"工作强度较高，尚可支撑"，43%认为"工作强度一般，较为忙碌"，11%认为"工作强度不高，空闲较多"。对于自己职业状况持满意态度的占 17%，基本满意的占 54%，不满意的占 29%。

（三）收入状况

近三年来，49%的律师年平均收入集中在 1 万~5 万元之间，31%年平均收入在 5 万~10 万，9% 年平均收入在 10 万~15 万，6% 年平均收入在 15 万~20 万，2% 年平均收入在 20 万~40 万，仅有 3% 年平均收入在 40 万元以上。

（四）执业环境

1. 律所环境。28% 的律师注重律所的业务和案源，9% 注重老师的指导，17% 注重人际关系的和谐，15% 注重文化氛围，11% 注重稳定的学习培训，9% 注重办公条件，7% 注重薪酬福利，4% 注重律所知名度；35% 的律师对所在律所人际关系比较满意，24% 满意律所文化氛围，16% 满意律所办公条件，6% 满意律所薪酬福利，9% 满意律所团队实力，9% 对律所位置比较满意；85% 对律所有认同感、愿意在本所发展，6% 对律所没有认同感，希望去更好的律所发展，8% 认为律所只是执业场所而已，1% 在等待离开律所的时机。

2. 社会环境。63% 的律师认为目前的环境有利于律师业发展，23% 认为律师行业和其他行业一样，12% 认为目前环境不利于律师业发展，如取证困难等，2% 认为环境不如其他类似行业。

（五）教育培训

超过半数的律师有继续深造的愿望，近两年内准备继续深造的占 33%，有继续深造计划的占 35%；选择通过非全日制硕士深造的占 38%，全日制硕士占 14%，非全日制博士占 4%，全日制博士占 1%，非全日制本科占 6%，全日制本科占 28%，还有 8% 选择通过出国留学进行深造；律师深造考虑的因素：35% 是为了扩充知识结构，33% 是为了提高执业水平，24% 是为了提高学历水平，仅有少部分是为了进入更好的律所，为更换职业做准备或为解决城镇户口问题。54% 的律师每年参加职业（执业）培训在 50 小时以内，50~100 小时的占 27%，100 小时以上的占 10%，没参加职业培训的占 9%；培训组织者主要为当地律协，占 53%，本所培训的占 32%，商业培训的占 10%，政府部门培训的占 5%；律所安排律师参加的培训更多集中在本辖区，占 53%，外省市培训的占 16%，参加本领域培训的占 24%，跨领域培训的占 7%；绝大多数律所都会安排律师参加律协组织的培训活动，经常安排的占 45%，有安排但次数不多的占 48%，从不安排律师的占 7%。

受访律师多数认为其律所重视青年律师，长期积极指导、帮助青年律师拓展案源的占 44%，给予一般指导，会提供少量案源的占 41%；但大部分律所没有提供青年律师出国进修或交流的机会，占 73%，有的律所有出国进修或交流的机会，但只有 15% 的律师享受过。

受访律师认为律所对青年律师培养方面最突出的问题是没有培训制度、规划，缺乏实施计划，占 41%；培训内容不规范、不系统占 26%，合伙人不愿意在培训上投入资金占 17%，资深律师不愿意在培训上投入精力占 16%；司法行政部门和律师协会对青年律师的工作中存在的主要问题为虽然有部门和规章，但是开展工作流于形式、缺乏实效，占 31%，24% 认为没有专门开展青年律师工作的部门，19% 认为开展工作虽有一定成效，但少数人受益，19% 认为对其面临的紧迫问题没有解决的措施。

（六）健康情况、业余时间与婚姻家庭生活

青年律师的健康情况不容乐观，在过去三年里平均每年体检的人数只占 1/3，两年体检 1 次的占 16%，两年以上的占 47%；50% 自我感觉其心理健康状况正常，26% 感觉不稳定、时好时坏，感到工作、生活单调及工作压力大、很烦躁的均占 12%；37% 认为最大的压力来自于案源压力，其后是生活压力占 25%，业务压力占 19%，案件结果压力占 17%。受访律师在业余时间自我学习的占 28%、运动、休闲娱乐占 25%、在家休息占 18%、社交、积累人脉资源 15%、工作占 12%、做公益占 1%；感觉与家人或朋友的相处不够多的占 64%，太少的占 17%，足够多的为 19%。已婚律师占 65%，未婚占 33%，离异占 2%；54% 认为律师职业会对婚姻状况造成影响（离异），46% 认为无影响。

（七）执业期待

42% 的律师希望管理部门通过组织或选派参加培训、举办论坛或沙龙、创造交流机会的方式来提高执业能力，30% 认为管理部门应当建立扶持、激励青年律师的政策机制，26% 认为管理部门应协助改进律所相关制度，加强对青年律师的保障；律所在帮助青年律师发展方面需要改进的制度依次为：加强专业化分工和团队协作、建立人才培养和储备模式程序、薪资分配制度、建立案源统筹管理模式、提升律所形象、树立品牌等；在需要的扶持机制和政策方面，30%的律师希望有关部门编印关于业务操作指引、风险防范手册，27%希望行业协会予以办案补贴或免费培训，20%希望设定行业最低工资标准占，22%希望对青年律师中表现突出者进行表彰并予以宣传。

二、宁夏青年律师生存状况与发展前景

在对律师个人进行问卷调查的同时，课题组向五市律师协会发放了问卷，从宏观层面进一步了解影响宁夏青年律师生存状况的因素。

（一）青年律师基本情况、收入、业务

根据五市律协上报数据：全区 40 岁以下青年律师 1001 人，女律师 505 人，男律师 496 人，少数民族 173 人，党员 198 人，博士 6 人，硕士（法硕）87 人，本科 924 人，专科 13 人，获取的法律职业资格证 A 证 559 人，B 证 41 人，C 证 401 人，担任律所主任 33 人，担任合伙人 25 人，担任党支部书记 13 人。

律师收入：执业 3 年以下的为 3 万~7 万元，3—5 年的为 5 万~10 万元，5—10 年的为 7 万~20 万元，10 年以上的为 10 万~20 万元。

青年律师的业务主要是诉讼业务，青年律师对办理刑事案件有所顾虑。分析原因：一是诉讼业务是各地市律师业务的主要业务；二是青年律师因各方面经验较少，案源少，在执业起步阶段多从事辅助性工作以积累经验和能力；三是刑事辩护潜在的办案法律风险，以及办案过程中要与公检法及监管场所等多个部门打交道。对此，青年律师普遍存在畏难情绪。

（二）各市出台实施的促进青年律师成长政策

宁夏律协下设五个分会，银川市律协成立较早，组织机构完善，工作有效开展。其他四个分会是近三年陆续成立的，在开展工作方面存在一定困难，因此，在促进青年律师成长政策及具体举措方面尚有欠缺。银川市律协定期举办青年律师课堂，石嘴山市律协制定《实习律师考核办法》，规定在律师实习期内必须到当地法援中心实习两个月，促进新执业律师建立为社会提供法律服务的理念。各市组织青年律师参加宁夏律协举办的青年律师成长沙龙，共同讨论执业方向、执业理想、生存发展等话题，宁夏律

协还举办青年律师执业道德、相关法律实务的培训，引导青年律师建立正确的执业理念，树立执业信心。

（三）青年律师执业环境及影响执业的因素

青年律师对执业环境普遍比较乐观，对律所普遍有感情，愿意在该所发展。但不能忽视的一大执业环境因素是青年律师执业人数多，案源少，又缺乏经验，客观导致青年律师在发展上存在一些问题。影响青年律师生存与发展的因素很多，主要有四个方面：一是律师自身社会资源不足，缺乏执业经验、执业技巧以及业务所需的法律之外的相关知识，难以接触高端业务；二是律所对青年律师的管理教育培养主体责任意识不强；三是律师行业促进青年律师健康成长相关政策缺失；四是社会对青年律师有偏见，缺乏足够的认同。

三、推动宁夏青年律师健康成长的对策建议

青年律师在成长过程中面对困境与问题，这是青年律师成长必然要承受的实践课题。如何最大限度地降低青年律师成长过程中面对的困难，帮助他们有效地解决所遭遇的问题，使他们能够最大限度地实现执业理想，体现执业价值，是课题组关注的核心问题。课题组认为，助推青年律师成长是一个系统工程，青年律师自身、律所、律协、司法行政机关都有责任。

（一）律师自身的责任

每一个青年律师选择做律师，就如同所有创业者选择创业一样，当你选择创业，也就理所当然地选择了比其他人更加艰难的路。"创业者"的身份，已经意味着你比大部分人更有勇气。

1. 不忘初心，坚定信仰。田文昌先生在《给青年律师的一封信》中曾说，一个青年律师，理论知识的深化固然重要，职业技能的提升更为重要，但还有远比这些更为重要的东西，那就是树立正确的理想信念。青年律师从开始学习法律，到成为一名律师，已是中国法律共同体的一员，国家的法治发展进步与你息息相关，要不忘初心，不能因为要解决生存问题，而模糊对职责的敬畏、对法律的信仰。

2. 立足律所，提升自己。青年律师加入到一个律所，很可能是一个人

最宝贵的一段青春，事业的基石就投入在该所。因此，青年律师从起步起就要理性的对待自己宝贵的时间、一去不复返的青春，充分利用律所平台积累执业经验、业务能力、社会资源，不断提升自己。

3. 终身学习，快速迭代。你无法预知明天的客户在哪里，你也无法预知明天找上门来的是什么事。不断修改完善的法律及司法解释需要及时掌握，光怪陆离的纠纷争议需要其他"专业知识"。作为"信息传递者"，律师的义务就是将生涩难懂的专业问题向法官、当事人讲明白，并将其和自己的法律主张联系在一起。律师的"专业"，实际上远超法律素养的范畴，更多地体现在对陌生领域快速学习、深入研究的能力。

（二）律所对青年律师承担的责任

律所是青年律师成长的起点，也是青年律师事业发展的归宿点。

1. 确立青年律师培养是律所公共事务的理念。律所文化、律所品牌、律所风险防控是律所公共事务，对此基本没有异议，但将青年律师培养作为律所公共事务并没有获得普遍的认可。只有把青年律师培养作为律所公共事务来对待，律所主任、合伙人才会把培养青年律师作为第一责任，自觉承担其培养责任。

2. 研究青年律师的需求采取举措进行培养。

（1）分层级培养。将青年律师成长以 10 年为考量标准讨论此问题。对于执业 1 年的律师，如何确保其生存。执业 3 年的律师处在流动性最强的阶段，如何留下这些人。执业 3—5 年的律师基本平稳，其成长空间在哪里，执业 7—10 年他需要进入决策层的需求如何满足。律所必须对青年律师成长中的需求做出制度安排，提供不同的培养方案与薪酬保障。

（2）有重点培养。在普遍的投入基础上，律所的投入要择其重点，择其英才，重点培养。培养主体可面向执业 5—8 年的律师。在投入资金的同时更重要的是责任感的培养。对执业 8—10 年的新入合伙人，进行培养培训，使其明确合伙人的基本职责。

（3）全方位培训。律所对青年律师的培养不只是业务、技术，还有世界观、人生观、价值观。从而使青年律师的队伍对内是稳定的，有凝聚力的，对外是有战斗力的。实现这一目标的核心在于律所的管理层与指导律师的言传身教，落脚点是带教制的有效实施。

3. 完善各类群团组织提供保障助推成长。律所是青年律师业务工作的平台，除了业务工作之外，青年律师也有更多的理想与抱负要实现。律所要通过建立健全如党支部、工会、青年律师委员会、女律师委员会、民主党派小组及文艺队、足球队、篮球队、羽毛球队等群团组织，并提供经费保障，使每个青年律师融入组织，发挥潜质，展示才艺，全面发展。律所要帮助、推荐青年律师到行业里面去，到律协里面去，让他们用自己的行动为律师事业发展发挥作用；推荐青年律师积极参与社会事务，在奉献社会过程中实现他们的社会价值和个人价值的统一。

（三）律师协会对青年律师承担的责任

律协作为律师的自律性组织，在培养青年律师方面有其法定职责。宁夏律协为了指导青年律师发展成长，帮助青年律师解决成长中的困境，提升青年律师的职业能力和职业技巧，切实帮助年轻律师提高业务拓展能力，采取了诸多措施，成效显著。但面向未来，任重道远。

1. 健全组织配齐工作人员完善教育培养规划。宁夏律协成立了各专门委员会，其中青年与女律师工作委员会主要负责青年律师工作。组织架构比较完善，分管副会长全面负责，青工委主任具体落实相关工作。不能回避的一个问题是，宁夏律协青工委开展的工作所能满足的是面的需求，然而真正需要帮助的青年律师分散在全区各地市。各地市成立了律协，除银川市律协，其他四市的律协由于成立时间短，更主要的是没有独立的办公场地，没有专职的协会工作人员，成立专门的负责青年律师工作的组织有其客观的困难。无组织无人员无规划，其结果就是无工作无成效，这是对于广大青年律师权利的最大侵害。

2. 充分履行把好"入门关"职责确保青年律师质量。针对青年律师协会有一项基本职能："组织管理申请律师执业人员的实习活动，对实习人员进行考核"。核心是解决好律师行业的"入门关"。"基础不牢，地动山摇"是一个基本公理。宁夏因是少数民族地区，参加司法考试的人员享受许多优惠政策。因此，通过司法考试申请律师执业的人员中，有相当一部分是"C"证，石嘴山、吴忠、固原、中卫四个地市"C"证人员成为主力。"C"证意味着低学历、低分数。如果不付出巨大的努力做好入门培训，青年律师与法律共同体中的法官、检察官、警察同台工作时，可能会出现的状况，无论对于刚起步的青年律师还是整个律师行业无疑都会产生影响。更为重要的是客户有权利获得高水平、高质量的服务。青年律师入行是谋生，要帮助他们以专业站着谋生、有尊严地谋生。

3. 发挥好党和政府联系广大律师的桥梁、纽带作用。《关于深化律师制度改革的意见》中明确提出要充分发挥律师在全面依法治国中的重要作用，具体而言就是要充分发挥律师在立法、执法、司法、守法中的重要作用，充分发挥律师在维护社会和谐稳定中的重要作用，充分发挥律师在依法管理经济社会事务中的重要作用，充分发挥律师在服务和保障民生中的重要作用。所有的这些利好政策的落实，紧靠律师个人或一个律所的力量是不够的，需要律师协会发挥好党和政府联系广大律师的桥梁、纽带作用，为全体律师尤其是青年律师搭建平台，帮助青年律师充分发挥律师工作在党和国家工作大局中的积极作用。

(四) 司法行政机关对青年律师承担的责任

1. 将青年律师培养纳入司法干部培养体系中。律师是司法行政系统中一支重要的力量，司法行政机关要把律师工作放到司法行政工作全局中统筹安排。在行政管理和自我管理两结合的管理体制下，司法行政机关负有对律师队伍监督指导职责。任何一支队伍，要有战斗力，就必须给予充足的养分，使其充满活力，基本途径是有计划有组织有针对性的培训教育。青年律师是最需要汲取养分的群体，但由于执业初期收入只能够满足生存问题，自己拿经费参加培训十分困难，因此，一些高质量需要付费的培训只能选择放弃。司法行政部门可以复制做得好的"党支部书记培训班"，有计划地实施"青年律师培训培训班"，这是给青年律师的最大福利。

2. 将青年律师培养工作纳入律所主任的培训中。司法行政机关要求，一个律所培训内容之一就是培养青年律师，保障青年律师的生存发展。同样，律所主任自身也需要培训。一个十分突出的现象是，近年来，随着我国经济的转型升级和法律服务需求的不断变化，一线城市律师行业再次掀起了一股律所合并风潮，而宁夏律师行业再次掀起了一股新设律所风潮。

新设律所的主任基本是 40 岁以下的青年律师。青年律师不甘于现状,积极创业的精神应当予以鼓励。但司法行政部门必须充分认识到这些律所主任缺乏实际的履职能力。从促进律所业整体发展的高度出发,司法行政部门必须开展"律所主任培训"工作。帮助律所主任提高管理能力和水平,找到提升律所领导力与管理能力的方法与途径。

3. 将青年律师培养纳入监督管理全过程。各级司法行政机关通过一系列的具体措施确保青年律师培养工作落到实处。如对律所考核考查要看青年律师培养工作,优秀律所评选要看青年律师培养,优秀律师评选要看对青年律师的培养。司法行政机关也可通过开展评选优秀青年律师的活动,倒逼行业协会、律所重视对青年律师的培养,倒逼青年律师争先创忧。对于优秀青年律师要大张旗鼓地宣传。一些重大项目,政府法律顾问司法行政机关要求行业协会、律所从优秀青年律师当中选择。

青年律师的成长需要自我的不断进步与完善,更需要来自律所、资深律师、律协、司法行政机关、法律共同体、政府给予的政策引领支持,物质帮扶。律师事业的蓬勃发展期待我们为培养青年律师付出更大的努力。

宁夏生态文明法治建设状况调查研究

贾德荣

生态文明的生成和演进是一个合规律性和合目的性的辩证统一的过程，既有自身的规律性，在根本发展方向上不以任何人的意志为转移；同时，又是一个自觉的过程，在很多方面依赖于人的主观能动性的发挥。宁夏生态文明法治正是在反映这种规律性和目的性的基础上，为推进宁夏生态文明建设发挥着重要作用。

一、宁夏生态文明法治建设现状分析

(一) 宁夏党委政府日益重视生态文明法治建设

第一次全国环境保护工作会议之后，宁夏回族自治区党委、政府更加重视生态环境保护工作。1982 年，宁夏提出治理"三废"和防治工业污染的环境规划。1989 年，自治区第三次环境保护工作会议确定了防治污染、改善生态环境的目标和任务。1998 年，自治区第八次党代会将消除污染排放总量、改善重点地区环境质量和遏制生态环境恶化趋势作为"十一五"全区环境保护的三大任务。2002 年 7 月，自治区政府通过《环境保护"十五"计划》，全面启动"1259"重点区域环境综合整治工程。2010 年 3 月，自治区党委通过了《关于加强农村环境保护工作的意见》，使宁夏成为全国

作者简介 贾德荣，宁夏区委党校法学部副主任，教授。

第一个以党委、政府文件加强农村环境保护的省区。2014年，自治区党委提出，要用法治力量推动美丽宁夏建设，以严格的法律制度保护好宁夏的青山绿水。2016年1月15日，宁夏回族自治区十一届人大五次会议通过的《关于自治区国民经济和社会发展第十三个五年规划纲要》提出，要以提高环境质量为核心，实行最严格的环境保护制度，形成政府、企业、公众共治的环境治理体系。

（二）生态立法建设成效显著

一是生态法规规章体系逐渐完善。宁夏从20世纪80年代开始生态立法实践。从1980年代到现在，宁夏制定生态环境方面的地方性法规68部、地方政府规章64部，[①]内容涉及环境宣传教育、环境保护、资源利用和管理、污染防治等，宁夏生态文明建设法律依据逐渐规范。

二是充分行使立法权，进行创新性立法。宁夏结合区情先行先试进行创新立法，有些法规规章的制定走在全国前列。例如，2011年12月1日通过的《宁夏回族自治区环境教育条例》是我国省级人大常委会制定的首部有关环境教育的地方性法规；2012年7月11日颁布的《节水型社会建设管理办法》是全国首部地方节水规章；2014年制定的《宁夏回族自治区污染物排放管理条例》成为西北地区首部通过立法确定污染物排放管理的地方性法规等。

三是实施开放式立法。如，在2014年制定《宁夏回族自治区实施〈中华人民共和国城乡规划法〉办法》时，自治区人大常委会首次在区内召开立法论辩会，在扩大公众参与、引导和带动公众关注地方立法方面进行了有益尝试。

（三）生态文明执法建设稳步推进

一是生态文明机构逐渐健全。例如，2014年初，中央成立了经济体制和生态文明体制改革专项小组后，宁夏石嘴山市成立了经济体制和生态文明体制改革小组，吴忠市成立了生态文明建设领导小组，石嘴山市惠农区

---

① 以上数据来源于《宁夏回族自治区地方性法规、政府规章汇编》(1981—2008)、《宁夏年鉴》(2000—2015年)、调研及网络检索的资料综合统计而来。

成立了生态文明体制改革小组等机构，加强对生态文明建设的指导、协调和监管。2015 年，宁夏将环境保护执法局和宁东环境保护督查中心合并成立环境保护监察执法局，单独成立环境信息与应急中心，环保体制得到进一步理顺和加强。

二是生态文明执法活动扎实开展。宁夏将 2015 年确定为"环境保护执法年"，并全力攻坚污染减排，全部完成国家下达的工业减排项目；在全区扎实推进重点领域综合防治。宁夏紧紧围绕环境整治的重点行业、领域，强化源头严防、过程严管、后果严惩，加强环保执法。如，2015 年，银川市将 184 台燃煤茶浴炉全部淘汰，80 台燃煤锅炉除尘升级设施全部建成；在全区布设国控土壤环境质量监测点位 345 个，实现了重点重金属污染物新增排放量"零增长"。

三是深入推进农村环保和自然生态保护。如，2015 年，宁夏对全区 464 个村庄和 7 个生态移民安置区实施综合整治，建设生活污水集中处理设施 40 座，分散式污水处理设施 43 座，配套管网 224.49 公里，建设垃圾填埋场 16 座，垃圾中转站 7 座，配备垃圾箱 21282 个和车辆 1486 辆，对 92 处农村饮用水水源地进行保护；积极开展各类自然保护区基础调查，全区共关停 29 处非法采矿点，17 处旅游项目按要求补办环保手续，有效规范了自然保护区开发建设。

(四) 生态文明司法保障有力跟进

一是依法严惩破坏环境资源的违法犯罪行为。如，2015 年检察机关查办环境保护领域职务犯罪 2 件；2015 年 5 月，中卫市人民法院对污染腾格里沙漠的宁夏明盛染化有限公司及其法定代表人廉兴中，以污染环境罪分别判处刑罚。2016 年 3 月 4 日，对涉腾格里沙漠污染案的宁夏中卫市环保局环境监察支队原副支队长利俊成、中卫市环保局环评科原负责人刘国芳分别判处犯玩忽职守罪、滥用职权罪。

二是环境公益诉讼破冰起航。2016 年 2 月 15 日，中卫市中级人民法院受理中国生物多样性保护与绿色发展基金会起诉八家污染腾格里沙漠企业案件为起点，宁夏环境公益诉讼正式起步。

三是完善环境保护执法联动机制。如，2014 年 12 月，宁夏回族自治区高级人民法院与自治区国土资源厅联合出台《关于构建司法审判与国土资源行政执法协调配合机制的意见》，全面加强司法审判与国土资源行政执法协调配合，进一步提高司法审判、强制执行与国土资源行政执法的效率和良性互动。

二、宁夏生态文明法治建设存在的问题

(一) 生态文明法治意识还没有完全树立

目前，尽管推行法治已多年，但在生态文明建设中，人们只重视环境资源的利用，忽视生态环境的保护，更不用讲生态文明法治的建设了。即使因环境污染破坏而引起法律问题时，仅重视因污染造成的对人的直接危害，而忽视环境自身受损问题，生态文明的法治意识尚没有真正树立起来。

(二) 生态立法质量不高

一是生态立法观念滞后。生态立法仍坚持人本主义伦理观，即以人类为中心去对待自然，没有认识到人类在地球上与自然物本属于生命的不同表现形式、平等的主体，这种认识在立法上就体现出以人的利益为中心，重经济发展而轻生态环境。

二是生态自治权行使不充分。《宪法》《民族区域自治法》赋予宁夏自治权，但在行使这一自治权过程中，还不能大胆行使自治权，也不能将国家给宁夏地区实行的经过实践检验是正确的、行之有效的优惠政策，提炼和提升到法规的层次。

三是立法重点不突出，内容不全面。目前，诸如对生态安全及风险评价等问题没有相关法规规章出台。在生态立法中，重视机构设置、经费保障、环境权力配置等内容，忽视环保机构的职责、市场主体的生态社会责任和公民的环境利益。而且，政府主导的立法模式，使民众参与立法的广度和深度不够，公众的利益需求体现不理想。

(三) 生态执法质量有待进一步提高

一是环境管理部门统一协调性不足。目前实行的统分结合的环保监管体制，造成流域管不了区域，权责利不统一，执法效果不理想。同时，环保系统在实行双重管理体制下，人财物还是由同级政府管理，这种体制束

缚了环保部门的执法手脚。尽管宁夏建立了跨区域交叉环境执法联席会议等制度，但由于协调力度不够，地域和部门配合不足，该制度的功效没有很好地发挥出来。

二是生态执法手段不足。现有的执法手段除了现场检查等少数现场执法措施具有事中执法性之外，其他执法手段基本上属于事后执法，事前的预防性执法措施很少，这样的执法手段对环境保护来说很难起到预防的作用。另外，生态执法多以"命令""惩罚"等手段展现，通过引导、激励等执法手段及其规定贫乏。

三是生态执法力量薄弱。虽然《环境保护法》赋予环保部门强制执法权，但由于受人员编制、队伍素质和行政环境等各种因素的影响，生态执法刚性不足，尤其是基层生态执法效果堪忧。

（四）生态司法保障任重道远

一是环保诉讼规则有局限。我国现行环保诉讼规则均是针对人身和财产纠纷的，环境纠纷带有很大的社会性，其在表现形式和内容上与传统的人身纠纷和财产纠纷存在很大差异，现有的诉讼模式很难有效解决环境问题。

二是环境公益诉讼举步维艰。宁夏还没有成立一家环保法庭，生态司法专门化程度低。环境公益诉讼规则供给不足，尤其是涉及原告资格、案件范围和管辖等问题上，法律规定比较笼统，许多环境公益诉讼无法真正进入诉讼程序。

三是基层法官处理环境问题的专业性不足。环境纠纷案件专业性强、覆盖面广、影响大，审理此类案件往往会涉及生态伦理价值判断、公共政策选择和技术指标参照，这对法官的专业性提出了更高的要求，但目前基层法官的能力尚不能完全胜任这些要求。

（五）生态文明法律保障机制不完善

一是生态补偿机制不完善。生态补偿主体是以中央对地方的财政转移支付为绝对主导，横向补偿机制和流域补偿机制没有建立；以部门为主导的补偿管理体制造成责任主体不明确，补偿合力不足；生态补偿搞"一刀切"，没有考虑不同区域条件、生态质量和贡献大小；生态补偿缺乏法律支持。

二是生态文明建设投融资机制不健全。当前，投资结构不合理，在投资上重生态建设的初期投资、轻后续产业投资，重生态本身投资、轻生态工作人员培训；投资主体和方式单一。生态建设投资是以国家财政支付为主，没有充分发挥市场的作用；生态建设资金缺乏规范的投融资激励机制和约束机制，资金的利用效率亟待提高。

三是生态安全风险评估及预警机制不健全。生态安全风险评估体系没有建立起来，政府评估重点考察经济发展指标；生态安全风险分级预警与风险化解机制尚不成熟。风险分级与区域生态环境、经济发展与人文环境结合欠佳，分级缺乏针对性和可操作性；在化解风险过程中，忽视社会力量。政府化解风险重事后补救、轻事前预防和事中监控。

三、宁夏生态文明法治建设的基本路径

（一）大力培育公众的生态文明法治意识

要加强生态文明法治建设的宣传教育力度，强化家庭、学校、社会全方位生态教育体系，着力加强生态文明价值观教育。推进宣传教育工作创新，利用包括"互联网+法治宣传"等各种形式和渠道在全社会积极倡导和宣传生态法治。加强生态法治文化建设，以宣传生态法律知识、弘扬生态法治精神、推动生态法治实践为主旨，充分发挥生态法治文化的引领、规范作用。

（二）加强生态文明立法

1. 确立生态文明立法原则。一是可持续发展原则。立法要将环境保护完全纳入经济、社会发展规划之中，不断推动经济社会可持续发展。二是统一性与特殊性相结合原则，即要正确处理好法制统一性与地方实践特殊需求之间的关系。三是受益者负担原则。即只要从环境或资源开发利用过程中获得实际利益者，都应当就环境与自然资源价值的减少付出应有的补偿，而不局限于开发者和污染者。四是公众参与原则。应强调和鼓励社会公众通过一定的程序或途径参与到一切与公众环境权益有关的生态立法活动之中，并受到相应的法律保护和救济。

2. 做好生态文明立法的重点规划和布局。要完善自然保护区建设与管

理立法，提高自然保护区管理能力与建设水平。加强重点生态功能区保护和管理，增强涵养水源、保持水土、防风固沙能力，保护生物多样性，构建生态安全战略格局；要重视对生态敏感区、脆弱区的保护。应针对不同地区独特的自然条件和生态保护问题，制定区域性立法，对这些典型地区予以专门保护；要把生态区和移民区结合起来，移民后移出区的土地确权、林地保护，要通过立法加以解决。移民区应坚持先生态后产业道路，要重视产业发展布局，引导生态农业、有机产品发展。

3. 积极行使立法自治权。今后，宁夏可以适当进行一些变通立法，就生态补偿和生态购买，自然资源优先开发利用的行使主体和范围，自然资源有偿使用制度，生态环境保护的责任制度等方面，进行先行先试。

（三）健全生态文明执法体制机制

1. 重构和完善生态环境保护管理体制。在省级区域内，建立以上一级环境保护主管部门管理为主、以同级政府管理为辅的管理体制，解决各部门之间权责不清，难以形成合力的问题。在人大内设立专门的生态文明执法协调机构，负责协调各部门和各地方的环境保护管理工作。建立派驻机制，环境管理机构有权向重点企业派驻专门人员，以监督该企业的排污行为。

2. 将生态文明实现程度纳入地方政府政绩考核标准。各级政府要把污染物总量控制、环境质量改善等主要环保指标纳入其政绩考核体系，建立、健全"环保一票否决"制度，引导各级政府把环境保护放在全局工作的突出位置，及时解决本地区环境保护重大问题。

3. 建立执法绩效评估制度。应建立规范化、制度化执法绩效评估体系，引入社会公众与专家参与环境执法绩效评估，对部门协调不畅等问题展开专项评估，提高生态文明执法绩效评估的客观性、公正性。要科学评估各类执法实际效果，探索建立有可操作性的协同式环境执法模式。

（四）强化生态文明司法保障作用

1. 推行生态环境诉讼专门化。要在考虑宁夏生态环境的特殊性的基础上，在各中级人民法院设立环保法庭，把生态环境诉讼单列出来，交给环保法庭去审理。另外，在条件成熟时，宁夏可充分利用民族自治权，建立专门的生态环境诉讼法院和区域法院，以集中力量专门解决生态环境问题。

2. 完善环境公益诉讼制度。应适当扩大原告主体范围，在现有基础上，赋予国家检察机关、环保机关原告资格；应将污染环境、破坏自然资源、损害生态系统等涉及社会公共利益的行为纳入环境公益诉讼的范围；应积极引入专家辅助人制度，以解决生态案件中的一些技术难题；应建立环境污染损害，尤其是自然资源、生态环境损害的评估机构和评估体系，以确定环境侵权行为的损害后果。

3. 创新环境资源案件处理方式。要把打击生态环境犯罪和行政处罚结合起来。人民法院要通过审理好环境行政案件和审查好非诉环境行政案件，有效弥补刑事职能遗留的环境治理空间；考虑到环境资源案件易受地方性影响等因素，应当积极探索交叉管辖、集中审判等诉讼模式；要积极运用恢复性司法手段，及时督促有关单位和个人修复被破坏的环境；要把惩治污染环境犯罪和打击职务犯罪结合起来，做到既保护生态环境，又打击职务犯罪行为。

（五）健全和完善生态文明法律保障机制

1. 健全和完善生态补偿机制。国家需加大财政转移支付力度，自治区根据经济社会发展和财力增长状况逐渐增加预算，市县财政积极支持当地生态补偿项目，形成上下级政府共同负责的财政转移支付体制；要建立生态补偿项目评级制度。对宁夏的各种生态补偿项目进行分级评定，有所侧重地给予资金补偿。要加强生态补偿立法工作，为生态补偿提供法律依据；要健全生态补偿监督机制。通过加强权力机关监督，完善政府内部监督，积极支持社会监督，对生态补偿行为进行有效监督。

2. 建立生态文明建设的多元化资金保障机制。要确立"破坏者恢复，使用者付费，受益者补偿"的法律原则，建构国家投资、市场融资、社会参与、财政援助、税收多种方式并存的融资体系。

3. 建立健全生态环境安全风险评价及预警机制。要建立和完善生态环境风险评价体系。应科学设置评价指标和合理选取评价范围，并发挥社会合力作用，共同推动生态环境风险评价全面发展；要建立生态环境风险分级预警与风险化解机制。应当按照生态环境风险的可能性、严重性和可能波及的范围，将生态安全风险进行分级；应当强化环评机构的监督管理，完善环评机构退出机制；要强化风险防范，保障环境安全。要搞好重点区域和行业的污染防治，加强重点区域污染修复示范工作，加强高污染因子的监测监管；要健全和完善环境应急处置机制。建设更加高效的环境风险管理和应急救援体系，完善以预防为主的各项制度，实行环境应急分级、动态和全过程管理，依法科学妥善处置环境突发事件。

宁夏雾霾气候治理法治化路径调研报告

张　芳　张海立　王　晟　杨文智　戴建中

一直以来，"天蓝、地绿、水美"是宁夏作为"塞上江南"的亮丽名片。但是，随着工业化、城镇化和农业现代化的加快推进，宁夏能源资源消耗持续增加，节能减排压力增大。雾霾现象开始显现。"法律即秩序，良好的法律就是良好的秩序"，建设美丽宁夏，维持生态环境的良好秩序，必须依靠严格的生态环境法律制度保障。当前，宁夏大气污染防治制度存在理念滞后、制度缺失、规则模糊、创新不够、处罚不严等问题，距离生态环境治理现代化的目标还有一定的距离，应加快构建科学完善、规范严格的大气污染治理体系，描绘好"美丽中国"的"宁夏画卷"。

一、宁夏雾霾现状不容乐观

（一）宁夏雾霾气候开始显现

近年来，随着工业化、城镇化的不断推进，宁夏也不间断地出现重污染天气，空气质量状况存在一定的隐忧，各项指标浓度不断增加，优良天数比例不断下降。根据《环境空气质量标准》（GB 3096—2012），2014 年

作者简介　张芳，宁夏回族自治区政府研究室社会处副处长；张海立，宁夏回族自治区政府办公厅主任科员；王晟，宁夏回族自治区政府法制办主任科员；杨文智，宁夏回族自治区国资委主任科员；戴建中，中卫市人民检察院检察官。

宁夏轻度、中度、重度、严重污染天气比例总数为23.4%，2015年则上升为26.1%（见表1）。

表1　2011—2015年宁夏空气质量主要指标对比表

| 年份 | 主要指标平均浓度（单位：微克/立方米） | | | | | | 五市平均评价达标天数比例 | 全区生态环境质量指数（E1） |
	细颗粒物（PM₂.₅）	可吸入颗粒物（PM₁₀）	二氧化硫（SO₂）	二氧化氮（NO₂）	臭氧（O₃）	一氧化碳（CO）		
2011年	–	86	42	25	–	–	89.3%	–
2012年	–	83	38	27	–	–	89.9%	43.05
2013年（银川市）	51	118	77	43	109	2.7	68.8%	47.98
2014年	49	105	47	29	平均超标率为3.2%	银川市日均值,值1天超标,其他未超标	76.5%	46.38
2015年	47	106	42	27	135	1.8	73.9%	46.19

数据摘自：宁夏环境状况公报相关数据。

（二）雾霾气候严重威胁社会安全

一是给居民的身心健康造成危害。雾霾最直接的危害就是对城市居民身心健康造成威胁，会引发心血管和呼吸系统疾病，使人情绪低沉、萎靡不振，是主要的环境致癌物。酸雨可以使儿童的免疫功能下降，慢性咽炎、支气管炎等发病率增加。机动车尾气排放的一氧化碳和氮氧化物能大大阻碍人体的输氧功能，抑制儿童的智力发育，造成肝功能障碍，诱发癌症。二是给城市交通安全造成危害。雾霾天气给民众的交通出行带来很大的不便。大量的浓厚烟雾造成路面能见度低，驾驶员视线模糊，车速放缓，容易引发交通堵塞，甚至诱发交通事故，造成人员伤亡。三是对绿化和农作物生长造成危害。雾霾中的酸雨会影响绿色植物正常生长，使植物发生落叶或死亡现象，造成森林和植物树叶枯黄，病虫害增加，对绿化带来危害。

二、宁夏出现雾霾气候的成因分析

（一）产业结构不合理，工业污染物排放严重

由于受历史因素影响，宁夏经济发展"倚能倚重"现象比较突出，煤

炭、电力、原材料等支柱产业占全区工业的75%以上，轻重工业比例为17.9:82.1。"十二五"时期，电力和化工两个行业二氧化硫排放总量分别占全区重点行业排放量的约50%和20%，氮氧化物排放量分别约占75%和12%；冶金、电力、化工、水泥等四个行业排放的烟粉尘量占全区重点行业排放量的85%左右。

（二）城镇化进程加快，建设污染不断增加

"十二五"时期，在城镇化的建设中，宁夏农业转移人口市民化不断加快，城镇规模不断扩大，2015年城镇人口368.90万人，城镇化率55.23%，比"十一五"末提高了7.27个百分点，位居全国第15位。人口规模的不断扩大造成资源消费和城镇建设需求的极大增长，城镇开发建设挤占耕地、湖泊湿地、绿地等现象时有发生，固体垃圾、污水、废气等污染物不能及时完全有效处理，生态环境保护面临较大压力。同时，城镇化建设的加快推进使城市基础设施建设需求旺盛，新建楼群逐渐增加，旧城改造步伐加快，建筑、拆迁、道路施工过程中的装卸、运输、堆放等产生的建筑扬尘不断增多，裸露的地面和无序堆放的建筑垃圾严重影响大气环境。

（三）机动车数量逐年增加，尾气污染日益严重

随着经济的快速发展和居民生活水平地提高，宁夏机动车保有量日益上升。截至2016年3月，银川市道路里程达4369公里，驾驶人保有量67.4万余人，机动车保有量66.9万余辆，与2009年相比，分别增长3.5倍、2.4倍。随着机动车数量的迅速增加，城市机动车排放的碳氢化合物、一氧化碳、氮氧化物占大气中同类污染物比重越来越大，对大气污染日益加重。此外，由于经济技术相对落后，宁夏机动车尾气污染控制水平低，大量有毒有害气体直接排放到空气中污染空气质量。同时，宁夏部分城市道路建设相对滞后，没有形成立体交通，交通堵塞导致机动车废气排放量增加。

（四）地域特点明显，燃煤污染不可小觑

宁夏属温带大陆性气候，气候特点是冬季寒冷，夏季温热，降雨较少，每年11月到次年4月，需要冬季取暖燃煤。燃煤取暖可导致可吸入颗粒物PM10浓度提高，二氧化硫、二氧化氮、烟粉尘排放量是其他时间

的两倍以上，可吸入颗粒物浓度与同期相比明显上升，出现雾霾的概率增大。2015 年，全区有 600 余台 5600 蒸吨锅炉投入运行，消耗煤炭约 230 万吨，是空气中出现雾霾气候的主要诱因。

三、宁夏依法防治雾霾的探索及存在的问题

（一）防治雾霾法律法规现状

近年来，宁夏为有效治理大气环境污染，不断出台相关政策法规加强空气质量污染治理。其中，2009 年出台了《宁夏回族自治区环境保护条例》，以此为核心，在污染物排放、防沙治沙、湿地保护、大气污染等领域相继出台了一些地方性法规和规范性文件。其中，属自治区人大出台的地方性法规有：《宁夏回族自治区城市绿化管理条例（2016）》《宁夏回族自治区空间发展战略规划条例（2014 年）》《宁夏回族自治区污染物排放管理条例（2014 年）》等，属自治区党委、政府出台的政策性文件有：《宁夏回族自治区大气污染防治行动计划（2013—2017 年）》《关于落实绿色发展理念 加快美丽宁夏建设的意见》等。

（二）宁夏防治雾霾法律法规方面存在的问题

1. 理念不够创新，思路不够开阔。当前，一些地方政府为了追求政治业绩，没有妥善处理好"加强生态环境保护"和"推动经济发展"的关系，依然抱着"唯 GDP 论英雄"的传统理念，没有把环境保护和经济发展放在同等地位，甚至用环境资源地"透支"来换取经济指标地提升，过度排放污染物，忽视生态环境及空气质量地保护。落后、狭隘的唯经济至上的理念严重影响领导者的决策，影响城市生态环境的治理进程，使得行政不作为、执法不严等问题成为常态，难以保证生态环境保护的质量和效果。

2. 治理不尽彻底，制度存在缺失。一是现有制度标准和力度不完善。随着经济社会发展的进程加快，宁夏现有污染物治理的标准一定程度上存在不适应发展需要，达不到应有治理效果的问题。二是生态补偿制度缺失。当前，生态补偿制度是我国相对比较成熟的一项制度，已广泛适用于森林、矿产资源、草原等领域。在空气质量领域，山东省于 2015 年出台《山东省环境空气质量生态补偿暂行办法》，宁夏目前只有银川市 2016 年实施《环

境空气质量生态补偿暂行办法》，规定凡大气环境质量同比恶化的县（区、市）要向市级政府缴纳生态补偿资金，大气环境质量同比改善的县（区、市）将由市级政府给予补偿。这一做法对改善银川市空气质量起到了一定的作用，但是没有上升到自治区的政策，不能对全区空气质量改善发挥作用。三是跨区域联动制度缺失。以雾霾为主的大气环境污染具有跨区域性，突破时空和区域界限，需要不同区域和政府部门协同治理才能达成治理的目标，宁夏虽然就治理大气污染出台了一系列的法律法规和政策性文件，但治理部门与区域分割现象依然严重，需要探索建立行之有效的"联动治理机制"。

3. 环保体制不畅，执法刚性不足。保护大气环境维护的是社会"公共物品"，具有公共属性，应该有一个上下统一的监管机构统一监管。随着环境保护问题的日益突出，环保部门目前按照行政区划设置，实行以块为主、条块结合的行政体制不能有效遏制地方保护主义，不能有效保证环境监测执法的有效性和独立性。在这种体制下，环保部门受制于地方政府和行政区划，难以有效应对环境问题。

4. 违法成本低，监督力度不够。宁夏的《自治区环境保护条例》于1990年经人大通过，2009年修订，而国家新《环境保护法》于2014年修订，2015年正式实施，制定了较为严格的规定，其中包括"按日处罚"制度、公益诉讼、信息公开让公众参与、建立环境污染公共监测预警机制等新规定。而宁夏的《自治区环境保护条例》在时间上相对滞后。其他地方性法规也存在处罚力度较轻，违法者违法成本过低，不能形成有效的威慑力等问题。

四、宁夏防治雾霾天气的法治化路径建议

（一）树立环保优先立法理念，做好顶层设计

党的十八届四中全会把绿色发展理念作为"十三五"时期重要发展战略，表明我国把生态环境保护放在的比以往任何时候都重要的战略高度。树立绿色发展理念，要让经济发展为生态环境保护让步，要按照"可持续发展"理念把生态环境保护放在第一位，在生态优先理念指引下，确定改

革发展方向，制定重大方针政策，增强全社会生态文明意识，用生态理念统领改革发展全局。

（二）依法依规促进多规合一，统一环保执法体制

一是加快多规融合步伐。按照"把宁夏作为一个城市规划"的理念，结合国家把宁夏作为"空间规划"（多规合一）改革试点，按照《宁夏空间发展战略规划》，以主体功能区规划为基础，统筹各类空间规划，科学布局全区生产、生活、生态空间，加快简政放权改革，依法依规确保多规合一落地见效，促进经济发展和生态保护的有机统一。二是建立环保垂直管理体制。用足用好国家对宁夏空间规划（多规合一）改革试点的授权，打破各市县区的界限，依据地理和社会经济，将全区划分为 4 个地理区域（引黄灌区平原绿洲生态区、中部荒漠草原防沙治沙区、南部黄土丘陵水土保持区、三山森林生态功能区），设立区域办公室进行统一管理，授权环保机构有权进行立法、执法、处罚权，并通过强制执行手段和监控、技术改进等相结合的方式协调开展工作。

（三）推进制度创新，突出地方立法特色

宁夏作为内陆开放型经济试验区，应在制度和理念上创新生态环境立法。一是建立大气污染生态补偿机制。当前，山东、河北等地已经实施环境空气质量生态补偿机制，出台环境空气质量奖励办法等规定，对辖区内市县区按照一定周期进行空气质量排名，对排名靠前的进行资金奖励，排名靠后的问责。宁夏也应该在银川市实行环境空气质量的基础上，按照"谁污染，谁治理；谁受益，谁付费"原则，就空气质量生态补偿资金来源、补偿渠道、补偿方式和保障体系等方面设计出符合宁夏实际的规定，实行各市县区空气质量生态补偿机制，条件成熟可考虑与内蒙古、甘肃联动实行跨区域空气生态补偿机制，用资金补偿机制激励约束地方政府整治环境空气质量，消除雾霾。二是建立排污权交易制度。排污权交易是一项非常有效的控制大气污染的环境经济政策，它可以发挥市场经济优化配置资源的作用，为企业提供选用最低污染控制费用的途径，使有限的治理资金得到合理利用。国家《大气污染防治法》二十一条提出"国家逐步推行重点污染物排污权交易"。目前，陕西、河北和河南等 11 个省份已实行了

排污权交易试点，宁夏应该结合国家批示作为内陆开放型经济试验区的优势，探索有效的排污权交易制度，为减轻城市大气污染起到积极作用。三是加强机动车尾气监管。对机动车尾气排放可借鉴英国征收"拥堵费"和提高燃油税等做法减少私家车发展、美国通过提高汽柴油汽车准入标准和鼓励燃油车辆加装压缩天然气（CNG）等实现汽车尾气净化等做法，抓紧制定《宁夏机动车排气污染防治办法》，可考虑征收"拥堵费"，规定达不到 PM2.5 排放标准的机动车禁止行驶，将新能源汽车产业定为重点战略产业，为环保车提供补助金等措施。

（四）依法严格环保政策标准，扩大生态补偿范围

一是严格工业污染排放标准。通过实施二氧化硫、氮氧化物、烟粉尘、扬尘、挥发性有机物污染等协同控制，加大火电厂除尘改造升级力度，拆除燃煤小锅炉，推动煤改电、煤改气，推动工业、产业园区集中供热供汽。全面实施污染物排放许可制度，抓好污染物总量排放，实施水泥、石油化工、煤化工等行业脱硫脱硝提质改造和钢铁、焦化等行业达标治理，优先支持实现超低排放的燃煤机组上网发电。二是出台制度扩大公益林补助范围。植树造林，绿化环境、绿化造林是大气污染防治的一种有效措施。自2011 年国家启动中央森林生态效益补偿基金制度，对国家级公益林生态效益进行补偿以来，截止目前，宁夏有 755 万亩纳入国家森林生态效益补偿基金，还有 600 多万亩林木资源没有纳入补偿。为了充分发挥森林资源净化空气的作用，宁夏应尽快建立《省级公益林生态效益补偿基金制度》《自治区级公益林森林生态效益补偿基金管理办法》，将省级公益林生态效益补偿基金纳入自治区级财政预算，对省级公益林进行有效保护，为净化空气质量奠定坚实的基础。

（五）严格责任追究，提高环保考核比重

一是加大对领导干部的监管力度。为落实国家《党政领导干部生态环境损害责任追究办法（试行）》，宁夏应尽快出台《宁夏党政领导干部生态环境损害责任追究实施细则》，加大对领导干部生态环境损害责任追究的力度，对领导干部不作为、慢作为、乱作为，甚至渎职、滥用职权的，要依法依纪处理，确保责任追究有据可依。二是提高生态环保考核比重。提高环保考核标准，淡化 GDP 考核，实行 GEP 考核。结合宁夏每个区域功能特点，实行差异化考核，对生态限制、禁止开发区，应加大生态考核比重，将封山禁牧、林地保护、森林防火、病虫害防护等纳入考核指标，促进地方政府投入生态林业建设。三是严格各项环保监管制度。要严格执行"按日计罚"力度，排查违法违规建设项目、查封扣押、限产停产等处罚措施，加大环境监管执法力度，健全环境公益诉讼制度，严厉打击环境违法行为。